深圳市公交都市建设

理论与实践

黄 敏 娄和儒 程长斌
薛 博 胡 刚 卢 旭 等 编著

人民交通出版社股份有限公司

内容提要

本书以公交都市为主题，以深圳市公交发展为主线，系统地论述了构建公交都市的理论与方法。本书共分为八章，包括城市交通与城市发展的相互作用、公交都市的内涵和建设策略、深圳案例等内容。

本书可供政府部门、城市规划、城市综合交通规划等相关行业技术人员参考。

图书在版编目(CIP)数据

深圳市公交都市建设理论与实践／黄敏等编著. —北京：人民交通出版社股份有限公司，2014.12

ISBN 978-7-114-11917-0

Ⅰ.①深… Ⅱ.①黄… Ⅲ.①城市交通—公共交通系统—研究—深圳市 Ⅳ.①U491.1

中国版本图书馆 CIP 数据核字(2014)第 293350 号

书　　名：深圳市公交都市建设理论与实践
著 作 者：黄　敏　娄和儒　程长斌　薛　博　胡　刚　卢　旭　等
责任编辑：潘艳霞　张　鑫
出版发行：人民交通出版社股份有限公司
地　　址：(100011) 北京市朝阳区安定门外外馆斜街 3 号
网　　址：http://www.ccpress.com.cn
销售电话：(010)59757973
总 经 销：人民交通出版社股份有限公司发行部
经　　销：各地新华书店
印　　刷：北京市密东印刷有限公司
开　　本：787×1092　1/16
印　　张：16
字　　数：388 千
版　　次：2014 年 12 月　第 1 版
印　　次：2014 年 12 月　第 1 次印刷
书　　号：ISBN 978-7-114-11917-0
定　　价：68.00 元

《深圳市公交都市建设理论与实践》

编写委员会

编委会主任：黄　敏

副　主　任：李福民　陈惠港　于宝明　温文华　娄和儒
徐忠平　王玉国　顾楠洲　郭向阳　唐健文
时　伟

编委会委员：姚高科　袁虎勇　孙远忱　邓寿如　黄生文
翟华联　李永明　高　青　文　维　黄煌辉
程长斌　董燕泽　宋成君　吴晓明　甘　露
蔡展强　赵一平　陈　强　苏　剑　陈剑钊
巫作如　杨党旗　张田生　李志坚　杨东辉
孙辉良　庄仕成　朱各英　张少远　高长军
张　陆　韩立清　陈滨力　郭治平　车小平
李开封　熊　军　冷　魁

主　　编：娄和儒

执行主编：程长斌

执行副主编：张永平　易戈杨　薛　博

编　　辑：胡　刚　刘彦达　彭海丰　吕兰涛　于洪君
卢　旭　史继广　黄健彬　刘辉龙　林泽丹
张　威　章　尉　李　佩　刘　琦　曾　松
耿铭君　赵雪刚　马龙斌　王　伟　张剑锋
李宝国　黎海坤

主编单位：深圳市交通运输委员会

编写单位：深圳市都市交通规划设计研究院

前　言

城市公共交通是由公共汽车、电车、轨道交通、出租汽车、轮渡等交通方式组成的公共客运交通系统，是关系国计民生的重要城市基础设施，具有集约高效、节能环保等优点。

城市公共交通与人民群众生产生活息息相关，是与城市运行和经济发展密不可分的社会公益事业。城市公共交通健康发展和平稳有序的运行，对于促进社会、经济可持续发展，改善城市人居环境，推进城市文明进程，保障广大人民群众基本出行权益至关重要。

为转变城市交通发展方式，突出城市公共交通的公益属性，国家提出了"公交优先"战略，这给城市公共交通发展带来了前所未有的机遇。很多城市积极贯彻落实"公交优先"战略，结合自身实际制订了优先发展城市公共交通实施方案，在一定程度上推动了城市公共交通的快速发展。

必须指出的是，"公交优先"只是公共交通相对于城市交通大系统中其他子系统的"优先"发展，即针对城市交通拥堵、个体出行机动化泛滥的被动式"优先"，并不能从根本上扭转交通形势恶化的趋势。很多城市出现了公交"优先"发展，但交通出行结构中小汽车、摩托车交通同时也快速增长的现象，交通拥堵日益加剧，原因就在于造成上述现象的城市"肌理"未能有效梳理。

要梳理好城市"肌理"，必须从城市规划、交通、环境、土地利用、智能化技术等多角度出发，综合审视城市空间体系的发展过程，促进公交服务和城市形态的协调，强化公共交通与土地开发的融合，逐步形成有利于市民选择公交出行的城市空间体系。只有通过公交系统引领城市发展，即建设"公交都市"，才能从根本上解决城市交通问题。

时至今日，"公交都市"已成为全球大都市的发展方向，成为应对小汽车高速增长和解决交通拥堵问题的一项城市战略。不同于"公交优先"，"公交都市"是通过打造发达的一体化都市公交体系，建立有利于公交优先的城市空间结构(TOD 模式)，并辅以必要的交通需求管理手段，确立公共交通主导的交通出行结构，从而有效应对城市个体机动车的高速增长，解决交通拥堵问题。

2010年11月11日,交通运输部与深圳市政府签署合作框架协议,深圳成为部、市共建的国家首个“公交都市”示范城市。深圳市在交通运输部的大力支持下,对“公交都市”的内涵进行了深入、系统的研究,积极探索深圳“公交都市”的发展战略、模式、路径,制订了“公交都市”建设实施方案,并积极推动蛇口、坪山、坂田等“公交都市”示范区的建设工作,取得了显著的成果。

作为国内首个“公交都市”示范城市,深圳建设“公交都市”的做法和经验对国内其他城市、设计科研单位均有很强的借鉴作用。本书吸取国内外相关研究经验,系统整理深圳市在“公交都市”示范区建设过程中积累的实践经验和相关理论研究成果,十易其稿,最终付梓,以期为中国发展与建设“公交都市”敬献薄力。

深圳市交通运输委员会(港务管理局)

2014年9月

目　　录

第一章　深圳市城市交通发展趋势

改革开放以来，我国城市在经济发展和城市建设方面均取得了长足的进步。然而，随着城市人口剧增，小汽车和摩托车进入千家万户，个体机动车交通日趋泛滥。几乎所有城市的交通都不同程度地呈现出诸多问题，特别是在众多大城市，由于个体机动车尤其是家庭小汽车的无节制使用，导致道路空间严重不足，城市公交运行条件恶劣，路面交通阻塞，交通事故频发，城市环境污染等一系列当代"城市病"，给城市社会、经济发展带来了严重影响。

像许多国际大都市一样，深圳随着城市化、机动化、现代化步伐的加速，也迎来了"交通拥堵"和"交通紧约束"时代。如何选择适合深圳的交通运输模式，为居民出行提供良好的交通服务，减少城市空气污染，建设宜居城市，已成为摆在城市管理者面前十分重要而紧迫的任务。

第一节　深圳城市发展概况

1979 年 3 月，深圳由国务院批准建市；1980 年 8 月，国务院批准深圳创办"经济特区"；1988 年 10 月，深圳市成为国家计划单列市。2010 年 7 月 1 日，国务院批复延伸深圳经济特区范围，面积覆盖深圳全市范围，成为除海南省外全国最大的经济特区。

深圳位于北回归线以南，东经 113°46′至 114°37′，北纬 22°27′至 22°52′，地处广东省南部，珠江口东岸，毗邻香港；东临大亚湾和大鹏湾；西滨珠江口和伶仃洋，南靠深圳河，与香港相联，北与东莞、惠州两城市接壤，总面积 1952.84 平方公里（含原深圳经济特区面积 395.81 平方公里），海岸线长达 230 公里。属亚热带海洋性气候，气候温和，年平均气温 22.4℃。深圳市各区面积及人口数量见表 1-1。

多年高速稳健的经济发展，使深圳与北京、上海、广州一道，成为中国经济中心城市，2013 年国内生产总值为 14500.23 亿元，连续多年在全国内地城市中高居第四位。

深圳下辖 6 个行政区和 4 个功能新区（图 1-1）。6 个行政区为南山区、福田区、罗湖区、盐田区、宝安区及龙岗区，4 个功能新区为光明新区、坪山新区、大鹏新区及龙华新区。

各区面积及人口数量表(2013 年统计数据)　　表 1-1

类别	名称	面积(平方千米)	常住人口(万人)
行政区	福田区	78.66	133.95
	罗湖区	78.76	94.15
	南山区	185.49	111.91
	盐田区	74.64	21.39
	宝安区	398.38	270.38
	龙岗区	387.82	194.47
功能区	光明新区	155.45	49.64
	龙华新区	175.58	141.85
	坪山新区	167.01	31.96
	大鹏新区	295.06	13.19
总计		1996.85	1062.89

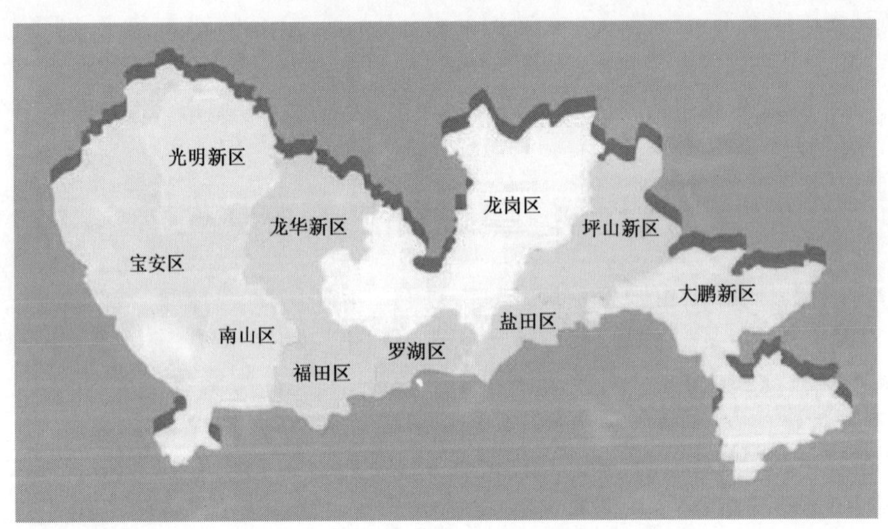

图 1-1　深圳市行政区划图

随着城市发展与居民收入水平的提高,深圳市机动车保有量逐年上升。2014 年 9 月,机动车保有量突破 300 万辆,深圳车辆密度为每公里 480 辆,远超国际上 270 辆/公里警戒线,高居全国之首,见图 1-2。

依据最新的《深圳市城市总体规划(2010—2020)》,未来深圳城市空间将以中心城区为核心,西、中、东三条发展轴和南、北两条发展带为基本骨架,形成“三轴两带多中心”组团结构,见图 1-3。

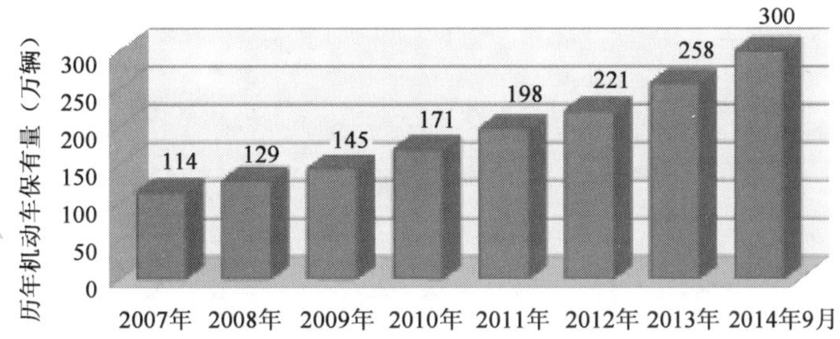

图 1-2　深圳市历年机动车保有量图

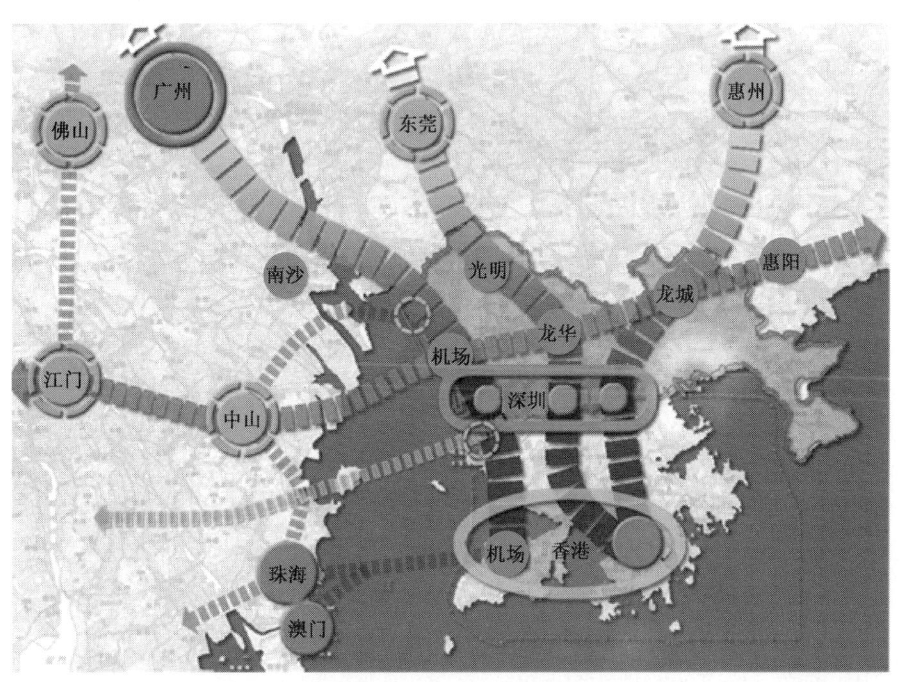

图 1-3　深圳市城市区域空间结构

（1）未来深圳将进一步加强与南部的香港、北部的广州、毗邻的东莞和惠州等城市的联系，构建三条面向区域的城市发展轴，强化珠三角区域发展的“脊梁”。

①西部发展轴：穗深港国际性高端服务发展轴，主要承担生产服务、商贸物流、现代文化和高端制造等功能。

②中部发展轴:深莞港区域性产业聚合发展轴,承担高新技术产业和先进制造业产业等功能。

③东部发展轴:深惠港区域性产业聚合发展轴,承担高新技术产业和先进制造业产业等功能。

(2)构建两条面向区域的城市功能带,加强深圳与惠州、粤东北等东部地区的联系,加强与珠江西岸乃至西南各省的社会和经济联系,扩大深圳的经济腹地。

第二节　城市交通形势与挑战

一、面临的挑战

深圳正在全面进入以航空、高速铁路、高速公路和江海联运为主导的现代化综合运输时代,成为具有世界水准的国家级综合性交通枢纽城市。同时,伴随城市人口增长和空间拓展,深圳将面临跨区通勤交通的巨大压力。小汽车高速增长、道路扩容不足、公交发展滞后等已成为深圳城市良性发展的关键问题。

1. 交通资源约束下的城市交通如何可持续发展

改革开放以来,深圳从一个边陲小镇,发展成为我国的特大城市,创造了城市发展的奇迹。然而,伴随经济发展和城市建设取得的巨大成就,深圳的城市发展也已逼近增长极限,面临"四个难以为继":一是土地、空间有限,剩余可开发用地不足200平方公里,按照传统的速度模式难以为继,再过一二十年,深圳将无地可用;二是能源、水资源难以为继,深圳用水量3/4来自东江,而随着东江周边地区的开发,供应日趋紧张;能源消耗巨大,深圳一年用电量相当于内地一个省的用电量;三是城市已经不堪人口重负,难以为继,深圳人口密度,高出北京3倍,高出上海一半;四是环境容量已经严重透支,7条河流全部遭到污染,环境承载力难以为继。面对土地空间有限、水资源和能源短缺、人口不堪重负、环境承载力严重透支,迫切要求城市转型发展。

城市交通是城市社会事业的组成部分,是城市生活经济发展的重要保证。因此,城市交通的可持续发展对城市的可持续性具有重要意义。因此,如何正确定位城市交通发展目标,解决城市交通及其发展产生的问题和不良效应,对实现城市社会和经济的可持续发展具有重要理论意义和现实意义。

目前,深圳除少数新拓展区外,全市路网格局基本定型,路网规模基本稳定,见图1-4。截至2013年年底,全市高速路、城市快速路总里程达到387公里,城市主、次干路总里程达到1968公里,次干路以上道路总体规模已增加至2355公里,路网密度为3.29公里/平方公里(不含城市支路)。

近年来,深圳市机动车保有量快速增长。2010年4月,深圳市机动车保有量为150

万辆。根据《深圳市综合交通十二五规划》(2011 年)预测:2015 年年底,机动车保有量将达到 270 万辆,但实际发展速度远超预期,2014 年 9 月就已突破 300 万辆。时间不过 4 年 5 个月,深圳全市的机动车保有量就翻了一番。按当前的增长速度,2015 年年底,机动车保有量将达到 400 万 ~450 万辆。

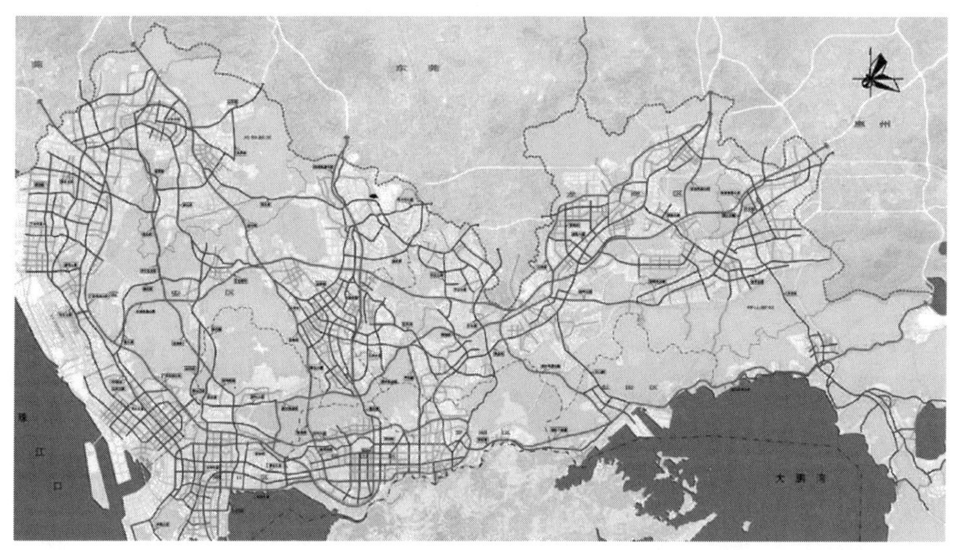

图 1-4 深圳市现状路网图

全市新增道路资源有限,城市交通压力却不断加大,路网拥堵范围逐年增加。目前,深圳市交通高峰期处于明显的超饱和状态。联系东西向各组团的泥岗路、北环大道、滨河大道、滨海大道等主要道路,交通高峰与平峰区别已不明显,道路车流量从早晨 07:00 开始呈现明显增加趋势,上午 08:00 ~09:00 达到全天流量峰值,之后流量一直保持高位运行。除午间 12:00 ~14:00、夜间 22:00 清晨 06:00 外,全天道路交通机动车流量均处于高位运行期。

2. 城市空间拓展需城市交通体系的引导与支撑

深圳市城市建设用地发展见图 1-5。深圳的城市发展呈现圈层结构❶:初期以罗湖、福田为中心,形成城市的第一圈层,见图 1-6。随着城市发展,2000 年以后中心城区(罗湖、福田中心区)基本没有新增土地供给,城市的各项功能向外围组团扩散,居住人口向城市第二圈层和第三圈层转移,整个城市结构呈现出一种从“圈层扩展 + 轴线推进”的生长形态。

❶圈层式结构的内涵:城市在区域经济发展中起主导作用,城市对区域经济的促进作用与空间距离成反比,区域经济的发展应以城市为中心,以圈层状的空间分布为特点逐步向外发展。

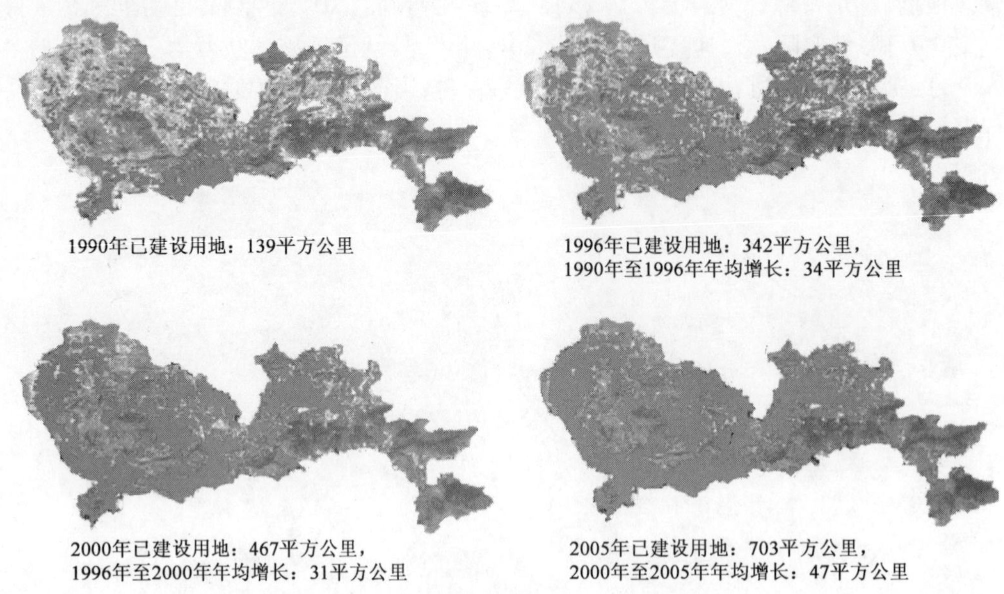

图 1-5　深圳市城市建设用地发展图

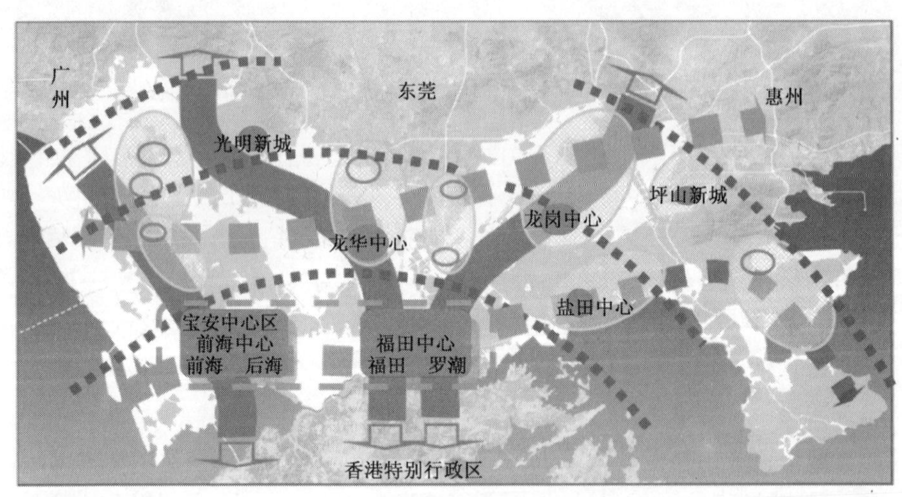

图 1-6　深圳市城市布局结构规划图

随着福田、罗湖中心区域的日益饱和外溢，城市多中心布局结构趋势逐渐强化，中心区功能向城市第二圈层转移。城市结构虽已改变，但中心城区仍然是最重要的工作和商业功能区，工作岗位集聚在中心城区，居住人口向第二圈层外移，形成大量居住功能为主、功能单一的卧城，诱发大规模潮汐式向心通勤交通。结果是居民的出行时耗和距离不断增加，交通拥挤趋于严重。以梅林关（连接原特区内外的主要关口）为例，一般早上

07:30左右开始出现排队情况,到10:00左右早高峰结束;晚高峰拥堵从17:30持续到20:00以后。梅林关和布吉关交通拥堵示意见图1-7和图1-8。

图1-7　梅林关交通拥堵示意图(2013年7月某日早高峰)

图1-8　布吉关交通拥堵示意图(2013年7月某日早高峰)

3.轨道交通需要整合公共交通系统

《深圳市城市轨道交通近期建设规划(2011—2016年)》明确指出,2016年地铁三期建成通车。届时,深圳市轨道网将拥有10条线路,总长约348公里,预测日均客运量约356万人次。深圳公交系统将进一步向以轨道交通为核心的公共交通系统转变。

深圳市公共交通发展已进入轨道交通时代,轨道交通骨干作用将逐步凸显,同时,居民出行的链式特征将更加明显,由以往的使用"线路"向使用"网络"转变,不同交通方式间的多次换乘将成为出行的常态。

公共交通的组织和运营方式也将发生根本性变革。如何依托轨道交通,整合公交方式,实现轨道、常规公交、慢行交通的一体化服务,方便市民出行,是面临的紧迫问题。必须结合轨道交通系统的建设,正确认识不同阶段、不同区域轨道交通、常规公交、慢行交通的功能作用,对各种公交方式功能定位进行调整,合理协调体系内部各公共交通方式之间的关系,优化、调整公共交通布局,为多模式、多层次公共交通体系的全面整合打下坚实的基础。

4.资源节约和环境友好型社会要求转变发展方式

交通行业已成为城市能源消耗和温室气体排放的重要来源。近年来,深圳城市交通运输带来的碳排放逐年增长,碳排放量已仅次于工业,约占总量的20%。其中,客运交通碳排放增长迅速,2000—2012年,年均增长约16%,至2012年达到875万吨(数据源自:《深圳市低碳交通发展模式及策略研究》)。未来,深圳交通发展面临的交通拥堵、环境污染、交通安全以及能源消耗等压力将更加严峻。

2010年8月,国家发展改革委新近发布的《关于开展低碳省区和低碳城市试点工作的通知》,明确表示将深圳列入国家低碳试点范围。深圳是国家确定的首批低碳试点城市之一，应抓紧构筑低碳交通模式。2010 年 10 月，《深圳市委市政府关于加快转变经济发展方式的决定》中提出“五个率先”，提出“率先推动低碳绿色发展，建设资源节约型和环境友好型社会”。因此，以人为本、低碳发展、健康出行将是深圳未来城市交通的重要特征。要建设低碳生态城市和优质生活圈，就需要尽快构建安全、便捷、生态的城市交通系统。如果分别将轨道运输单位客流的能耗及废气排放看作 1 个单位，则城市常规公交运输单位客流的能耗为 2，废气排放为 1.4；小汽车运输单位客流的能耗为 8，废气排放为 27，见图 1-9。小汽车的能耗与废气排放远高于轨道及城市常规公交。

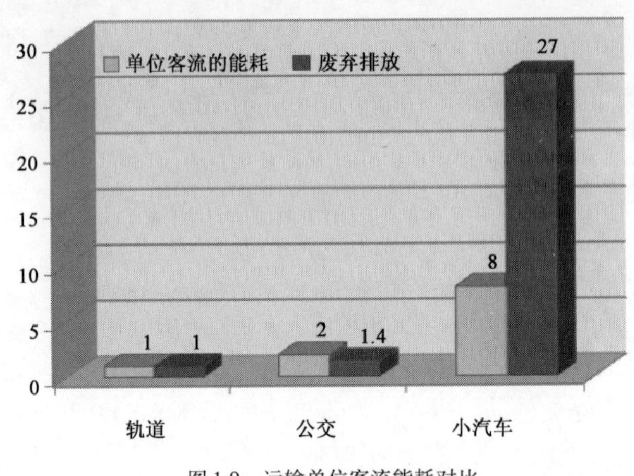

图 1-9　运输单位客流能耗对比

二、未来交通发展趋势

《深圳市整体交通规划》(2005 年)、《深圳市公共交通规划》(2005 年)、《深圳市综合交通“十二五”规划》(2011 年)等相关规划得出共同结论，即使采取较高强度的需求管理措施，当深圳市小汽车保有量达到 310 万辆时，全市路网承载水平仍将处于严重超载状态。深圳市交警局预测，2014 年年底，深圳机动车保有量将达到 320 万辆，机动车密度将达到 233.5 辆/公里，超过上海和北京，路网严重超载已经成为现实，见图 1-10。

2014 年，交警部门备案管理的停车位为 100 万个，而车辆停车需求车位却高达约 300 万个，停车位净缺口达约 200 万个。根据小汽车保有量与停车位之间的线性关系，小汽车保有量∶停车位 = 1∶(1.2 ~ 1.5)，实际缺口将超过 200 万个。考虑未来车辆持续增长，2015 年和 2020 年停车位供应量最低应分别达到现状的 3.2 倍和 4.2 倍，否则，停车问题将成为制约城市交通发展的瓶颈。

与此同时，公共交通承载力则严重不足。根据《深圳市综合交通体系规划》(2014 年)，至 2020 年，轨道交通客流量约占公交机动化出行的 32%，出租汽车约占 8%。这就意味着，未来公共交通 60% 的客运量均需由地面常规公交承担，常规公交日均客流量将达 940 万人次，常规公交压力巨大。公交与城市交通发展一般历程见图 1-11。

公交发展的一般历程表明,当公交发展到一定阶段,仅对公交体系自身进行优化的作用已不明显,公交投入事倍功半,难以改变交通需求结构。因此,城市如何选择自己的

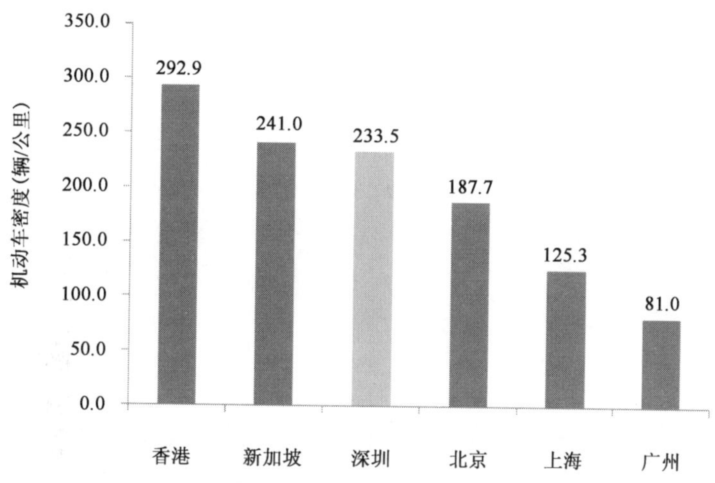

图 1-10　部分城市机动车密度对比

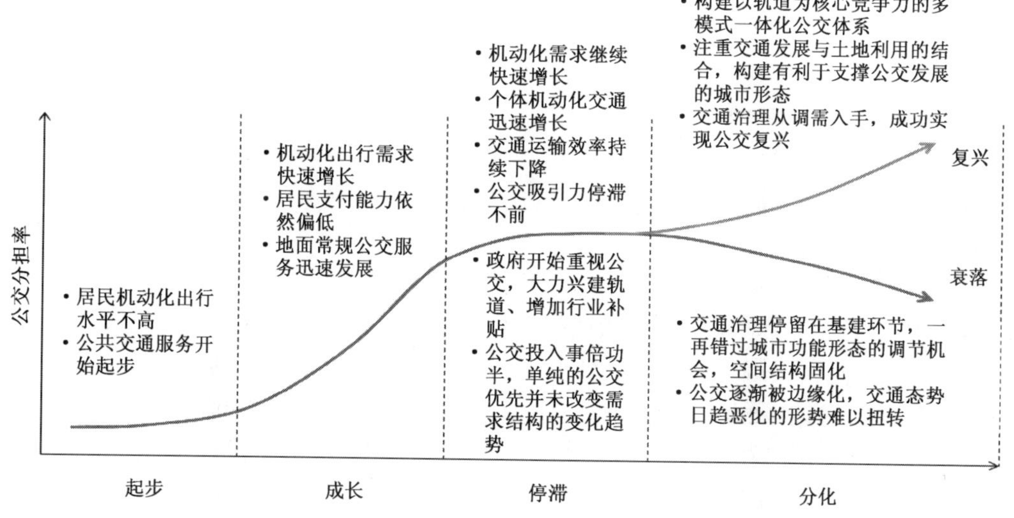

图 1-11　公交与城市交通发展一般历程

交通运输模式,如何为居民出行提供良好的交通服务,减少城市空气污染,建设宜居城市,已成为摆在城市管理者面前的重要课题。

第三节　公交优先的困境与探索

2004 年 3 月 6 日,建设部下发《关于优先发展城市公共交通的意见》(建城〔2004〕38 号),正式提出“公交优先” 的理念。2004 年 6 月 25 日,时任国务院总理温家宝做出重要批示,指出“优先发展城市公共交通是符合中国实际的城市发展和交通发展的正确战略思想”,“公交优先” 的理念日益深入人心,得到各级城市政府、公交企业以及社会各界的广泛认同。

如今,“ 公交优先” 已逐渐由原先的理念转变为今天的现实。毋庸置疑,2004 年至今,是新中国成立以来,城市公共交通行业发展的最好时期,也是发展速度最为迅猛、取得成绩最为显著、行业规模明显扩大的时期。

优先发展城市公共交通,对于方便市民出行、缓解交通拥堵、改善城市环境、促进城市可持续发展,发挥了积极作用。但是,城市公共交通的发展速度仍然远远赶不上时代的步伐。摆在决策者面前的现实情况是:随着我国城市经济社会高速发展、城市化进程日益加快,城市规模和人口迅速膨胀导致交通出行需求与日俱增。加上小汽车进入千家万户,交通出行的个体机动化水平大幅度提高,几乎所有城市都面临着人、车、路之间日趋凸显的矛盾与冲突,公共交通与个体机动化交通的博弈更加尖锐。究其本质,“公交优先”只是单一强调公共交通行业的优先发展,而没有全面、综合、系统地考虑公交发展与城市发展相协调的问题。

从深圳公交发展的实践看,为了解决交通供需矛盾问题,深圳市很早就提出了“公交优先”发展战略,并创造了若干个全国第一,如深圳是全国第一个设置公交专用道的城市、全国第一个应用公交 IC 卡技术的城市、全国第一个实施公交特许经营的城市。

在常规公交领域,深圳市采取了以下措施:

(1)在公交线网优化方面,深圳市率先在国内启动“快线—干线—支线”三层次公交网络规划研究,逐步实现“网络分层次、线路分等级、车辆分颜色”,形成“三个层次、三级线网、三种颜色”的多模式、一体化公交服务体系。

(2)在公交场站建设方面,为加大场站建设力度,深圳市实施了公交场站建设管理体制改革,公交场站全部由政府投资建设及改造,政府进行管理,产权全部归政府所有。公共交通场站规划、建设及维护,公共交通场站配套设施及其他公共交通基础设施建设及维护,均已纳入交通专项资金一并考虑,建成后免费交付企业使用。深圳市现状公交场站分布见表 1-2 和图 1-12。

深圳市现状公交场站分布表(2013 年调查结果)(单位:个)　　表 1-2

分　区	固定场站	临时场站	合　计
罗湖区	21	22	43
福田区	31	5	36
南山区	20	27	47
盐田区	4	4	8
宝安区	24	42	66
龙岗区	14	78	92
光明新区	0	12	12
坪山新区	0	18	18
龙华新区	9	31	40
大鹏新区	0	5	5
汇总	123	242	365

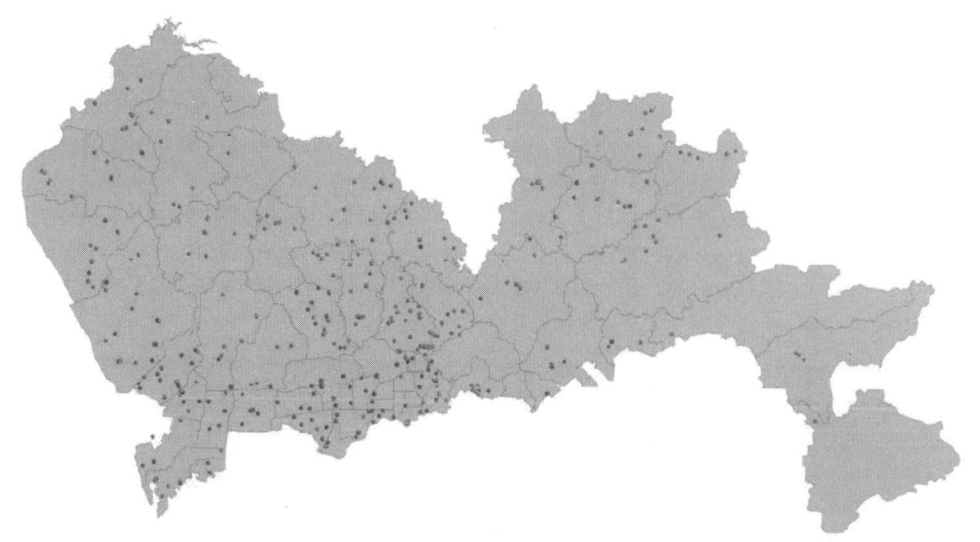

图 1-12　深圳市现状公交场站布局图

(3)在公交专用道建设方面,深圳市自 1997 年启动公交专用道建设,截至 2014 年 9 月,公交专用道里程已达约 826 车道公里,见图 1-13。其中,路侧公交专用道 819 车道公里,路中公交专用道 6.4 车道公里。专用道公交运营里程占全市公交总运营里程的 35.5%,每天有 256 万公交乘客受益。各大城市公交专用道设置率对比见图 1-14。在道路条件不断恶化的情况下,2014 年高峰期公交车速较 2010 年增长了 16%,达到 18.5 公里/小时,人均公交出行时间节省了 5 分钟;由于公交车速提升,2014 年单位运力的运输效率较 2010 年提升了 16.4%。在车辆配置不变的情况下,相当于增加运力 2216 辆,高峰期增加运能 13.3 万人次。深圳市公交专用道设置及实施情况见图 1-15。

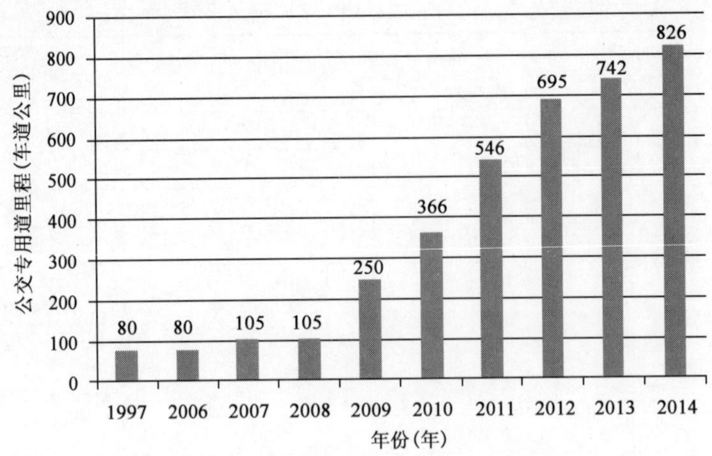

图 1-13　深圳市历年公交专用道建设情况

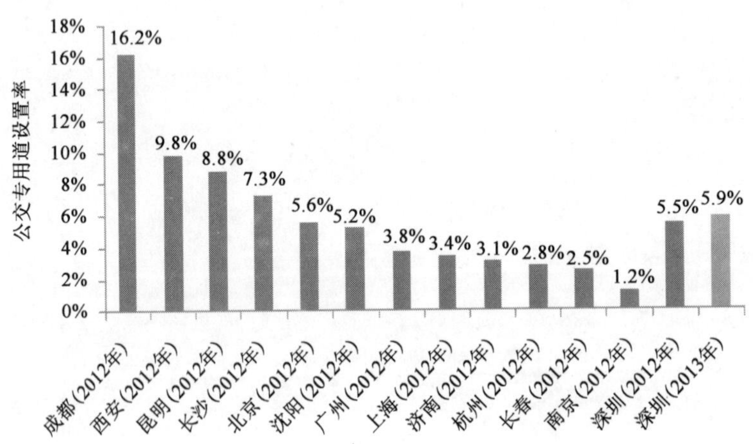

图 1-14　各大城市公交专用道设置率对比

注:数据引自交通运输部《中国城市客运发展年度报告》

a)

b)

图 1-15　深圳市公交专用道设置及实施情况

尽管深圳大力完善公交服务，但常规公交分担率仍出现快速下滑趋势，其占机动化出行的比例由2005年的46%下降至2013年的37%，而同期小汽车的机动化分担率从25%上升到40.2%。从深圳公交体系建设的实践看，单纯在交通系统内部实施公交优先，对公交的提升作用已很小。

（1）“流制于器”

“水流”（公交线路）的形态与速度，取决于“容器”（土地利用形态、通道和枢纽场站）。例如，公交线网密度和站点覆盖率取决于路网密度，公交速度取决于路权保障，线网布局取决于枢纽场站，公交线网的重复系数取决于路网结构等。如果不从“流”的源头“器”上解决土地利用与交通的协调发展问题，实现交通基础设施与交通需求相匹配，就难以达到公交优先的目的。

在交通基础设施与交通需求相匹配方面，深圳遇到的困难很多。

首先，规划的公交场站难以落实用地。场站大多布置在城市边缘，城市内部大型客流点往往缺乏场站设施的支持。缺少枢纽场站支撑的公交网络，公交运力无法投放，线路调整优化无法实施，客流集散点的换乘需求无法满足，仅能进行被动式微调，难以实现公交现状的根本性改观。

其次，缺乏支路的低密度路网、大量居住区实施封闭式管理等，导致公交车辆难以进入一些城市片区，产生公交网络布局缺陷，公交线路重复系数等指标缺少必要条件进行优化。

（2）公交设施用地保障制度存在缺陷

首先，公交设施用地控制与储备制度不完善。一方面公交设施用地规划控制不健全，对公交设施用地控制管理力度不足，部分已批公交设施用地存在位置不理想、地块条件不良难以利用的问题；另一方面，公交设施用地储备制度不完善，无法对公交用地进行有效的控制和预留，存在用地落实难、缺口大的问题。

其次，公交设施周边用地协调开发机制不健全，难以真正建立以公交为导向的城市土地开发模式（TOD），TOD模式详见第二章第三节。

（3）规划标准和准则缺失

随着城市快速发展，城市用地紧约束进一步加剧，独立占地的场站规划建设模式已经难以为继，发展建筑物配建场站，实现资源的集约化利用，将成为当前和未来破解场站建设难题的重要方向。

一方面，在城市规划相关标准中，停车场库建设仍以小汽车为主，尚未明确对公共交通场站的配建。另一方面，公交场站配建的设计规范缺失，现有建筑内公交场站设计大多参照民用建筑标准，对于场站的功能、布局、交通流线以及层高、柱间距等无明文规定，导致已建成的配建公交场站存在人车交织、使用面积缩水、功能不全、缺少配套设施等诸多问题。

综上所述，深圳市政府及交通主管部门已经意识到，以增加交通供给为主的、“被动、追赶”式的交通发展模式，不足以支撑城市的可持续发展，必须大力发展公共交通，并不断加大对城市公共交通系统的投入和政策支持。但随着交通资源和环境资源紧约束的加剧，公交发展的外部环境进一步被挤压，对公共交通体系投入产生的边际效应越来越小，仅对公交体系自身进行优化作用已不明显。

深圳迫切需要对交通发展模式和城市发展战略进行重大调整，否则，将面临更为严峻的交通紧约束，成为拥堵之城，降低城市活力，影响社会经济发展。

第二章 城市交通与城市发展的相互作用

城市是以非农业产业和非农业人口集聚形成的较大居民点。城市的出现,是人类走向成熟和文明的标志,也是人类群居生活的高级形式。

城市从诞生之日起,其发展一直与交通存在着密切联系。从古至今的城市化历程,无不渗透着交通对城市发展的影响。城市的发展也促进了各种先进交通工具的出现,各种先进交通工具又推动了城市化进程。本章从都市圈、城市、城市节点三个层面,对交通与城市发展的相互关系进行论述。

第一节 交通与都市圈发展的互动关系

都市圈(又称城市带、城市圈、都市群或城市群等)指在特定区域范围内,云集有相当数量不同性质、类型和等级规模的城市,以一个、两个或多个特大城市(小型城市群为大城市)为中心,依托一定的自然环境和交通条件,使城市之间的内在联系不断增强,共同构成一个相对完整的城市"集合体"。都市圈内各城市间存在着互相交流的强大作用力,人流、物流、资金流、信息流等相互交织,参与分工、合作,实现一体化,而交流互通的主要形式之一就是交通运输。世界上,如日本城市群(东京、名古屋、大阪)、美国东北部大西洋沿岸以纽约为中心的城市群(以下简称"纽约城市群")、伦敦—利物浦城市群等城市群;国内,如长三角城市群、珠三角城市群、京津冀城市群。

交通系统是都市圈内城市间联系的载体,城市间快速通道缩小了都市圈时空范围。都市圈内快速发展、功能各异的城市之间,人流、物流数量与日俱增,形成巨大的客流量和货流量。可以说,提高交通运送速度,意味着缩小城市间时空距离。大型企业根据城市的功能分工,可以把工厂分设在多个城市,居民可选择在不同的城市工作和生活。良好的交通系统使都市圈成为一个有机高效的整体,助力都市圈经济获得长远的发展空间。

纽约城市群的层级结构类似一座金字塔:塔尖是纽约,第二层是波士顿、费城、巴尔的摩、华盛顿 4 大核心城市,下层则是围绕 5 大核心城市周围的 40 多个中小城市。5 大核心城市各具特色,错位发展,相互补充,纽约与周围城市合理的地域分工格局和产业链的形成,成为这一都市圈发展壮大的基础和保障。

具体来说:纽约作为全美的金融和商贸中心,商业和生产服务业发达;波士顿集中了高科技产业、金融、教育、医疗服务、建筑和运输服务业，其中，高科技产业和教育是波士顿最具特色和优势的产业；费城地理位置优越，费城港是美国最繁忙的港口之一，集装箱容量在北美各大港口中位居第二，是纽约都市圈的交通枢纽；华盛顿是全美政治中心和世界大国首都，金融行业发达，全球性金融机构，如世界银行、国际货币银行和美洲发展银行的总部均位于华盛顿，巴尔的摩市区与华盛顿特区的接近使得它承接了大量联邦开支和政府采购合同，国防工业有了很大发展。

在纽约城市群的形成过程中，交通基础设施起到了至关重要的作用。最开始城市群各中心城市形成了各自的都市圈，通过沿海高速公路和铁路系统（如华盛顿—巴尔的摩—纽约三城市之间即有铁路直达），城市群内交通联系变得十分便捷，由此，都市圈沿着海岸方向扩展融合，并且在干线两侧集聚人口，形成新的聚落中心。在此基础上，整个区域建立起具有密切联系的功能性网络，形成了区域发展的空间一体化。

纽约城市群发展经验表明，交通网络的发展对城市群发展具有重大的影响。一方面，它促进了城市群空间扩展并改变着城市外部形态，对城市空间扩展具有指向性作用；另一方面，又直接改变着城市群的区域条件和作用范围，产生新的交通优势区位、新城市或城市功能区，进而改变原有的城市群产业空间结构。

都市圈综合交通运输除发挥三大功能（集聚、扩散和枢纽功能）外，还对都市圈的形成和发展起引导作用。在对都市圈体进行规划时，交通网络骨架是区域城镇布局的关键。一个包含铁路、公路、水运、航空且相互协调的综合交通运输系统，是形成都市圈必不可少的前提条件。

从经济学视角分析，城市得以存在，是因为人口和经济活动高度集聚，但人口和经济活动的大规模集聚必然导致城市空间拥挤。因此，需要有交通基础设施来支撑经济活动的高度集聚，缓解交通拥堵。集聚经济发展的不同阶段，需要不同交通方式和相应交通基础设施的支撑：百万级人口的城市需要有机动车和道路交通网，千万级人口的都市圈则需要有大型轨道交通网络支撑城市的运行。

随着技术进步和交通基础设施发展，集聚经济的可能规模是动态变化的。集聚经济的水平可用每平方公里产出来计量。目前，我国每平方公里产出位居前列的上海、北京、广州、深圳等特大型城市，与国际大都市相比，尚存在很大差距。以北京为例，北京市的面积（16410 平方公里）与东京大都市区（一都三县，13525 平方公里）、纽约大都市区（17405 平方公里）基本相当，但总产出水平只相当于东京的 14%，纽约的 18%。北京市 2010 年的人口 1961 万，GDP 2240 亿美元；而东京大都市区 2008 年的人口 3500 万，GDP 约 16000 亿美元。北京市的人口密度不及东京大都市区的 50%，每平方公里产出不到东京的八分之一。东京大都市区的产出占日本国内生产总值近 32%，纽约大都市区生产总值占美国的近 9%，而北京生产总值不到中国的 4%。究其原因，是日本和美国的生产集中度远远高于中国，且东京、纽约的轨道交通发展有上百年历史，正是轨道交通的发展提供了人口在大城市群高密度集聚的交通基础设施，使都市圈集聚经济水平不断提高，最终使东京、纽约成为国际性大都市圈。

集聚经济是以各类经济活动的相互邻近为前提的。居民的出行时间、企业对原材料运距的权衡、对消费市场距离的权衡，是影响经济活动在一定区域内集聚的最基本的因素。因此，城市区域内的经济活动越是相邻，经济密度越高，城市集聚经济水平也越高。

城市轨道交通是一种高效的交通运输系统，服务于城市区域范围，或连接城市郊区与城市核心区域，其主要功效是创造城市周边区域与城市核心区域的潜在相邻。随着交通技术的不断革新与城市经济的快速发展，城市轨道交通所涵盖的具体交通方式也在不断增加。现代城市轨道交通主要包括地铁、轻轨、通勤铁路、有轨电车等运输方式。虽然轨道交通的前期投入成本较大，但为城市创造的经济效益更为持久。随着城市开发密度不断提高，区域不断扩大，居民的工作、娱乐、购物等活动要求城市公共交通必须便捷、准时，轨道交通则很好地满足了城市居民出行需要。地铁具有运量大、线路专营、运行速度快、发车时点精准、占用城市地面面积少、运输效率高等特点，其运量相当于普通公交的3倍，平均运行速度可保持50公里/小时，大大优于路面交通工具。城市经济的繁华程度与城市交通的便捷程度息息相关，如现代零售商业模式以巨大顾客流量为前提，轨道交通则为其提供了大量消费者前来聚集性消费。因此，城市主要商圈也开始在轨道交通沿线集聚。在经济活动愈来愈频繁的城市，修建轨道交通是支撑经济社会顺利运行的有效保证。

城市交通基础设施主要通过两方面来支撑城市集聚经济和都市圈的发展。

第一，完善的交通基础设施会降低居民的出行成本与企业的运输成本，使企业之间、企业与劳动力之间具有更紧密的相邻性，便于相互间经济交流的顺利进行。便捷的城市交通会诱使大量人口的集聚，诱发大量的企业聚集，由于企业的集聚提供了更多的就业岗位，导致人口的进一步集聚。此外，城市交通基础设施能够加强城市经济活动的邻近性，扩展经济活动空间范围，能够支撑更大的人口规模和城市规模。

第二，在铁路车站、空港、港口等交通枢纽地区，客流量和物流量大，有更多的商业机会，能够吸引更多企业集聚，产生更多的就业机会，使得在城市的交通枢纽地区形成经济活动更高密度的集聚。

作为全世界集聚程度最高的大都市区之一，东京都市圈的发展和形成离不开全世界最密集的轨道交通网，见图2-1。由市郊通勤铁路、市内轨道交通、公共汽车等组成的东京公共交通系统，是大多数人依赖的日常交通工具。尤其是快速、准时、密集的市郊通勤铁路和市内轨道交通系统，能将城市居民送到东京大都市区的每个角落。在东京大都市区的交通客运量构成中，公共汽车比重较小，仅为7.6%，市郊通勤铁路所占比重最大，达49%；其次是市内轨道交通，占总运量的30%，整个东京大都市区，就是在这些轨道上融为一体。东京大都市区公共交通体系的特点就是大容量、高速度的轨道交通和世界客流量最大的轨道网线。整个东京大都市区的轨道交通里程超过 2300 公里，其中，地铁里程只有 312 公里，而市郊通勤铁路里程高达 2013 公里，包括 JR 线（不含新干线）887 公里、私营铁路（包括单轨铁路）1126 公里。

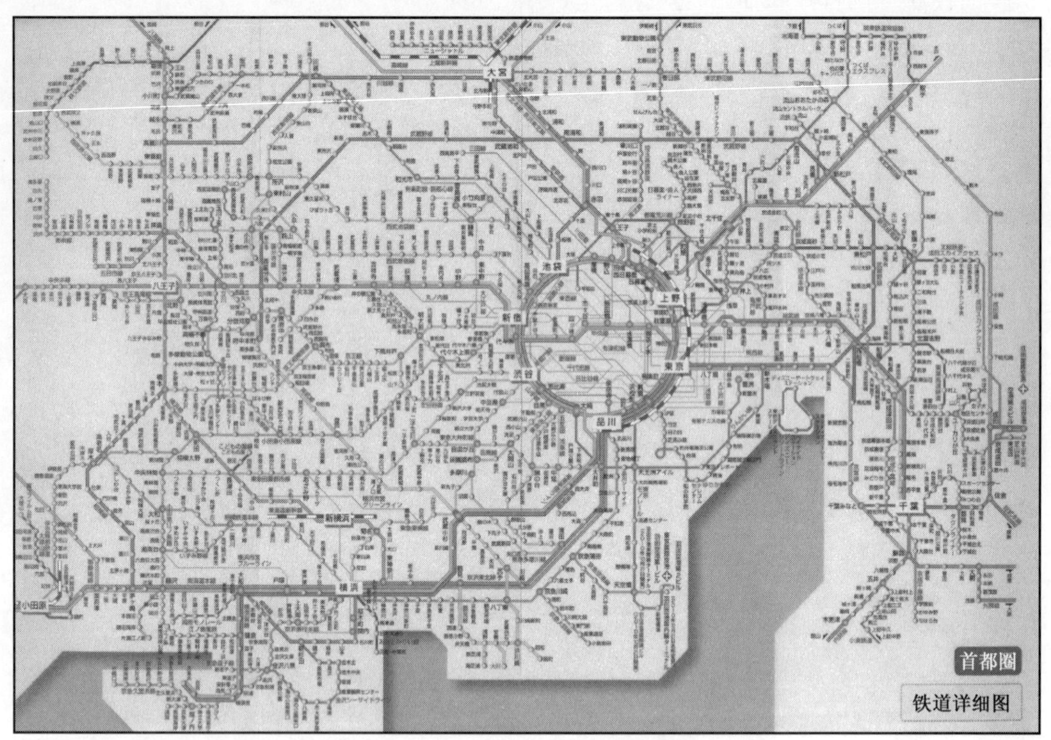

图 2-1　东京大都市区轨道交通网络图

轨道网络在东京大都市区交通体系的关键作用并不仅仅是通过运量体现的，更重要的是，通勤铁路的建设塑造了东京大都市区的发展脉络，通过“时空收缩”效应，引导城市人口的疏散和经济活动的集聚。从发展历史角度研究，轨道网络与城市用地发展的紧密结合，成就了以东京为核心的东京大都市区空间布局形态，引导了城市人口和就业岗位的分布。

第二次世界大战后，东京的经济发展和人口增长的速度都超出了政府的预期。战后复兴规划希望将东京中心区人口控制在 350 万以内，但是很快就面临巨大的人口流入压力，1962 年人口突破 1000 万。这样的社会经济发展压力，迫使东京的经济和交通同时向大都市区方向发展。为了适应高质量生活空间的社会需求，1963 年东京政府开始在距离都心 30 ~ 40 公里地带建设新型城镇，力图缓解中心区的拥挤；同时，日本国铁对东京大都市区通勤输送能力进行改造，20 世纪 60 年代以后，东京私营铁路更是进入大发展时期。

通过新城镇开发计划和市郊通勤铁路的发展，东京中心区的人口得到有效疏散。从20世纪70年代开始，中心区的人口开始缓慢减少。从20世纪80年代开始，中心区人口基本稳定在800万~850万人之间的规模。中心区以外不断增加的人口对东京市郊通勤交通提出了更高的要求。20世纪80年代以后，东京大都市区轨道线网规模仍在不断扩展，逐渐形成了与城市用地和空间布局相协调的环射状轨道交通网络。东京大都市区轨道交通网络以JR山手环线为基础，包括地铁、私营铁路和国铁JR三大系统。2/3的地铁线路与JR或私营铁路实现过轨运营，即通过运营组织实现不同系统之间的列车行驶到对方线路上，以减少换乘。

纵观东京大都市区的发展历程，轨道网络和新型城镇化建设共同引领社会经济发展的作用尤其显著，其发展历程对我国现阶段新型城镇化建设具有积极的借鉴意义。在多摩新城建设过程中，最需要解决的是新城与中心区通勤交通的问题。1965年，多摩新城的开发启动，政府与私人合资共同进行了轨道与物业的开发工作。1974年，随着支持多摩新城发展的两条轨道干线——京王线和小田急线的开通，通勤交通问题得到有效解决，多摩新城也得以迅速发展，增加了37万居民和13万个工作岗位。据调查，该地区80%在新城之外工作的居民通勤方向为东京中心区，其中，70%采用轨道交通。但是，同样是属于新城开发计划的千叶新城，由于没有连接东京大都市区核心区的轨道交通，入住人口增长速度非常缓慢。上述两例充分说明，人口密度很大、人均道路资源占用量很少的中心城区无法承载过量的交通需求，为满足经济集聚发展，必须有轨道交通配合新型城镇化发展，引导集聚经济健康发展，提高城市居民的生活水平。

在纽约大都市区中，纽约市以其最高的经济集聚程度占据着大都市区经济中心的地位。在经济总量方面，纽约市占据了整个纽约大都市区的半壁江山。2001年，纽约市地区生产总值为4391亿美元，占纽约大都市区生产总值的48.90%。随后该比重持续上升，到2007年达到峰值53.04%。在产业发展方面，纽约市是美国最大的经济中心，是仅次于芝加哥和洛杉矶的全国第三大工业中心，工业以服装和出版业最盛；纽约市也是美国和世界的金融和证券交易中心。位于曼哈顿岛南部的华尔街集中有几十家大银行、保险公司和证券交易所，以及成百家大工业公司和运输公司的总部。由于纽约市在大都市区内地位至关重要，满足纽约市与大都市区内其他地区的交通联系，就成为大都市区交通基础设施建设的首要目标。

相对于美国其他大部分都市（尤其是洛杉矶）以车代步的交通方式，纽约人主要搭乘公车、地铁及渡轮上下班，其中，纽约地铁是世界上最大的公共运输系统之一。对于美国这个生活在汽车轮子上，国民习惯自驾车出行的国度而言，在经济最为发达的纽约大都市区采用地铁和通勤铁路为主的交通方式，更说明了市内公共交通系统加上通勤铁路的交通基础设施建设方式，是大都市区交通基础设施发展的理性选择。

为了更好地满足大都市区交通需求，纽约大都市区的交通统一由大都市区交通局管理。在其管理下，纽约大都市区形成了以纽约市为中心，辐射长岛、新泽西等区域的纽约大都市区轨道交通系统。总体上，纽约大都市区的轨道交通总长 2651 公里。类型上，分为两个独立的系统——地铁网和通勤铁路网。

地铁网为纽约中心城服务，覆盖范围为中心城 4 个区，目前共有线路 25 条，长度 492 公里，运营车辆 6700 余辆，占全美地铁车辆的 2/3，地铁工作日日均客流量 350 万乘次。

在纽约大都市区的公共交通系统中，通勤铁路发挥着更重要的作用。通勤铁路网为纽约大都市提供通勤服务，其铁路网络将位于纽约、新泽西和康涅狄格三角区域的郊区与纽约市连接在一起。通勤铁路网络由长岛铁路、大都会北方铁路和新泽西运输铁路构成，整个系统覆盖了包括大中央车站及宾夕法尼亚车站的 254 个车站以及 20 条铁路线，总长 2159 公里，承担着每日超过 100 万人次纽约市和大都市区周边地区的通勤客流。

例如，在纽约大都市区西部，港务局哈德逊河通道是连接曼哈顿、泽西市及霍伯肯的重要轨道交通通道。许多人居住于新泽西的哈德逊河岸(跨州居住)得以依赖轨道至纽约市上班，此功能造就了新泽西哈德逊河沿岸城镇的繁荣，使得泽西市、霍伯肯及北部的哈德逊郡与博根郡地区被称为新泽西的黄金海岸。目前，港务局哈德逊河通道平均每工作日客运量 21.5 万人次，年旅客输送人数达到 6070 万。随着新泽西各区人口的增加以及商业贸易的发展，这一数字还将持续增长。

如前所述，如果没有强大的轨道交通体系为纽约大都市区提供服务，本来就已拥堵不堪的纽约市，必将产生拥堵加剧、环境污染等大城市病。正是由于轨道交通体系的建设以及原有铁路功能的改变，使得纽约市作为纽约大都市区的核心，能够和大都市区内的其他城市建立起广泛而密切的联系，缓解了过度密集的人口对于纽约市的压力；在纽约市内工作的群体，也能在不影响工作的情况下，获得更好的居住环境。

第二节　交通与城市土地利用的互动关系

一、土地利用与城市交通互动

城市交通设施与城市土地使用之间的关系，可类比于人体骨骼和血液循环系统与人体不同脏器之间的关系。城市交通相当于人体的骨骼和血液循环系统，城市土地利用的不同主体，居民区、商店、办公楼、学校、医院、银行、饭店相当于人体的不同脏器。人体骨骼和血液循环系统支撑维系着所有的脏器的新陈代谢过程，同样，交通运输系统支撑着城市中社会各组成部分的经济活动运行，二者存在双向“互动—反馈—循环”的关系。

不同的土地利用形态，决定了交通发生量、交通吸引量、交通分布形态，也是城市交通问题的根源。很多城市交通治理效果不明显，原因往往就是只注重疏通而忽视源头控制，所以，进行城市交通规划时要从城市土地利用现状去分析解决问题。城市交通拥挤，其实是土地利用形态不合理或者是土地开发强度过高,导致交通容量无法满足需求。由此可见,种种交通问题只是表象,要通过表象看本质,将城市交通规划作为城市规划的一部分,使城市与交通和谐发展。要言之,城市交通的解决最终要依赖城市优化的土地利用形态来实现。

城市交通并不总是受制于城市土地利用形态,在某种程度上也可反过来作用于城市土地利用形态。决定城市结构的有地理特征、相对可达性等几方面因素,其中,地理结构受自然条件影响无法改变,而相对可达性与城市交通有着密切的联系。从步行时代到当今的汽车时代,城市空间结构发生了巨大的变化,最主要的原因就是人们出行方式大大扩展了城市居民的活动范围,影响着城市布局形态。

发达的城市交通可以实现人、车、物的顺畅流通,促进经济元素快速整合,交通发达的区域往往会形成新的经济发展中心,引导城市职能结构集聚。现代城市化的一个典型布局形态就是沿主要交通线两侧集中分布,交通沿线土地开发异常活跃;受交通通达状况的影响,相关区域的地价也发生变动,最终导致城市布局形态的改变。因此,交通规划必须考虑新建线路引发的城市布局调整以及新建线路对运输的吸附作用,同时考虑新建交通设施激发的潜在交通需求,以提高交通需求预测的准确性,保证交通供给与交通需求在更长一段时间内保持平衡。

综上所述,土地利用、城市交通之间存在着动态关系,土地利用决定着城市交通发展的方向,城市交通反过来影响土地利用,二者通过交通需求发生作用。因此,在进行城市交通规划时必须结合城市土地利用规划,二者不断反馈,相互配合,只有这样才能最终达到城市交通的可持续发展。[1]

二、城市空间结构与交通互动

19 世纪末,欧洲城市由于工业化进程而呈现出全新的面貌,经济、社会结构和人们的定居方式从农村转向城市,成为工业化的城市社会。然而,史无前例的工业化和城市化进程也带来很多严重问题,产生城市环境污染、交通混乱、生活质量下降等一系列“城市病”。这一时期产生了各种不同版本的“理想”城市空间规划,如线性城市、广亩城市、花园城市、“新城市主义”城市、轴线发展城市等,体现出当年城市规划师们为解决城市问题所做的努力,有的曾被认为是最佳城市空间系统。

在当代,主要存在两种典型的城市形态,即“蔓延型”城市和“紧凑型”城市。以小汽车为主导交通方式的城市为“蔓延型”结构形态,以公共交通为主导交通方式的城市多为“紧凑型”结构形态。美国大多数城市如洛杉矶、波士顿、芝加哥等属于前者,而日本、欧洲的大城市如东京、伦敦、巴黎等则属于后者。

[1] 崔红建,《基于需求分析的城市交通可持续发展研究》。

典型的"紧凑型"城市斯德哥尔摩,以公共交通为主导交通方式,工作和居住在廊道上取得平衡;径向交通方向平衡,进、出城方向性系数为55%:45%。典型的"蔓延型"城市洛杉矶,以小汽车为主导交通方式,居住蔓延式分布,通勤距离很长。对这两座城市在人均小汽车使用里程、人均交通能源消耗量、重大交通事故死亡率等方面进行比较,可以看出:在人均小汽车使用里程上,洛杉矶是斯德哥尔摩的2.4倍;在城市人均交通能源消耗量上,洛杉矶约是斯德哥尔摩的3倍;在步行和自行车交通出行比例上,斯德哥尔摩是洛杉矶的7倍;在重大交通事故死亡率上,洛杉矶是斯德哥尔摩的6倍;在每年因大气污染而请假的天数上,洛杉矶是斯德哥尔摩的10倍。因此,从节约资源和保护环境出发,选择"紧凑型"城市空间结构形态,并且选择以公共交通为主导的城市交通发展模式无疑是正确的和理想的,属于可持续发展模式。

历史上对"理想"城市空间系统的各种构想,大多是针对欧美城市提出的,在城市规模上与我国一贯遵循的城市标准存在一定差异。换言之,上述各种构想和模式的理想应用场合,大多是我国中小型城市规模。例如,轴线发展城市的早期形态带状城市,城市面积较小;其他构想和模式的城市虽然在城市规模上比较宽松,但相对我国城市,仍属中小型城市范畴。

抛开城市规模和城市发展阶段的差异,历史上曾经出现的各种"理想"城市空间结构模式具有以下共同特征:一是追求人工环境与自然环境的相互协调,使生活在城市中的人能够更接近自然和绿色;二是有与城市空间结构形态相对应的交通系统,交通系统对于塑造城市空间结构具有重要支撑作用。❶

进入21世纪的中国,尽管城市居民追求个性化和自由化生活的渴望日趋强烈,在一定程度上激发了小汽车交通,但借鉴国内外对城市土地使用与交通互动理论的探索和实践,为实现城市可持续发展,城市土地使用应高密度开发,城市交通系统应以公共交通、特别是轨道交通为主体发展,这应是未来中国大城市投资建设的重点。

(1)各城市发展应以北京城市和交通未能协调发展为鉴,特别要吸取轨道交通发展滞后造成城市蔓延式扩张的教训。

从1980年中期开始,北京进入了城市快速发展期,城市交通问题大多依靠道路设施的扩容来解决,快速环形道路越修越多,环路的里程越来越长,三环和四环的长度分别达48公里、65公里,五环的长度则近100公里,导致城市无序蔓延,交通拥堵问题越来越严重。而这一时期,北京的轨道交通建设相对滞后,只是在获得北京奥运会主办权之后才加快了轨道交通建设。

吸取北京快速环形路建设引发后遗症的教训,在城市道路建设上,不应仿效通过拓宽或新建道路来缓解交通拥堵的做法,城市核心区的道路应以维护为主,道路建设注重

❶北京市城市规划设计研究院,《城市土地使用与交通协调发展——北京的探索与实践》。

与轨道交通车站相协调配套，主要通过发展公共交通和交通需求管理来解决交通拥堵问题。通过划出更多的公交专用道和自行车专用道，投入更多的公交车辆，以及依靠经济杠杆的交通需求管理，实现可持续发展的目标。

（2）城市轨道交通设施建设的时机和时序对城市形态具有重要影响。

城市轨道交通对城市形态的影响，表现在轨道交通建设与城市发展的整体关系上，属于宏观层次。城市形态的形成过程也具有非线性特点，即在某时期进入快速扩张期，另一时期可能明显减慢。城市发展的不同时期，轨道交通设施建设对城市形态的影响程度具有显著差异，具体表现为城市快速发展和土地开发项目大规模进行时，轨道交通设施对城市形态具有较大的影响作用，能够发挥导向的功能；当城市发展趋缓时，轨道交通对城市形态的形成和交通需求模式的改变作用较小。

在城市快速发展初期修建轨道交通，人们倾向选择轨道交通车站周围交通便利的物业。房地产商为迎合这种需求，会对车站周边和轨道沿线的土地进行大规模开发，修建居住区或写字楼，这样引导城市形态沿着轨道交通发展。一般规律是地铁建设越晚，对城市形态的影响越小。在城市规划中，与轨道交通相关的土地利用规划，只有在发展快的地区才有较大的潜在回报。

要实现交通与土地使用的协调发展，不仅要考虑交通设施建设的时机问题，还要考虑时序问题，主要交通项目和相关的土地使用项目在建设时间上的先后关系，属于微观层次。滞后的交通建设往往形成“交通追随型”发展模式，适当超前才可能形成“交通引导城市发展”的模式。在轨道交通建设中，要注意处理发展通勤铁路与地铁建设的关系，充分发挥轨道交通塑造城市形态的功能。只有同时把握好时机和时序问题，轨道交通设施建设引导城市形态形成的经济效益才能体现出来。

第三节　TOD 模式的探索

TOD（Transit-Oriented-Development）是“以公共交通为导向”的开发模式，由新城市主义代表人物彼得·卡尔索尔普提出。第二次世界大战后，美国城市因小汽车交通泛滥而无限制蔓延，城市病日趋严重，彼得·卡尔索尔普提出的“TOD”，采取以公共交通为中枢、综合发展方式建设步行化城区，见图 2-2。公共交通主要是地铁、轻轨等轨道交通及巴士干线，以公交站点为中心、以 400 ~ 800 米（5 ~ 10 分钟步行路程）为半径，建立集工作、商业、文化、教育、居住等为一体的城区，实现各个城市组团紧凑型开发，有机协调。其特点在于集工作、商业、文化、教育、居住等为一身的“混合用途”，使居民和雇员在不排斥小汽车的同时能方便地选用公交、自行车、步行等多种出行方式。

TOD 是国际上具有代表性的城市社区开发模式；同时，也是新城市主义最具代表性的模式之一。城市更新、区划整理和新开发土地均可用 TOD 的理念来进行建设。

虽然轨道交通具有运量大、速度快等功能，但其建设、运营费用较高，在全世界大多数地铁都处于亏损、需政府补贴才能维持运营的情况下,新加坡、中国香港的地铁建设不但使地铁赢利,还有力地推动了沿线的土地开发和经济发展,取得了举世瞩目的成就。其成功原因在于两个方面:一是TOD发展模式,围绕站点实施综合开发,实现地铁建设与沿线土地综合开发的有机结合;二是建立了良好的轨道交通与土地利用联合开发机制。

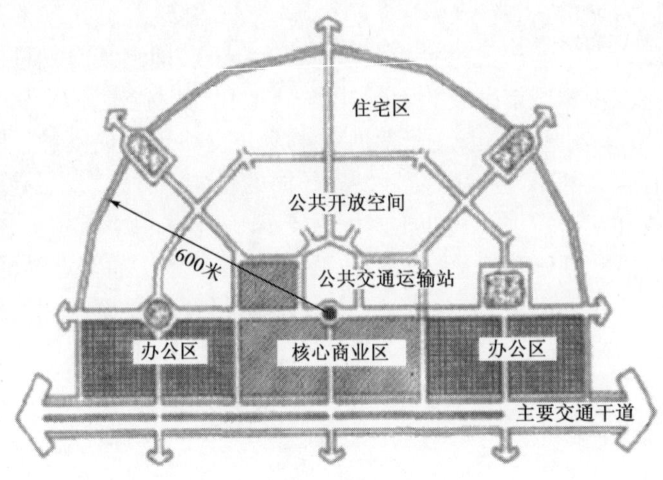

图2-2　TOD示意图

一、香港、新加坡经验

香港是世界上地铁沿线综合开发成功的典范。目前,香港依托地铁及铁路线形成了11个新市镇,其站点周边500米半径范围内覆盖了全港36%居住人口和约50%的就业岗位,平均每个站点覆盖人口高达7万人,容积率平均8以上。高密度综合开发给地铁带来较高的客流量,香港公共交通占机动化出行率超过92%,同时轨道交通与地产综合发展的项目带来较高的地产价值,由此带来的巨额利润确保了轨道交通建设发展的可持续。

据2001—2005年香港地铁财务报表显示,地铁公司年平均收入来源结构中,物业发展约占52%。2004—2006年间,由于存在巨额的资产折旧和利息费用,客运及资源开发基本上是亏损;联营公司的利润也非常有限,每年都不足1亿港元。而物业发展利润达到270.73亿港元,超过了这三年间港铁公司的利润总和。

20世纪80年代期间,港铁公司大多净亏损,依靠物业开发才将损失程度减小。20世纪90年代后期,香港地铁公司开始在机场铁路沿线积极推行“轨道+物业”项目,公司所获得的净利润为即将开建的将军澳支线提供了重要的资金支持。从2007年起,机场线的“轨道+物业”项目产生了收益,并把这些资金用于支付将军澳及其他扩展计划的项目成本。

香港以城市轨道交通为主导的城市发展模式，不仅实现了轨道交通自身发展的可持续，而且确保了城市土地集约式开发，见图 2-3。据统计，目前香港已发展用地仅占土地面积的 21%，郊野公园及自然保护区的面积则达到 40% 以上。从可持续角度来衡量，香港 TOD 模式非常成功。

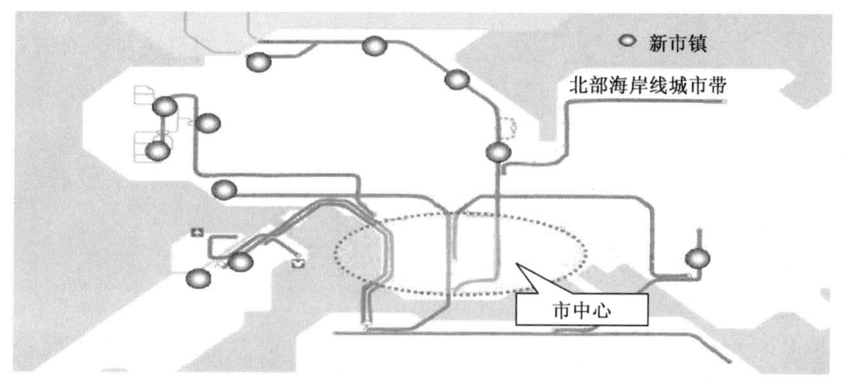

图 2-3　香港依托轨道建设形成的 11 个新市镇布局图

新加坡轨道交通总长 109.4 公里，共设 3 条线，为全国超过 60% 人口提供服务。据统计至 2007 年，新加坡房屋发展局（HDB）沿地铁走廊为近 300 万居民（约总人口的 81%）建造了约 872000 栋房屋。目前，新加坡政府依托地铁建成 7 大新城和 24 个新市镇，大约 140 万个住宅房屋，见图 2-4。新城居民基本都在轨道接驳巴士站 5 分钟的步行距离内。此外，新加坡 23 个大型商业中心有 15 个在轨道车站 400 米范围内。通过轨道与土地的整合开发，新加坡不仅实现了轨道建设的可持续，而且极大地提高了公交服务水平，新加坡公共交通占机动化出行率超过 63%。

图 2-4　新加坡依托轨道建设形成的 7 大新城布局图

新加坡地铁和香港地铁都对轨道沿线土地进行整体规划、高强度开发，促进了土地资源高效集约利用，为轨道交通提供稳定客流，从而增加了票务收入；同时，沿线一定规模的土地开发收益可以为轨道交通提供建设期及运营期所需资金，实现自身"投资—建设—运营"资金的平衡，在此基础上获得盈利。

目前，新加坡、中国香港在TOD开发方面已形成了一套成熟的流程（引自：深圳市交通运输委员会，《深圳市公共交通规划——公交都市战略规划及公交一体化实施方案研究报告》。）

(1)政府在拟定或修编轨道网发展规划时，即明确轨道交通线路的建设结合"地铁+物业"项目实施。

(2)地铁公司对沿线土地开发潜力及线路建设成本进行整体评估，政府允许地铁公司根据成本—效益原则，在政府规划的路网中自行决定修建的地段。

(3)地铁公司对确定修建的地铁及车站物业开发进行统一策划、规划，并与政府进行协商，形成最终方案。

(4)确定具体的"地铁+物业"计划且获得社会各界同意后，地铁公司即可向政府要求车站周围地产独立开发的权利，用"修通地铁前"的价格购买，包括特定的站点、位置的选定、可能的用途以及建筑容积率等。

(5)地铁公司完成该项目总体发展蓝图，包括建筑物选址、地块设计、建设质量标准、车辆进出位置等，向政府申请获得计划项目必要的法定规划审批。

(6)地铁公司通过招标确定房地产合作开发商，将这些完成总体设计的地块转给合格的开发商，用"修通地铁后"的价格卖出，按照规划方案共同合作开发车站上盖空间。

(7)确定开发商后，地铁公司与开发商签订利润共享协议，获得未来利润分红及股权，由开发商承担所有开发成本。

(8)项目动工后，地铁公司全程监管项目进程。负责项目设计、工程施工，参与物业管理。

(9)地铁建成后，地铁公司利用开发收益及沿线物业升值带来的收益，再建设新的地铁项目。这样，物业开发所带来的经济收益重新转化到地铁建设中，形成业务发展的良性循环。

中国香港、新加坡TOD开发成功，主要经验如下：

(1)高度重视项目前期整体策划，实施"轨道+物业"发展策略。

策划阶段是创造价值最大的阶段。新加坡、中国香港等城市在TOD项目发展之初即引入经营城市理念，特别重视项目前期整体策划，为实现轨道交通项目的盈亏平衡奠定了良好基础。

香港地铁在建设之初就从经营城市的角度，确定了基于商业原则的发展理念。对轨道交通运输服务进行融资和运营，不仅仅是要自给自足，同时还要获得投资回报。仅依靠轨道交通运输服务并不能提供足够的商业回报，物业发展已成收回轨道交通建设成本、赚取利润的主要工具。

新加坡政府从1967年提出“大运量快速交通”起，至1982年正式宣布建设轨道交通系统，耗时15年。期间，政府、企业、学者对轨道交通建设、运营等涉及的各方面进行大量前期研究，充分谋划、意见交锋，可谓“十年论剑”。

在轨道交通建设前，投入大量的时间和资金，聘请顶尖的专业团队，对轨道与物业综合开发进行总体策划，确保了TOD项目的实施成功。总体策划主要内容包括：

①清点轨道交通沿线土地资源，结合分析站点所在位置，确定可进行“轨道＋物业”综合开发的潜在合适地块。

②优化沿线站点周边500～1000米范围内的土地规划。

③为选定的重点地块进行概念性规划设计。

④进行详细的宏观经济、区域经济、房地产市场、土地市场研究，为选定地块提供合适的发展策划方案、地块开发经济分析等。

（2）建立多方合作和利益分享的联合开发机制。

地铁建设与上盖物业开发是一项复杂的系统工程，需要专业化的多方合作和同步的“规划—设计—建设”联动机制。地铁公司进行地铁建设的同时，由地铁公司和开发商组成合作团队，对站点沿线的土地（包括站点的地下空间、上盖空间、周围土地等区域）进行统一开发。这一双赢机制是确保TOD联合开发成功的必要保障，原因在于：

①对于地铁公司而言，首先地铁建设本身技术复杂，地铁公司建设与运营的任务十分繁重，不宜也难以分散精力去从事物业开发；其次是房地产行业较强的专业性使地铁公司没有能力独立开发地铁物业；第三是地铁建设与运营的公益性要求地铁公司规避房地产业的高风险。

②对于房地产开发而言，城市轨道交通上盖物业与城市轨道交通站场的桩基工程连为一体，轨道沿线50米范围内是控制保护区，如果不与轨道交通建设结合，房地产商也无法单独实施开发。

二、对国内城市的启示

1. 强化整体策划

在TOD项目发展之初，即引入经营城市的理念，加强轨道交通项目综合开发的前期整体策划。一方面为不同地块按照统一规划设计进行开发提供指导，协调统筹综合开发；另一方面为实现轨道交通项目建设、运营的盈亏平衡，形成轨道交通“投资—建设—再投资”的良性循环，为持续建设奠定良好的实施基础。

（1）形成TOD规划编制及管理机制，指导轨道及沿线物业综合开发的顶层设计、整体策划。TOD规划体系框架见图2-5。

宏观层面应提出城市TOD总体发展目标、战略和政策建议，研究适应城市发展要求的TOD发展模式，引导城市空间的有序扩张，支撑新城建设和城市更新。

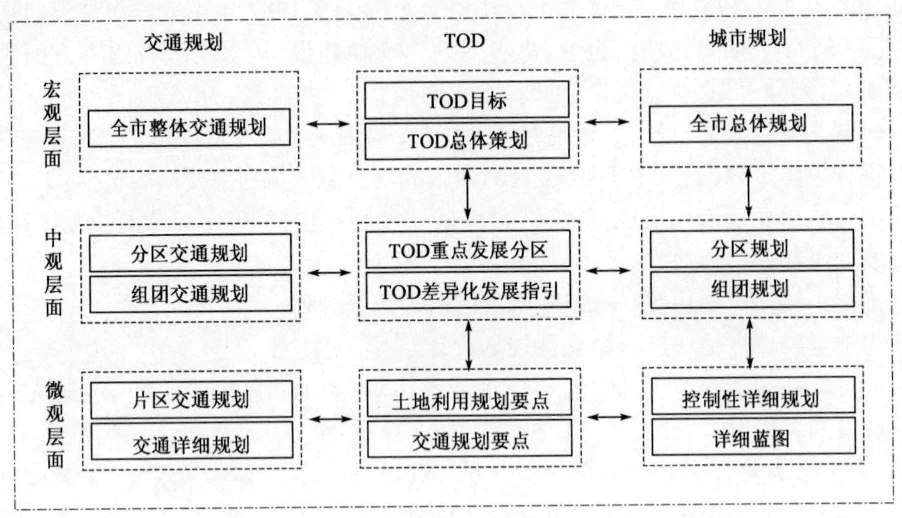

图2-5 TOD 规划体系框架

中观层面通过分区和片区发展指引，识别 TOD 建设重点地区及影响地区，并针对性提出各片区适合发展的 TOD 类型，为分区层面的城市规划和交通规划提供参考。

微观层面提出不同 TOD 类型的交通设施和土地开发的规划设计要点，为法定图则、控制性详细规划、详细蓝图以及片区交通设施的规划设计提供依据。

(2)建立轨道交通综合开发总体协调工作模式。

轨道交通的综合开发涉及城市轨道交通建设与运营、城市规划、沿线土地开发、投资等多个方面，是一项关系到政府部门、运营企业、施工单位与物业开发商的系统项目。在对项目通盘综合化的规划设计基础之上，建立总体协调工作模式，统筹各专业，确保综合开发项目的整体性、协调性、可行性。

2. 形成多方合作和利益分享的联合开发机制

联合开发是在 TOD 项目实施过程中，将城市地铁建设与房地产开发当成一个整体，对其进行通盘综合化的规划设计与建设。通过联合开发，可使整体利益大于任何单一规划与建设的利益。

如前所述，为规避房地产开发风险和利用成功房地产商经验，在 TOD 项目后期，地铁物业开发商也宜采用联合开发方式。

(1)新建线路的联合开发

对于站点周边尚未出售的政府储备用地，政府通过合法方式将土地开发权授予 TOD 项目开发公司，由 TOD 项目公司与房地产商进行合作开发。

对于站点周边已出售但未开发用地，由政府牵头，对其进行统筹、综合化规划设计，并组织土地开发商进行开发，允许开发商单独开发，但应遵循 TOD 设计原则。为提高不同地块开发商参与联合开发的积极性，可考虑容积率奖励或将提高的容积率部分归于TOD项目开发公司。

（2）已建成线路的联合开发

对于已建成线路的联合开发，在地块已开发时可通过政府收回并进行旧城改造；在地块已出让但尚未开发时，可联合土地开发商实施共同开发。

（3）联合开发的具体操作

①在前期阶段，尽快确定用地规划条件，物业建设力争与地铁建设同步一体化进行。

②在建设阶段，授权轨道交通项目公司进行综合开发。政府通过转移支付的方式，授权项目公司进行土地开发，以保证地铁建设的部分外部效益能够返还给地铁建设，解决地铁建设资金问题。

③在收益阶段，为地铁公司可持续经营和安全运营，TOD项目公司宜优先选择优质地铁商业物业作为利润分配方式，并对地铁物业实行统一管理。通过统一管理地铁物业，统一规划并经营部分优质地铁商业物业，分享地铁运营客流带来的物业升值，形成轨道交通可持续的盈利来源。

第三章　公交都市构建策略

第一节　公交都市的内涵

一、公交都市定义

公交都市是一项城市战略，即通过打造一体化都市公交体系，构建有利于公交优先的城市空间结构（TOD 模式），同时辅以必要的交通需求管理，最终确立公共交通占主导城市的交通出行结构。在交通资源和环境资源紧约束的背景下，公交都市已成为全球大都市的发展方向。

公交都市的内涵（图 3-1）包括以下三个方面：

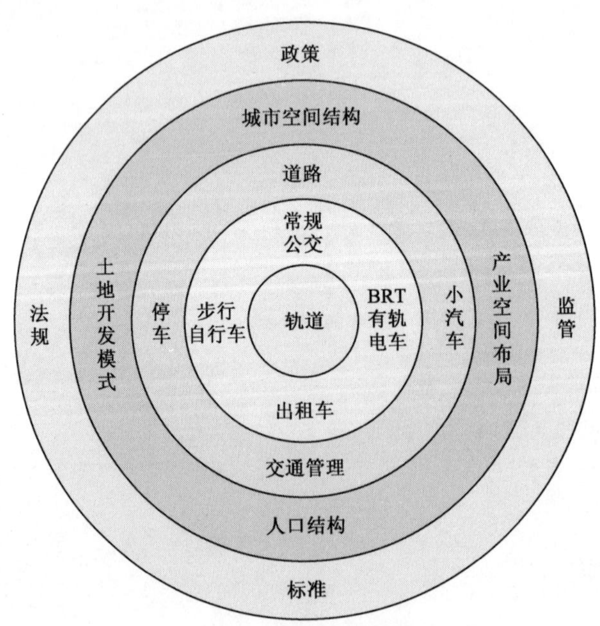

图 3-1　公交都市内涵图

1. 以轨道交通为骨干的一体化都市公交体系

当代以小汽车为主的城市交通发展模式，在满足人们基本交通需求和促进城市繁荣等方面有一定作用，但同时却引发了道路交通拥挤、环境污染、能源浪费等一系列城市问题。随着大城市机动化进程加快，简单地“扩路增车”已无法解决城市交通问题。表现为个体分散的机动车交通对土地资源利用效率低下，中央商务区地面交通供给能力耗尽，公交专用道潜力受限等。因此，加快构筑以轨道交通为骨干的一体化都市公交体系，对于缓解城市交通拥堵，支持城市可持续发展至关重要。同时应以公交站点为中心，建立良好的慢行街区，使用慢行系统到达公共交通接驳点，通过慢行系统进行换乘或者通过慢行系统到达目的地，完成出行。

2. 以公共交通为导向的城市空间结构

以公共交通为导向的城市发展模式，强调站点周边高密度、多功能的混合使用，强调城市生活区与工作商业功能区的“邻近可达性”，有利于城市空间的紧凑设置，减少对私人小汽车的依赖，缓解交通矛盾，创造便捷舒适的城市。

3. 必要的交通需求管理手段

需求管理的实质就是通过政策导向，引导人们更多选择公共交通出行，减少个体机动化出行需求。需求管理措施主要包括两方面：一是控制拥有，从总量上减少机动车总量；另一类是合理引导使用，减少中心城区交通压力。

二、公交都市理念

公交都市建设的核心理念是：以公交走廊为城市发展轴，以车站为城市开发中心。

1. 核心理念一：以公交走廊作为城市发展轴（图 3-2）

图 3-2　交通作为城市发展轴示意图

即人口居住和就业沿公交走廊两侧集聚，构建最佳“居住地 + 公交走廊 + 就业地”出行组合。

一般来说，城市空间结构大都沿交通发展轴发展。城市交通发展轴主要有两类：一类是汽车快速路，一类是大容量公共交通走廊。由于小汽车的个体交通性质，以汽车快速路作为城市发展轴的城市表现为沿轴线蛙跳式低密度开发；而轨道交通作为一种大容量且具有规模经济效益的交通方式，主要依托站点和线网支撑城市发展，即人口居住和就业沿公交走廊两侧集聚，构建最佳“居住地 + 公交走廊 + 就业地”出行组合。轨道沿线的各个站点构成了城市空间扩展的发展轴，形成沿轴线的连续性扩展，或是沿轴线的高密度点状扩展，轨道交通线路成为城市空间形态发展轴线。

以公交走廊作为城市发展轴，系统布置城市住宅和就业岗位，可以通过有限的伸展轴，避免城市圈层式扩展。沿轴线进行土地开发，必然增加客流吸引率，为客运走廊形成和发展提供良好条件；而客运走廊的形成和交通设施的集中建设，必然带来高交通可达性，促进城市良性循环。

2. 核心理念二：以车站作为城市的开发中心（图 3-3）

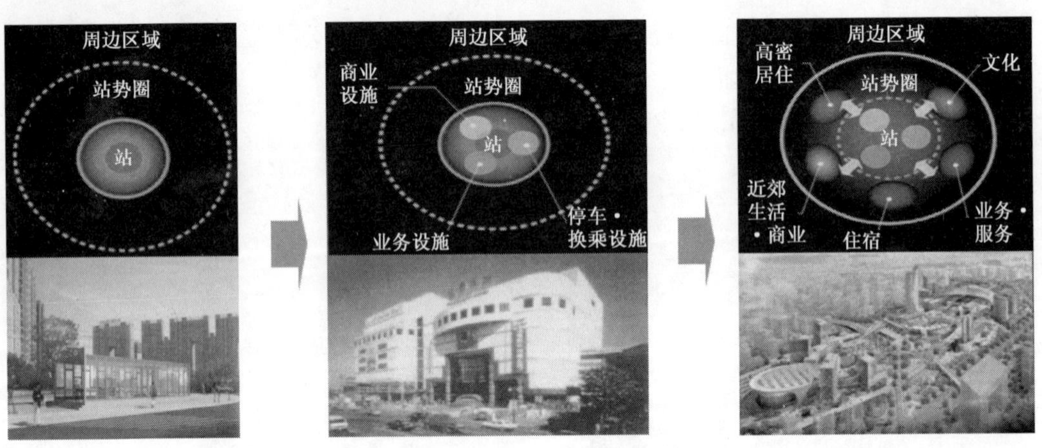

图 3-3　从车站走向城市

由于城市快速轨道交通具备很高的运输能力，站点可以承载更高强度的开发，成为城市空间的新增长点。围绕车站进行居住、商业、办公、公共设施等土地的高强度混合开发，实现城市精明增长，构建紧凑型城市。

受可达性对于土地开发强度的影响，距离站点越近的地区开发强度越高，这也就意味着最集中的出行量分布在站点的近距离范围内，从而最大程度减少该地区的乘客到达站点的出行距离总量，使轨道交通得以为居民提供优质的服务。出行品质的提升和交通可达性的提高，会吸引更多的投资和经济活动在站点周边聚集，从而带动整个区域经济的快速发展。

按照阿郎索❶的城市土地使用空间模式与地租竞价曲线，城市不同功能活动对城市土地空间位置的依赖程度不同。在区位和土地成本的综合作用下，商业和办公等地租承受力较高的用地向站点集聚，住宅退居其次。站点对工业、仓储等地租承受力较弱的用地吸引作用不明显。借鉴国际通常的经验，站点半径 0 ~ 500 米范围内土地使用强度分布的理想模式（图 3-4）为：

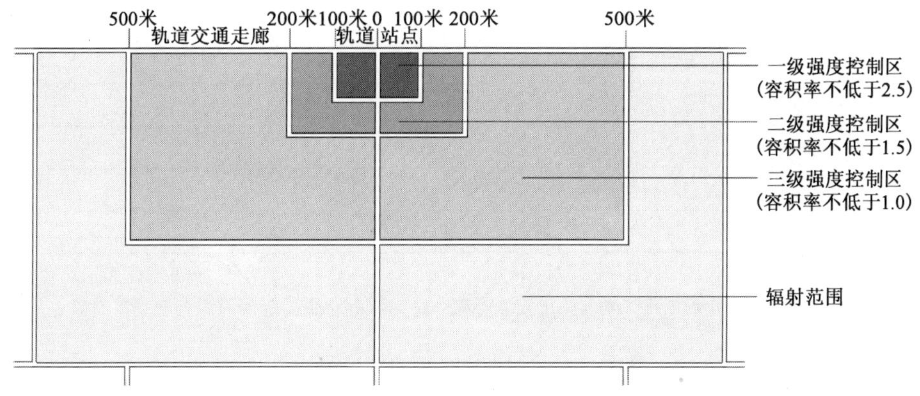

图 3-4　站点周边区域土地开发强度示意图

（1）0 ~ 150 米范围，容积率大于 2.5，用地功能上包括轨道交通站点、公共广场和公共设施用地，提倡高强度开发。

（2）150 ~ 300 米范围，为中高强度开发，容积率为 1.5 ~ 2.5，土地使用功能主要为商办和住宅开发。

（3）300 ~ 500 米范围，为中强度开发，容积率为 1.5 左右，土地使用功能主要为住宅用地以及配套公建用地。

站点功能不同，对周边区域的影响程度也不同。一般特大城市的综合交通枢纽可带动周边约 10 ~ 20 平方公里的用地开发，一般性交通枢纽可带动周边约 1 ~ 5 平方公里用地开发。

通常，根据站点功能的不同，其对周边区域的影响程度也不同。一般特大城市的综合交通枢纽可带动周边约为 10 ~ 20 平方公里的用地开发，一般性的交通枢纽一般可带动周边约 1 ~ 5 平方公里的用地开发。

以香港为例，目前，一级中心站点周边，以商业为主的地块容积率最高可达 10 ~ 15，以住宅为主的地块容积率最高也可达 8 ~ 10。由于严格按照轨道交通导向的发展模式，

❶威廉·阿朗索，美国地理学家，世界知名的区域科学专家，现任美国哈佛大学教授。于 1964 年出版《区位和土地利用地租的一般理论》一书，将冯·杜能的关于孤立国农业土地利用的分析引申到城市，以解释城市内部的地用与地价的分布。

香港的已发展用地仅占土地面积的21%,郊野公园及自然保护区的面积多达40%。香港城市节点等级与轨道枢纽周边开发容积率关系见表3-1。

香港城市节点等级与轨道枢纽周边开发容积率关系　　表3-1

用途		C	CDA	CR	R(A)	R(B)	R(C)	R(D)	R(E)
一级商务中心	中环	12~15	10~15		8~10	6~8			
	尖沙咀	12		6~7.5	5				
	湾仔	10~12		10	8	6~8			
零售商业中心	铜锣湾			12~15	7.5	5	2		
新市镇中心	荃湾	9.5	9.5/5	7	6~6.5	5		9.5/5	9.5
住宅区中心	九龙湾	12		6~7.5	5				
中心附近	坚尼地城	5					2.5	1.5	1

注:CR——5层以下为商业;R(A)——3层以下为商业;R(B)——1层以下为商业。9.5/5表示非住宅/住宅的容积率。(资料来源于深圳市规划与国土资源管理局,《深圳市地铁二期工程综合规划策略研究——土地利用评估报告》)

三、公交都市的优势

在同等人口规模、城市功能条件下,公交都市与传统模式相比,具有以下优势:

1. 用地高效

公交都市的发展理念即构建紧凑城市,强调充分挖掘城市土地资源供给能力、提高土地利用效率、实现城市轨道交通沿线土地集约化利用。在同等建筑面积下,采用高强度开发模式,比均匀松散开发模式节省更多的土地面积。传统模式与公交都市模式站点地区土地开发强度对比见图3-5。

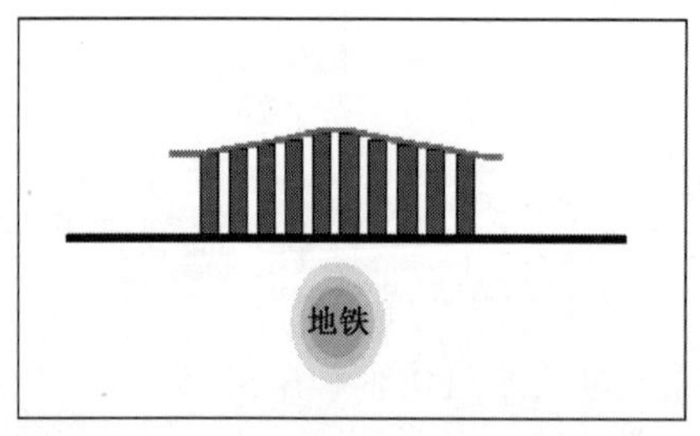

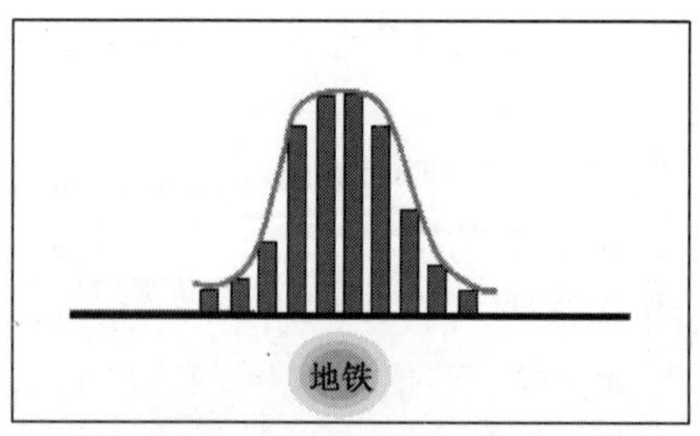

图3-5　传统模式与公交都市模式站点地区土地开发强度对比图

2. 节省投资

以公共交通引导城市发展,可以按照城市资源的分布情况来开发居住、商业和工业用地,还可以有效利用城市水、电、暖、煤气、通信等资源,避免盲目分散引起重复建设造成的浪费,有效降低市政基础设施建设成本。同时,“地铁 + 物业”一体化建设,可以充分发掘地铁项目的规模效益和资源配置效益,同步规划、同步建设,大大降低综合建设成本和管理成本。巨大的资源共享和规模经济效益能实现综合效益最大化。

3. 设施高效

同样的交通设施可服务更多的人口。传统模式与公交都市模式人口分布对比见图 3-6。

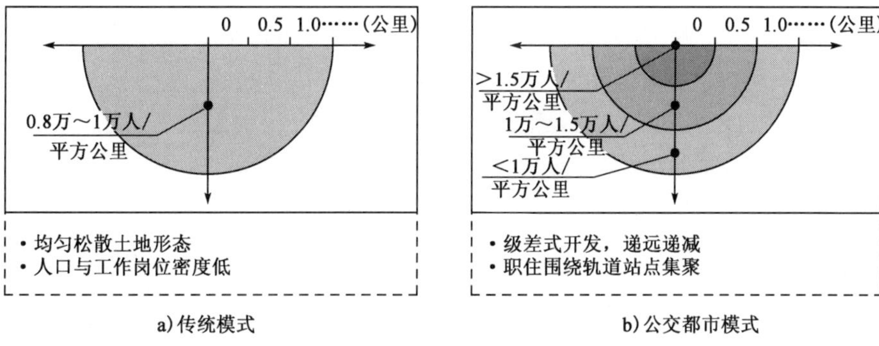

图 3-6 传统模式与公交都市模式人口分布对比图

一方面,可通过更少的轨道网规模,实现更高的公交分担率。世界主要公交都市(如香港、新加坡等)的经验显示,公共交通的分担率均为 60% ~70%,远高于国内 40% ~50% 的城市公交分担率。

另一方面,增加了停车等各类设施的利用效率。在伦敦,政府在城市外围区域的公交枢纽附近修建大型免费停车场,鼓励市民选择公共交通,实现了停车设施的高效利用,也吸引了更多的人乘坐公交出行。

此外,一体化开发增强了站点服务功能。在地铁车站有效辐射范围内覆盖和服务更多的工作岗位和居住人口。以香港九龙站地区为例,其占地面积约为 13.4 公顷,车站上盖平台为高强度综合物业开发,容积率达到 11.2,吸纳超过 5 万居住及就业人口。

4. 土地增值

地铁的快捷和大运量可以承载沿线物业更大的开发强度,而容积率的增加能够有效提升单位土地的产出效率,进一步提升土地价值。此外,站点地上、地下高强度的开发,增加了城市高价值的空间资源。

由于地铁极大地改善了片区交通可达性,使沿线物业迅速增值。据统计,物业增值一般在 30% 以上,且距离站点越近,增值幅度越大。美国学者屈菲尔有一个著名的“45 分钟定律”:城市的规模取决于人们在其中移动的难易程度,即多数人一次出行不愿花超过 45 分钟时间。因此,便捷的交通可使房产及购物场所迅速升值。

英国土地政策研究中心对伦敦地铁 Jubilee 延长线周边土地价值的研究表明,该项目总投资35亿英镑，给周边土地带来的增值效益达到了13亿英镑。

在美国，1981年华盛顿地铁投资30亿美元，引起的土地增值效益高达20亿美元；2001年地铁累计投资达95亿美元时，新增的土地价值达到了100亿~150亿美元。地方的商业用地增幅达100%~300%。

以深圳为例，按地铁站点周围500米半径范围计，深圳地铁一期的建设带来住宅、商业、办公楼价值的增幅分别达到了19.9%、14.7%、11.5%，平均每个地铁站点500米半径范围的房地产的增值效益为16.7亿元，共计335.4亿元，为一期地铁总造价的3倍，平均每公里地铁带来周边物业增值15.6亿元，增值效益非常显著。不同性质房地产价值影响见表3-2。

不同性质房地产价值影响比较 表3-2

物业	最大增值区		显著增值区		一般增值区	
性质	距离地铁(米)	增值幅度	距离地铁(米)	增值幅度	距离地铁(米)	增值幅度
住宅	100~200	30.62%	100~400	23.03%	100~600	16.95%
商业	<100	26.47%	100~300	20.22%	100~500	14.70%
办公	<100	20.43%	100~300	15.40%	100~600	10.11%

5. 能源高效

与传统模式相比，公交都市侧重公共交通对于城市发展的引导作用，强调将人口、就业岗位沿轨道沿线和站点集聚，从而吸引更多的人采用公共交通出行。

根据研究，轨道交通的高峰每小时运输能力是公共汽车的3~6倍、私人小汽车的7~20倍、自行车的10~30倍，而单位能耗仅相当于公共汽车的0.38~0.56、私人小汽车的0.08~0.13。相同的客运周转量，以小汽车碳排放量为1，则轨道交通、常规公交和自行车碳排放量分别约为0、0.27和0。换言之，即公共交通可以在同样的能源消耗下，提供更大的运输能力，减少对土地资源消耗和对环境的污染。城市轨道交通与其他交通方式比较见表3-3。

城市轨道交通与其他交通方式比较 表3-3

项目	自行车	小汽车	公交车	轨道交通
人均占地面积(平方米)	6~10	10~20	1~2	0~0.5
单位能耗(焦/每人公里)	0	721~931	180~216	70~100
人均 CO_2 排放(克/每人公里)	0	44.6	19.4	0
死亡率(每亿人次/公里)	—	1.17	0.082	0.005
运量(人/小时)	2000	3000	6000~10000	20000~60000
运输速度(公里/小时)	10~15	20~50	20~40	40~80
噪声污染	低	高	较高	较低

注：表格资料源于深圳市交通运输委员会，《深圳市公共交通规划——公交都市战略规划及公交一体化实施方案研究报告》。

6. 缓解交通拥堵

公交都市强调通过对轨道站点沿线的用地功能的混合开发，打造慢行空间，使人们可以通过步行或自行车实现通勤、购物、娱乐等；同时，通过对站点地上、地下的综合开发，将出行变为垂直出行，减少了对小汽车的依赖，从而实现机动化出行总量的减少，见图 3-7。

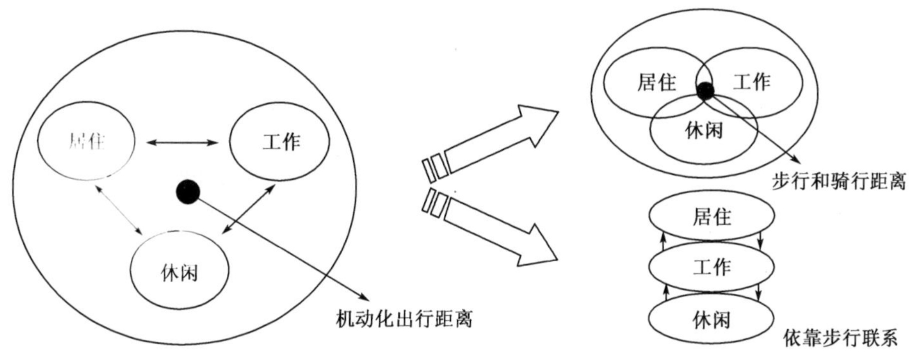

图 3-7 不同土地利用模式对出行方式选择的影响

7. 财政可持续

轨道交通的建设运营需要大量的资金投入。依靠政府主导的负债型融资和发展模式，政府财政压力大、风险高，难以保障轨道交通可持续健康发展。依靠社会资金建设轨道交通的投融资模式(BOT/PPP/BT)，仅能缓解初期建设资金，但资金成本高，不能根本解决轨道交通建设、运营费用。

香港、新加坡等城市的经验表明，通过地铁 + 物业的综合开发，实现沿线物业增值和运营客流的商业价值，并将其最大限度地转化为地铁企业的内部效益，实现项目自身资金平衡。不仅扭转了地铁经营必然亏损的观念，而且也为地铁企业摆脱财政依赖，实现自我造血和可持续发展找到了突破口。综合开发与轨道交通发展关系见图 3-8。

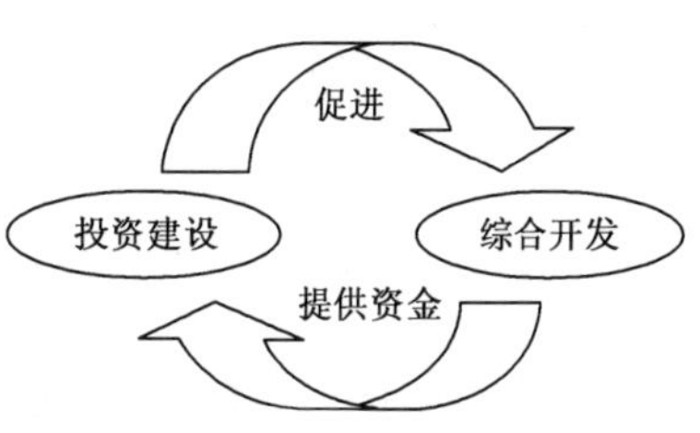

图 3-8 综合开发与轨道交通发展关系图

8. 增强区域经济活力

城市轨道交通的良好运营和地区经济活力是相辅相成的。通过轨道和物业的一体化发展实现了城市轨道交通的良好运营，从而满足了乘客和市民的多种需求，打造“地铁生活圈”，如居住、购物、娱乐、办公等。同时，城市轨道交通沿线周围也因此产生人口的集聚，进而吸引其他经济要素的集聚，形成各类资源的集聚效应，增强地区经济活力，促进经济快速发展。经济活力的增强和发展速度的加快又有利于增加城市轨道交通的客源，形成良性循环。

9. 重塑城市空间结构

城市空间布局与城市交通既相互联系，又相互制约，相互反馈。城市交通既服务于城市空间的拓展，也引导着城市空间的拓展。

合理的城市空间结构能够最大限度地分配、疏导、调节人流、物流和信息流，在城市中心区内部、中心区和边缘区之间实现空间布局与功能的互动。公共交通引导城市空间发展模式，通过沿线各城市功能区的"有机集中"，在城市范围内的"有机疏散"，将单中心的城市团状结构转变为沿轨道交通线路的多中心组团结构，实现了城市有序、合理扩张，避免平面的、"摊大饼"式的低密度蔓延。"大疏大密"城市空间结构见图3-9。

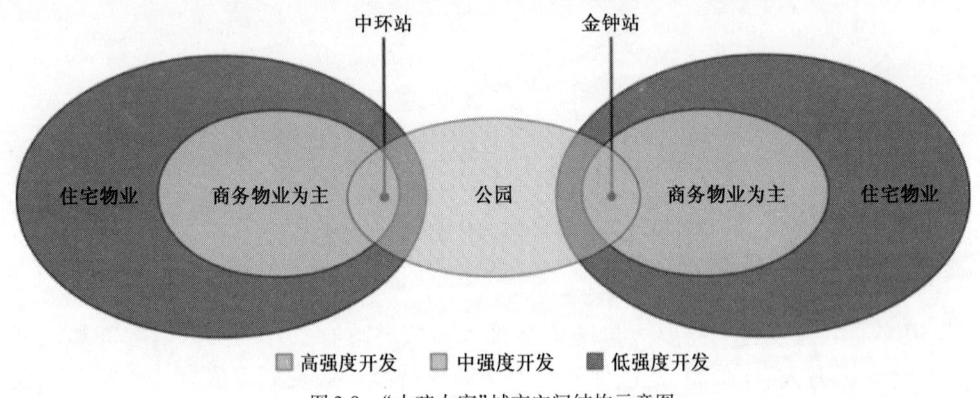

图3-9 "大疏大密"城市空间结构示意图

在城市次中心的建设过程中，通过高效率、网络化、大运量的交通体系的建设，使人口、产业与资源有序地从城市中心地带迁出，最大限度地实现功能分工与资源空间配置的互补，在很大程度上缓解市中心人口与产业的过度密集，减少城市蔓延，增加城市绿地等开敞空间。

第二节 经验借鉴

英国伦敦、法国巴黎、日本东京、新加坡、中国香港、韩国首尔是世界闻名的公交都市，其在交通引领城市发展、公交优先、需求管理等方面的经验值得借鉴。（引自：深圳市交通运输委员会，《深圳市公共交通规划——公交都市战略规划及公交一体化实施方案研究报告》。）

一、伦敦

伦敦中心城区面积约1580平方公里，人口约700万人，拥有包括地铁、国铁、常规公交、轻轨、有轨电车、轮渡等多方式一体化的公共交通系统。其中,轨道交通网规模约1225 公里(国铁788 公里,地铁408 公里),常规公交线路约700 条,公交运营车辆约8500 辆。目前,全市公共交通占机动化出行率约为72%。

1. 交通发展

伦敦从19 世纪中后期开始建设现代城市道路。到20 世纪90 年代中期,全市道路总长达到13619 公里,路网密度8.6 公里/平方公里。即便如此,道路的建设仍然跟不上小汽车交通的增长需求。20 世纪90 年代,城市交通已经给社会经济的发展造成了不可估量的负面影响:交通拥挤、出行时耗无法预计、噪声及尾气污染严重、生活环境恶劣等,政府、民众从上到下都深刻意识到小汽车交通带来的不良影响。伦敦道路交通发展见图3-10。

a)19世纪中后期

b)20世纪中期

c)20世纪后期

图3-10　伦敦道路交通发展图

伦敦市政府从1990 年开始加强对公共交通的管理,提倡大力发展城市公共交通,实行公共汽车优先通行的有效措施,并从财政上给予公共交通一定的支持。

2000 年,伦敦市市长针对伦敦的交通问题,从市长的角度提出了他的交通发展战略(Mayor's Transport Strategy)。战略中提出只有大运量的公共交通系统才能有效支持巨大的交通出行,才能使交通建设与经济发展相互促进,同时对环境影响最小,人们的出行效率最高、最安全。同时,制订了一系列公共交通优先发展的措施,包括扩展公交专用道规模、实施票制票价优惠、整合多种公共交通方式,实现无缝换乘等。

为了进一步缓解中心城区道路交通压力,伦敦从2003 年开始实施中心区"交通拥挤收费"政策以及停车管理政策,取得了良好的效果。

2. 新城建设

早期伦敦的新城建设主要是为了疏解了中心城区的人口压力,缺少就业和工作岗位,属于单一功能的卧城。随着城市的发展,中心城区的聚集效应越来越明显,而人口不断向新城转移,由此带来了大量的钟摆式交通,加剧了城市交通的拥堵。

20 世纪 50 年代,伦敦提出“既能生活又能工作,内部均衡的新城”建设目标,注重轨道交通对城市发展的引导作用。在未完全开发地区,以轨道交通引导城市发展,沿着车站服务圈建设商业或办公中心。例如,Thames Gateway 以道克兰轻轨延长线作为整个城区的发展轴。在建成区,车站设置考虑与已有设施结合,如伦敦中心区内,从任何一个地铁站出来,都能方便地到达该区域地标或商业设施。牛津广场(Oxford Circus)地铁站直接连接繁华的牛津(Oxford)商业街,海德公园角(Hyde Park Corner)站的出入口即设置在海德公园的大门口。通过公共交通引导城市建设,有效地实现了中心区人口和就业岗位的疏散,同时,改善了城市交通环境。

二、新加坡

新加坡是著名的“花园城市”,面积 707 平方公里,人口约 500 万人,拥有包括地铁、轻轨和常规公交在内的多方式一体化公共交通系统。其中,地铁约 138 公里,公交线路约 300 条,运营车辆约 3700 多辆。目前,新加坡公共交通占机动化出行率超过 63% 。

1. 交通发展

新加坡的城市道路建设首先考虑公共交通发展需要。目前,新加坡各类道路网络长度约为 3300 公里,城市快速路、主干路、次干路和支路的比例约为 1:4:3:13。由于支路系统发达,城市得以用道路微循环系统有效地对交通流进行疏解,也为公交线网布设创造了良好的基础条件。

1996 年,新加坡陆路交通局发布了《打造世界级的陆路交通系统》交通白皮书(以下简称《白皮书》)。《白皮书》在展望新加坡未来交通时指出:在今后 10 ~ 15 年将努力提供一个基础设施完善、高标准的交通服务系统,以满足日益增长的人口和经济发展对交通的需求。该系统要高质高效、方便可达、舒适安全、快速且票价合理。

新加坡将城市公共交通作为一种能与小汽车竞争的、高品质的交通方式来定位,积极提高城市公共交通服务水平。同时,实施拥车证制度、红牌车制度、道路拥挤收费等一系列控制小汽车发展的政策,以鼓励居民更多的选择公共交通出行。

2. 新城发展

早在 1965 年制定概念规划时,新加坡政府就将为公众提供方便快捷的交通服务放在首位,为公共交通预留了充分的发展余地。

1971 年,政府制定了第一个概念性规划,提出了新加坡城市规划最重要和最基本的原则:土地利用和交通规划必须始终是一个统一的综合体。陆路交通管理局以提供世界级的城市交通系统为宗旨,制订了对轨道站点周围的土地进行集住宅、工业、商业等多功能综合开发的目标,逐渐形成了在轨道交通站点周围高密度、多功能开发的局面。

目前,新加坡依托地铁已经形成了 7 大新城,轨道交通为全国超过 60% 人口提供服务,新城居民基本都在轨道接驳巴士站 5 分钟的步行距离内。此外,新加坡 23 个大型商业中心有15个在轨道车站400米范围内。

到2007年,新加坡房屋发展局沿地铁走廊建造了约87万栋房屋,为300万居民提供居住,约占总人口81%。目前,依托地铁已经建成24个新市镇,大约140万套住宅房屋,同时,在组团间置换出更多的生态空间,形成"大疏大密"的城市空间形态。

以碧山新城为例,该镇是新加坡政府为了解决住房短缺而新建的居住区,目前已有居民9万余人。新城以地铁碧山站为中心,进行大规模的土地混合开发和宜居的人性化设计,道路网体系基于分级概念而设置,主干道和高速路使碧山居住区与市中心和岛内其他地区保持高效的联系,次干道服务于邻里社区。地铁站点的核心区为中心区,主要布设商业和办公,通过小型公交车和巴士实现与城镇其他区域的无缝衔接。地铁站点的外围区,主要为居住用地,且开发强度随离地铁站点距离递减。在居住区内部,高层建筑与低层房屋、邻里绿地、学校建筑穿插布设,不仅视觉上有张有弛,也产生良好的空间感受。居民通过步行或自行车,能够方便的生活、交流,减少了居民出行距离,降低了对小汽车的依赖。

三、香港

香港的面积约为1104.32平方公里,人口约为711万人,拥有以地铁为骨干,巴士、小巴、有轨电车、出租汽车、轮渡等多方式一体化的公共交通系统。其中,轨网规模约211公里,公交运营车辆18300多辆(专营巴士6000多辆,小巴约4300多辆,非专营巴士8000多辆车)。目前,公共交通占机动化出行率超过92%。

1. 交通发展

1979年,香港制定了首份运输政策白皮书,明确了三大基本原则:即改善道路设施,扩充及改善公共交通服务,使用道路系统要合乎经济原则(公共交通优先)。

在优先发展公共交通方面,香港通过推行公共交通优先使用道路计划、大力发展立体式公共交通系统,提高公交服务水平,吸引更多的人乘坐公共交通。同时,为促进公交场站基础设施建设,香港通过强制性配建和容积率鼓励等多种措施,引导社会资金建成了遍布全港的107处配建公交场站,占香港场站总数的38%。

在个体交通控制方面,香港通过严格控制公务车,对小汽车采取征收高额首期登记税、牌照费、燃油税等一系列经济手段,限制小汽车的使用。

目前,全港道路网络总长2090公里,是世界上道路使用效率最高的地区。

2. 新城建设

借鉴英国新城建设的经验,香港的新城建设从一开始就注重均衡发展和自给自足。1984年,香港政府制定了《全港发展策略》,并将其作为香港长远政策指引的依据。该策略的重点是"新市镇计划",这也是交通与土地利用有机结合的典范。

新市镇发展的基本理念是:以轨道交通为支撑(包括地铁和九广铁路),对地铁计划涉及的增长区，形成"珠链式"开发，以提供一个均衡和设备齐全的社区，包括基础建设、社区设施及一些生活必需设施等。

20世纪70年代以来，伴随地铁的建设，香港先后对德福花园、青衣、东涌、九龙、香港、沙田、将军澳、西九龙等一批车站进行了超大型交通综合体开发，充分体现了香港交通引领、立体开发的土地利用模式，促进了香港的发展。目前，香港依托地铁线形成了11个新市镇，聚集全港近70%的人口，其中，约45%的人口（九龙、新九龙、香港岛更高，达65%）居住在离地铁站500米范围内，约20%的人口居住在离地铁站200米的范围内。如香港岛北部海岸线狭长的城市发展带，长约17公里，走廊用地平均宽度为1.3公里，面积仅22.5平方公里，却有居住人口94.7万人，就业岗位71.2万个。

再以沙田新市镇（图3-11和图3-12）为例，该镇以九广铁路沙田站为中心，沿铁路呈带状发展。站点上盖物业占地面积约20公顷，为香港超大型休闲购物商场之一。站点周边区域为居住、工业以及公共绿地，开发强度按到车站距离由近及远递减。目前，该镇已有人口约63万。

图3-11　沙田站在东铁线的位置

图3-12　沙田新市镇照片

时至今日，严格按照轨道交通引导的城市发展模式，香港已开发用地仅占土地面积的21%，郊野公园及自然保护区的面积则多达40%。

四、首尔

20世纪中后期，随着城市的快速发展，首尔遇到了与现状深圳类似的问题，见图3-13。机动化出行需求和机动车保有量急剧上升，城市交通拥堵加剧；同时，大规模新城建设，造成了大量钟摆式的通勤交通。由于交通运输企业众多，恶性竞争引发了一系列问题，导致各运营商只注重效益，不注重服务，热线重复线路多，冷线无人问津，行业服务质量差，公交服务水平持续下降，分担率不断降低，政府补贴连年增加。

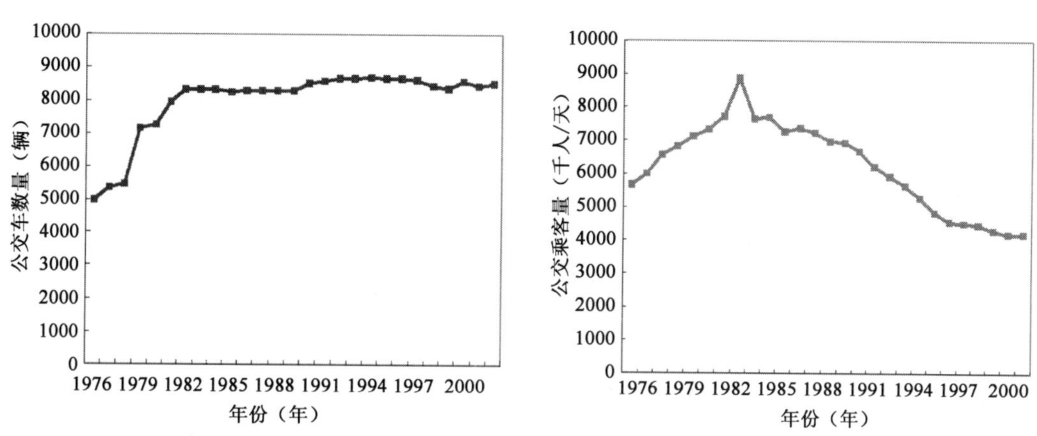

图3-13 首尔近年来公交运营车辆及乘客数量变化图

面对城市交通发展困境，首尔启动了大刀阔斧的公交系统整合性改革：将优先发展公共交通作为城市战略，重塑公交服务形象，将公交出行率从59.5%提高到70%作为核心目标。改革的具体措施包括以下几个方面：

1. 线网重构

为满足不同距离出行服务需求、提高网络的整体效率，将公交线网划分为四个层次分明的级别，并用不同颜色加以区分，见表3-4。

首尔四层次公交网络结构　　表3-4

类　别	功　能	车　型
干线	连接市中心区与郊区，确保运行速度和准点	蓝色巴士
支线	为干线公交和地铁输送客流，满足地区性交通需求	绿色巴士
循环性	市中心的区内线路，服务与商业出行和休闲购物	黄色巴士
远郊区线	快速连接远郊区卫星城与市区，吸引自驾车的通勤交通	红色巴士

2. 公交提速

在轴向通道上建设放射性中央公交专用道，使车辆在中心城区，高峰时段平均速度从13公里/小时提高到17.3公里/小时。在专用道使用权限方面，首尔实施严格的专用道管理制度：路侧式公交专用道高峰时段供支线公交使用，中央式专用道全天供中心城区与郊区的市郊快线、区间快线公交使用，见图3-14和图3-15。

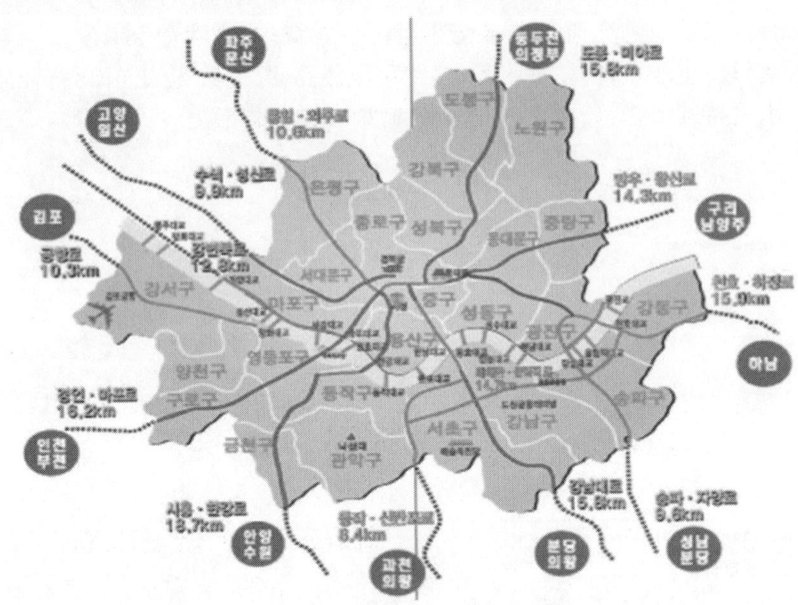

图3-14　首尔中央公交专用道规划图

a)

b)

c)

图3-15　首尔公交专用道

3. 枢纽支撑

通过换乘枢纽重构线网，实现各级线路无缝衔接，见图 3-16 和图 3-17。主要措施包括：大力建设公交换乘设施；结合地铁站点建设换乘停车场，降低换乘停车费用；外围区域设置公交停车枢纽等。

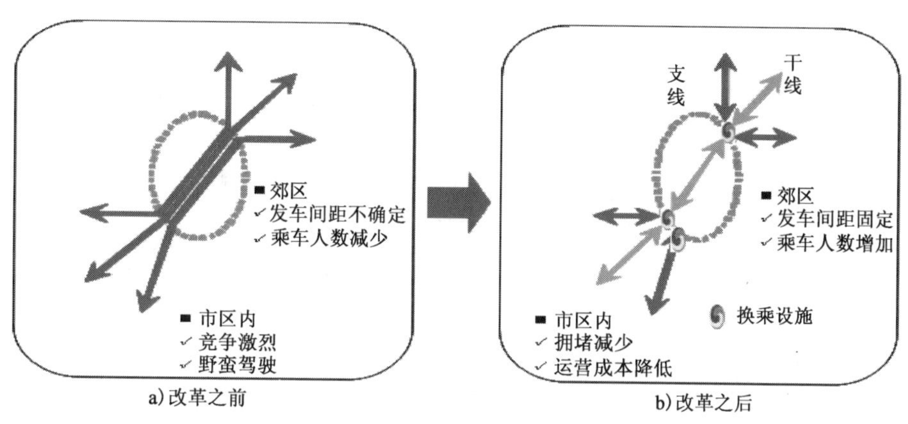

图 3-16 首尔公交改革前后枢纽体系构建示意图

图 3 17 首尔公交换乘站

4. 智能服务

推广使用新智能交通卡(T-money),拓展智能卡的使用范围,将智能交通卡作为多用途的电子支付平台。创新智能卡样式,依托智能卡实行票价优惠和换乘免费。建设 TOPIS(集成交通运营和信息服务)系统(图 3-18),实现对公交行业的智能化管理。

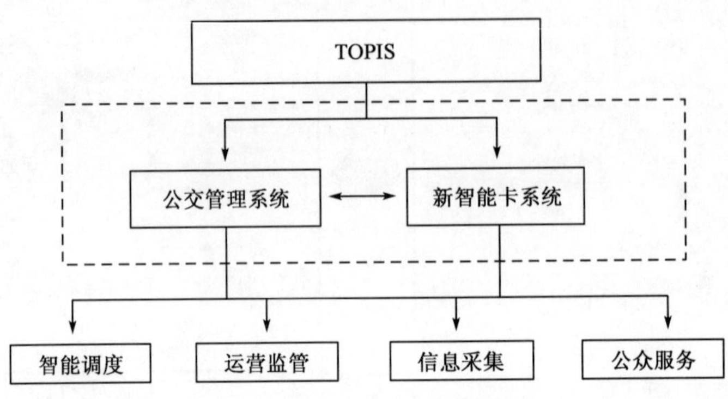

图 3-18　首尔 TOPIS 系统结构示意图

5. 公交整合

依托智能卡(T-money card)和 TOPIS 系统,实施政府购买公交服务的改革。主要内容包括:建立统一的结算平台,实施资源整合;加强实施政府监管;提供公交信息服务;提供决策支持。

通过改革,首尔公共交通取得了较为明显的成效。公交运行速度明显提升,由原来的 11 ~ 15 公里/小时,提高到 22 公里/小时。同时,社会车辆速度也有所提升,实现了“双赢”。公交客流量明显增加,居民出行方式结构得以优化。此外,公交企业收入以及乘客满意度也显著提高。

五、国际公交都市对中国城市交通的借鉴

伦敦、东京、新加坡等国际公交都市,大力发展公共交通,在资源制约下协调交通服务和城市形态的关系,方便居民公交出行、实现低能耗、环境友好的网络化空间体系,对中国城市交通颇多借鉴。国际公交都市成功的要素包括:

(1)交通、居住、工作和环境协调,提高城市总体运行效率。通过轨道交通引导城市空间拓展,能够满足由于城市开发带来的大量客流需求,缓解中心城区交通拥堵。同时,交通可达性提高,促进人口、产业与资源有序地从城市中心地带迁出,最大限度地实现不同城区在功能分工和资源空间配置的互补,既可在很大程度上缓解人口与产业过度密集于城市中心区,又可在减少城市蔓延的同时增加城市绿地等开敞空间。

(2)重塑城市空间形态,营造交通与土地利用、环境整体优化的公交都市空间体系,促进城市从“摊大饼”式的均质化蔓延发展,转向沿城市轨道交通、以站点为中心,“珠链式”的集中发展模式。

(3)以地铁作为公共交通的主干部分,强化公共交通在城市交通中的主体地位,让市民享受有尊严的出行。

(4)营造具有自我造血机能的公共交通系统,为轨道交通企业摆脱财政依赖和可持续发展找到了突破口。

轨道交通作为一种准公共产品,其建设运营需要大量的资金投入,仅依靠票款收入难以实现自身发展的资金平衡。香港、新加坡等地的轨道交通公司,通过“轨道 + 物业”的综合开发模式,不仅使轨道交通企业摆脱财政依赖,实现了轨道交通行业的可持续发展,同时提高了轨道交通服务水平。

通过地铁 + 上盖物业的综合开发(图 3-19),使香港政府无须直接投资地铁建设,却获得地价收益,同时享有香港地铁公司 76.7% 的股权。自 1991 以来,香港政府从地铁公司获得的红利高达 1031 亿港元,坐享了一个世界级的地下铁路系统。根据香港地铁公司 2009 年财务报表,香港地铁公司物业开发收入占总收入的 50% 以上(约 138.11 亿港元)。

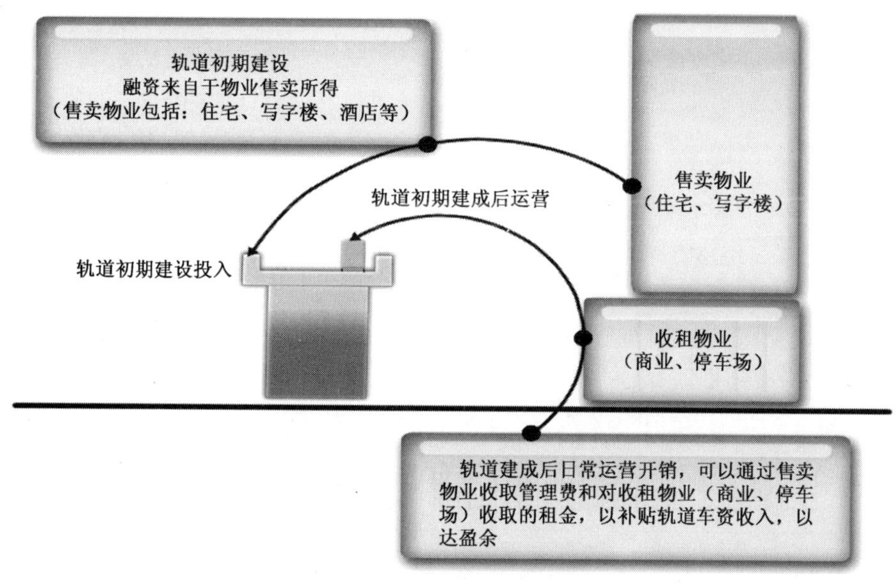

图 3-19 香港地铁 + 上盖物业综合开发模式示意图

世界人城市建设公交都市策略及效果见表 3-5。

世界大城市建设公交都市策略及效果简表

表 3-5

城市	空间策略	交通需求		交通供给	公交分担率(%)
		倡导公共交通	控制个体交通		
伦敦	轨道引导卧城、卫星城、新城发展	462 公里的地铁系统；公交专用道和公交信号优先；改善公共汽车设施；公交票价平稳费率；一体化智能卡票制	交通拥挤收费	消除道路堵塞瓶颈；现代化交通信号控制系统；轨道网的建设	72
巴黎	轨道引导卧城、卫星城、新城	地铁和区域快速铁路；公交一票制；特定群体公交补助；公交设施"无障碍"改良	—	快速铁路的建设是近期的重点	71
纽约	轨道引导郊区新的城市中心	地铁和通勤铁路；地铁系统一票制；830 条公共汽车运营线路；轨道交通与私人交通之间"P + R"设施	中心区停车高收费	地铁网和通勤铁路网；智能交通信号系统；汽车专用路	—
东京	轨道引导卫星城、新城	2000 公里的轨道交通网络；良好的驳运体系	提高燃油税、提高停车费；道路拥堵费	轨道网和道路网的完善；智能化交通管理	86
库里蒂巴	公共交通引导线型城市	1200 公里公交线网；企业支付员工部分公共交通费用	停车位控制，提高停车收费	三重轴线道路体系，中央公交专用道和汽车道、两侧单向高通行能力道路	75
新加坡	轨道引导新市镇	以地铁为主体的轨道交通系统；公共汽车行车路线优化；港湾式停车站	财税政策和车辆配给措施调节保有量；电子道路收费系统调节使用量	立体陆路交通网络；自适性交通智能控制信号系统	63
中国香港	公共交通引导新市镇、新城	重轨、轻轨、公共汽车、小型公共汽车、电车、出租汽车、轮渡相结合的公交系统	首次登记税及每年牌照费；汽油税、道路通行费及拥挤收费；停车位	积极建设大容量的轨道交通网，完善道路网	92

第三节　公交都市构建策略

公交都市的建设应综合应用“交通引领、交通供给和需求管理”三大策略。三大策略相辅相成、密切配合、三位一体，任何一项策略如果没有其他策略的协同配合，都将难以实现。

一、“交通引领”策略

交通引领策略的关键在于以“双快”（高快速路和快速公交）系统引导城市发展，即以高快速路引导产业布局，以快速公交走廊引导人居集聚；同时，以公交车站打造城市开发中心。

1. 快速公交系统引领城市开发

依据城市形态、用地布局和交通出行空间分布，划定公交走廊，布设大容量公共交通运输工具（主要包括城市轨道交通和快速公交系统），通过公交走廊与公交枢纽相结合，形成公交骨架，切实提高公共交通的通行能力。逐步将公共服务设施、居住、商业、办公等用地向公交走廊沿线集聚，将交通出行集聚在公交走廊的两侧，形成依托公交走廊、“珠链式”开发的线性城市带。

依据交通特征、用地功能、发展要求，将目标城市划分为先导型区域、重建型区域和适应型区域，针对其不同区域采取不同的公交发展策略。

（1）先导型区域

先导型区域指城市构架与交通体系均未成型，需要轨道交通引导城市加速发展的区域。国际经验证明，新城建设的成功必然先行有大规模的公交建设，特别是轨道交通的建设。通过大力发展轨道交通去边缘化，加速城市发展以弥补区位上的劣势。

（2）重建型区域

重建型区域指已建设轨道交通，需要围绕站点进行开发或重建的区域，也包括路网已成型，但难以支撑城市更新后的开发强度，需轨道交通支撑城市更新改造的区域。

一方面，城市更新需要大运量公共交通体系支撑，如深圳的城中村处于高密度、高容积率状态，城市更新后，交通发生、吸引量大幅增加，仅依赖地面交通无法满足巨大的出行需求，轨道交通则可保障城市更新后的交通运行。另一方面，城市更新也为轨道交通提供了充足的客流量，支持着轨道交通的运营。

综上所述，重建型区域的策略重点应以地铁建设为契机，以车站为中心带动旧改区的城市更新，形成集商业、办公、居住等多种功能为一体的复合型区域。

（3）适应型区域

适应型区域指城市发展已成型，交通发展滞后于城市发展的区域。该区域可分为两类:一种是有发达的商业区,聚集了大量的交通出行需求;另一种以居住为主,产生大规模的跨区交通出行需求。这类区域需要大运量的公共交通系统,尤其轨道交通,以适应城市的交通需求。

2. 以公交车站为中心构建公交社区

以轨道站点和快速公交站点为中心构建公交社区,在站点周边地区安排土地高强度混合使用,将最集中的出行量布置在站点近距离范围内,最大程度地减少乘客到达站点的出行距离总量。站点周边地区概念性规划见图 3-20。

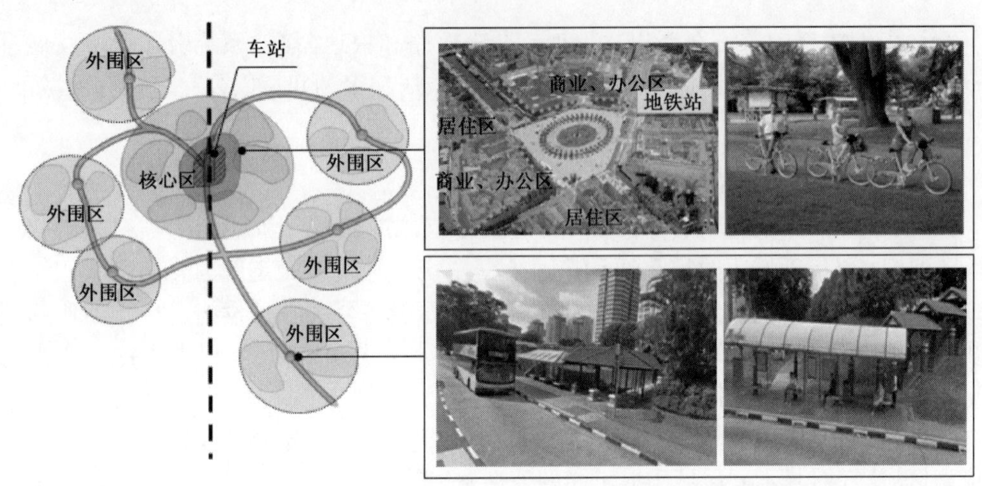

图 3-20　站点周边地区概念性规划示意图

公交社区的构建方法主要为:

(1)“合理步行区”

划定实施公交社区范围应以“合理步行区”为基准。“步行合理距离”指人们用 5 ~ 10 分钟能达到的距离(即步行 5 分钟至普通公交站,步行 10 分钟至轨道站)。按照步行速度 5 公里/小时计算,步行合理距离为 400 ~ 800 米,这是大多数人最适宜的步行距离,计算得到“合理步行区”面积为 0.5 ~ 2 平方公里。

(2)混合用地

混合用地可以有效减少居民必须出行的次数及出行距离。多种类型用地的有效混合使用,在地块内部或附近解决职工居住问题,对公交社区建设十分必要。

(3)高强度开发

站点周边的高强度开发可以保证大多数社会活动集中在公共交通系统有效服务范围内,人们仅需要步行较短距离便可到达公交车站,为公共交通系统提供足够的客流。在构建公交社区综合体时,适度放宽站点周边容积率的要求,使商业和住宅使用朝高密度的目标发展。

(4)多模式交通换乘

应以出行者的步行距离最短或交通工具最为便捷为原则,结合公交客流量,设置换乘设施,确保换乘方便。

(5)步行友好

二、"交通供给"策略

持续进行交通基础设施建设是实施"交通供给"策略的关键。通过加快建设道路交通系统、轨道交通系统和场站枢纽设施,形成大运量公交体系,实质就是要提高道路系统等各项基础设施的利用效率。

构筑一体化公共交通新体系,应从"点、线、面、体"四个方面考虑。

1. 点:构建枢纽场站体系

建设一批枢纽场站,构筑布局合理、功能完善的枢纽场站体系,支撑公交网络重构和无缝对接。交通枢纽在交通网络中起到汇集和分配交通流的作用,是组织线网的核心,可以有效地控制整个网络的规模和提高运营效率,促进客流合理分布,保障公交运输效益与效率,起到整个公共交通网络铆固点的作用。

2. 线:构建快速走廊体系

(1)轨道交通

针对巨大的公交客流需求,加快推进轨道交通线网建设,形成覆盖目标城市主要客流走廊的轨道网络,构建快速走廊体系的网络骨架。

(2)公交专用道

围绕主要客流通道,以满足人的移动需求为原则规划建设公交专用道网络,作为轨道线网的补充和延伸,形成快速走廊体系的支撑。

3. 面:构建多元网络体系

通过网络布局(图 3-21)和功能重构,有机整合地下和地面、大容量和中低运量公交体系、机动化和非机动化交通,推行轨道交通网络、中运量公交网络、常规公交网络、慢行交通网络(图 3-22)四网合一,形成覆盖出行全程的一体化公交网络,提供一体化公交服务。

4. 体:绿色空间体系

引入街道整体设计理念,兼顾"人、车、路"多方需求,集成轨道、路网、场站、公交、慢行系统、绿道网、停车设施、交通标识等要素,重视交通组织、交通环境,打造安全、畅达的绿色交通空间体系,提高市民出行品质。

第一,结合绿道网构建慢行休闲网。重点加强居住区与绿道设施的慢行系统衔接,进一步完善山野、滨海、公园与周边地区衔接的慢行系统。

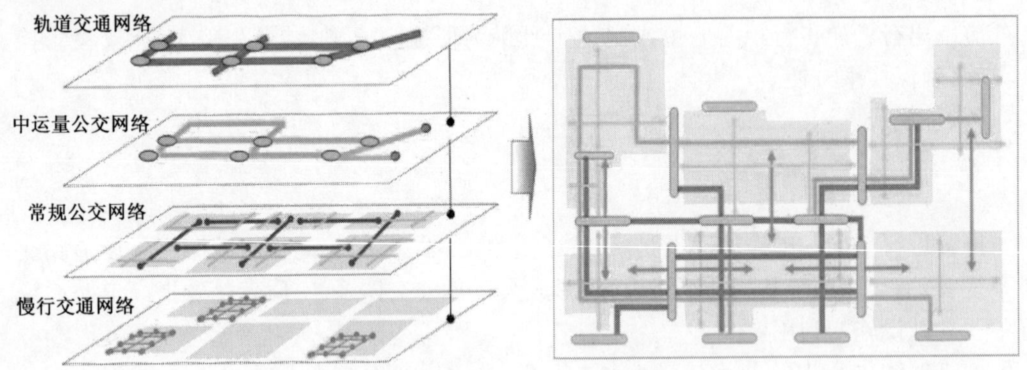

图 3-21　公交网络布局概念图

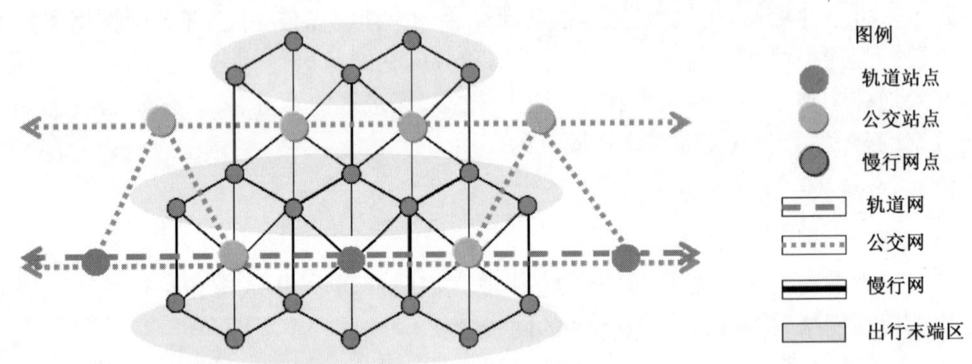

图 3-22　慢行交通网络结构图

第二,推广公共自行车租赁服务。加快完善公共自行车投资和运营机制,建立政府主导、企业运作的发展模式。在全市主要大型居住点、公共设施、旅游区、轨道公交站点推行建设具有深圳特色的公共自行车租赁系统,并探索采用深圳通卡的可行性。

第三,营造安全舒适的步行和自行车交通出行环境。中心城区主干路原则上采用护栏或绿化带等设施分隔机动车道与非机动车道;保证道路两侧人行道和自行车道的有效宽度、连续性和路面的平整性;加强道路无障碍设施建设;完善行人过街设施;完善步行辅助设施,在人流量大的地铁站出入口和人行天桥设置自动扶梯、直升电梯等设施。

第四,增强步行和自行车交通吸引力。在新建居住小区,结合小区绿化建设慢行通道系统,推动安宁社区建设;在商业区、风景区和住宅区人行道采用富有特色的铺装形式,完善沿街绿化、照明、长椅、小品等辅助设施。完善自行车道标志标线,在有条件的地区设置彩色通道。

三、“交通需求管理”策略

需求管理策略的实质就是通过实施一整套“组合拳”式的“推(限制小汽车使用)、拉(改善公交服务)”政策措施,推动实现交通出行从小汽车向公共交通的转变。一方面引导和控制小汽车交通的发展和使用,另一方面为公共交通创造良好的发展环境,全方位推进公交优先。

1. 建立公交优先的保障体系

在城市交通投资、规划、建设、运行中均实施公共交通优先:

(1)投融资和补贴

建立多元化的投融资体系,形成来源稳定、专项使用的长效机制;完善运营补贴及监督考核体制。

第一,研究实施建立公共交通发展专项资金、减免公交企业税费等在内的一系列综合财税扶持政策,促进公共交通的可持续发展。

第二,拓宽公共交通专项资金来源渠道,可将燃油税、购车税、土地出让金等,各取适当比例,纳入公共交通发展专项资金。

第三,建立城市公交营运财政补贴制度。建立和完善公交企业经营成本评价制度和政策性亏损评估制度,由交通运输部门牵头,对公交企业的营运成本和费用进行年度评价。对按照政府要求开行冷僻线路、郊区线路和延时服务的,实行低票价政策的,因燃料价格上涨及承担政府指令性任务形成政策性亏损的公交企业,经财政等部门审核并报经同级政府同意后,由财政给予补贴。

(2)用地优先政策

对公交基础设施用地实行优先配套,从根本上满足公交优先发展的基础性需求。建立公交场站用地优先机制,认真落实公共交通用地行政划拨政策。对城市公共交通规划确定的城区枢纽站、公交停车场、保养场、公交线路首末站、调度中心站、出租汽车服务中心等设施,严格执行市政公共设施用地管理制度,实行行政划拨供地。

(3)公交行驶路权优先

第一,保证公共交通路权优先。调整公共交通车辆与其他社会车辆的路权使用分配关系,合理设置有清晰、直观标识的公交优先车道。根据市中心城区道路不同等级和通行状况,分时、分段、分线设置城市公交优先道;条件允许的,公交车辆可不受路段单向通行、路口禁左行等限制;有条件的主干道交叉口设置公交车辆优先通行感应信号系统,减少路口停留时间,确保优先。

第二,加强对公交车道优先、通行信号优先的监管。运用现代电子监控设备,对公交优先车道和优先通行信号系统实施监控。

公交优先保障机制内涵见图 3-23。

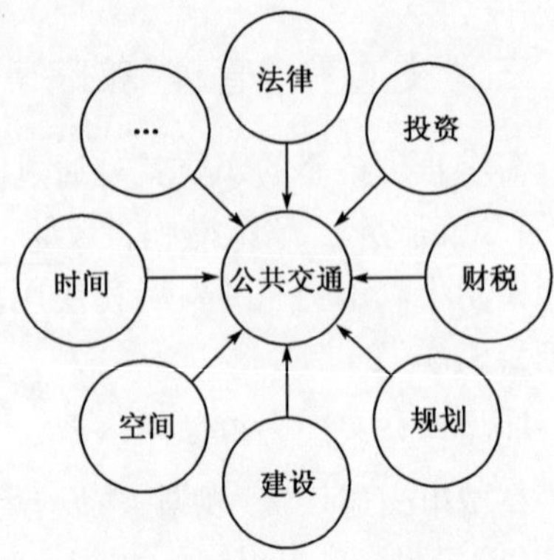

图 3-23　公交优先保障机制内涵图

2. 建立交通需求管理机制

为了实现城市可持续发展，必须保持城市功能、空间资源和交通活动之间的最佳平衡，最有效办法是在提供优质公交服务的同时，建立交通需求管理机制，合理引导交通出行，科学分配道路、停车设施空间资源。未来的策略重点是在机动车保有量持续快速增长的形势下，加大交通需求管理实施力度，通过设施供给、经济杠杆、出行管理和宣传倡导等综合手段，引导机动车合理使用，促进城市交通方式结构优化。

第四章　建立一体化公共交通体系

城市公共交通规划的主要任务是理顺公共交通体系，分析不同类型公共交通的特点和使用条件，明确不同层次公共交通的功能定位、服务对象和服务水平，安排换乘枢纽布局，实现不同层次、类型公共交通之间的有机衔接，形成“轨道交通为骨架、常规公交为网络、出租汽车为补充”的一体化公共交通体系。公共自行车作为城市交通的一个重要组成部分，是公交都市的重要环节和低碳交通的首选方式，应纳入到城市公交体系。

公共交通的一体化发展，目的在于实现公共交通与其他交通方式的协调运作，达成公共交通系统内部的协调，最终通过公交都市战略建立可持续发展的城市交通系统。

公共交通战略的一体化，主要表现在公交发展与土地利用互相结合，通过公交发展引导城市有序扩张，充分重视人们出行的平等与安全等方面。通过积极的引导，不断提高公交方式的出行比重，稳步提高交通机动化水平，发挥慢行交通短距离出行和接驳公交的功能，逐步形成以公共交通为主、个体交通为辅的交通模式。

公共交通设施的一体化，即场站枢纽设施在网络上统筹安排和一体化发展。整合各类公交设施建设，促进相互之间的协调，实现公共交通场站设施的一体化建设和经营。

公共交通运行的一体化，即各种公共交通方式通过换乘枢纽、交通运营组织进行有效衔接整合，充分发挥各自优势，形成有机整体。公共交通枢纽引导交通网络的形成与发展，引导城市综合交通体系建设，是实现交通一体化的核心和关键。

公共交通组织的一体化，即实现各公共交通系统的充分整合，统一、协同、高效。高效的组织要以先进的技术为手段，用法制和体制为保障，充分发挥政府、市场、公众的作用和组合优势，对城市公共交通的规划、投资、建设、运营和收费等进行综合协调。

第一节　轨道交通网络

轨道交通方式包括地铁、轻轨、市郊轨道、单轨交通和有轨电车等多种类型，在城市轨道交通线网规划阶段，系统形式选择取决于轨道线网能否满足对系统功能定位、服务水平和性能标准的要求。各类轨道交通系统的技术特征见表 4-1，其特征定性比较见表 4-2。

各类轨道交通系统技术特征

表 4-1

类型	线路形式	路权形式	平均运行速度（公里/小时）	最小行车间（分钟）	编组数（辆）	平均站距（米）	运输能力（万人/小时）
地铁	地下、地面或高架线路	全封闭	30 ~ 40	1.5	4 ~ 10	800 ~ 1000	3.0 ~ 7.0
轻轨	混合线路	半封闭、全封闭	25 ~ 30	2	4 ~ 6	500 ~ 800	1.0 ~ 3.0
单轨系统	地面或高架线路	全封闭	25 ~ 30	1	2 ~ 6	500 ~ 1000	1.0 ~ 3.0
有轨电车	地面线路	半封闭	15 ~ 20	1	1 ~ 2	400 ~ 800	0.6 ~ 1
中低速磁浮系统	地面或高架线路	全封闭	100 ~ 150	1	3 ~ 6	500 ~ 2500	1.5 ~ 3.0
自动导向轨道系统	地面或高架线路	全封闭	30 ~ 35	2	1 ~ 6	400 ~ 800	0.4 ~ 1.8
市域快速轨道系统	地面线路	半封闭	>40	2	8 ~ 12	1000 ~ 3000	—

各类轨道交通系统特征定性比较

表 4-2

类　型	运　量	速　度	造　价	环 境 影 响
地铁	大	普速	高	地下低，地面及高架高
轻轨	中/小	普速	中	中
单轨系统	中/小	普速	低	中
有轨电车	小	低速	低	低
磁浮系统	中	高速	高	中
自动导向轨道系统	中/小	普速	低	中
市域快速轨道系统	大/中	普速	低	高

地铁尽管造价昂贵，但它确实具有其他运输方式不可取代的优势。地铁的运量比轻轨大 1 倍，由于地铁主要在地下运行（也存在部分高架线路），不受天气等因素的影响，安全、准点，而且对城市居民基本无干扰，较少占用城市土地。各大城市主要选择地铁作为城市大运量公共交通的运输工具。

本节所述的轨道交通网络，即指大运量的地铁网络。

一、深圳轨道网络发展的现状及问题

1. 深圳轨道交通规划回顾

根据《深圳市轨道交通规划》《深圳市城市轨道交通近期建设规划(2011—2016)》等相关规划，未来深圳将建设16条线，总长约585.3公里(不含城际线)的轨道交通网络。轨道交通线网综合规划方案见图4-1。

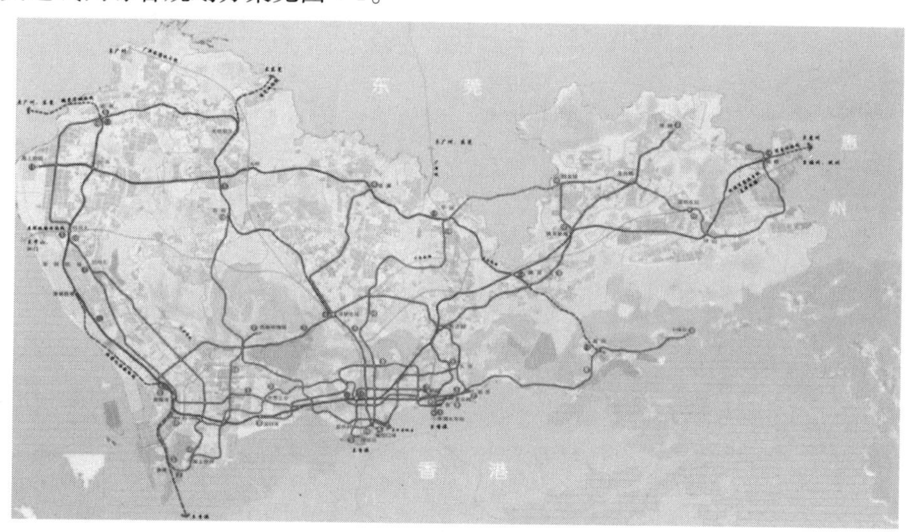

图4-1　轨道交通线网综合规划方案图

轨道交通的具体建设时序为：

第一期工程：包括1号线东段、4号线南段，合计约21.6公里，已于2004年正式建成通车；第二期工程：包括1号线续建工程、2号线、3号线、4号线续建工程、5号线，合计约156.7公里，已于2011年6月底正式建成通车；第三期工程：包括6号线、7号线、8号线、9号线、11号线，合计约170.0公里，预计于2016年建成。轨道交通第一、二、三期工程线网见图4-2

2. 问题与思考

深圳轨道交通的规划建设对于促进城市社会经济发展、缓解交通拥堵、优化居民出行的方式结构起到了很好的作用，但同时也存在不足，主要表现在：

(1)对城市发展带动不足

在区域一体化进程加速、区域间合作竞争进一步加大时期，现有的轨道交通规划对区域发展前景估计不足。深圳迫切需要通过轨道交通建设加强原特区内外联系，同时结合区域发展需求，以轨道为导向，优化调整城市功能结构和产业布局，以加强区域中心地位,使城市在区域合作中获得更大的优势。

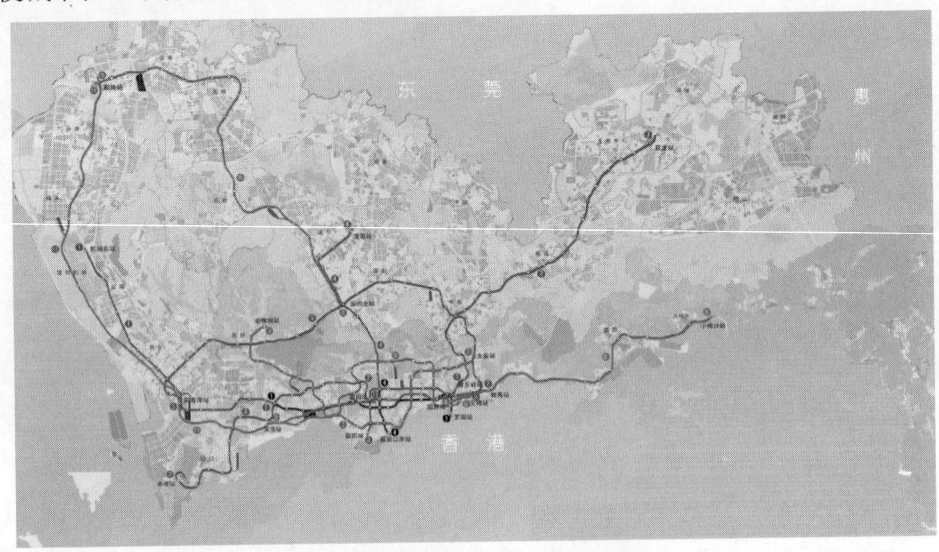

图 4-2 轨道交通第一、二、三期工程线网图

(2)难以适应居民出行需求

深圳的经济发展模式已经转型、产业结构不断调整、城市功能持续拓展、人口结构发生变化,这些因素将导致居民出行特征产生根本性改变,主要体现在出行强度增加和出行方式转变上。

随着城市功能结构拓展,居住地大规模外移,在原特区外已形成龙华、民治、坂田等一批以居住功能为主的片区,但就业岗位依然集中在原特区内,这样,在原特区内外间势必形成大型的客流通道。目前,深圳轨道建设采取优先加密中心城区轨道网,支撑核心商业区交通出行的做法,对于原特区内外客流通道的支撑不足,难以满足居民出行需求。

此外,随着大型基础设施的建设完善,居民出行特征和交通发展形态都发生了变化,出现了多个新的交通增长集合,交通出行以线性发展模式向多点式发展形态转变,而轨道网的建设依然采取带状向外辐射的建设模式,无法适应居民出行特征的变化。

(3)线路敷设方式亟须优化

原关外规划线路受限于投资,大多采用高架敷设方式。高架线路虽然工程本体投资节省,但近年来由于大幅增加的拆迁成本和交通疏解工程,高架线建设成本迅速增加;同时由于高架方式站点上盖和地下空间开发不足,流失高价值土地资源,且难以形成“P + R”❶的可持续发展模式。以全寿命周期估算,高架线的全成本将高于地下线,而物业收

❶P + R 模式的 P 指停车,R 指换乘。它促成了公交出行与小汽车交通方式的衔接,是缓解中心城区的交通压力的有效手段之一。

益则远远小于地下线。

二、传统轨网规划模式检讨

传统的轨道规划,在线路规划、换乘设计、线位的选择等方面均存在一定的弊端。

1. 线路规划:通道等同线路,线路设计简单粗放

传统轨网规划采用“骨架构建—通道识别—方案评价”三步骤进行,缺少对线路走向的详细分析,线路设计简单粗放。

2. 换乘组织单点“十字”搭接

这种“十字”搭接的方式,从经济方面看:单个站点换乘覆盖面小,不利于提高站点综合开发潜力。

从客流方面看:有用轨道线路全线客流呈中间大、两头小的特征,如果在中段换乘,会造成客流负荷度高,站点换乘交通压力大,难以有富余运能运送非换乘客流。

从换乘效率方面看:此种方式不利于组织同台换乘,降低了换乘效率。

线路运能分布见图4-3。

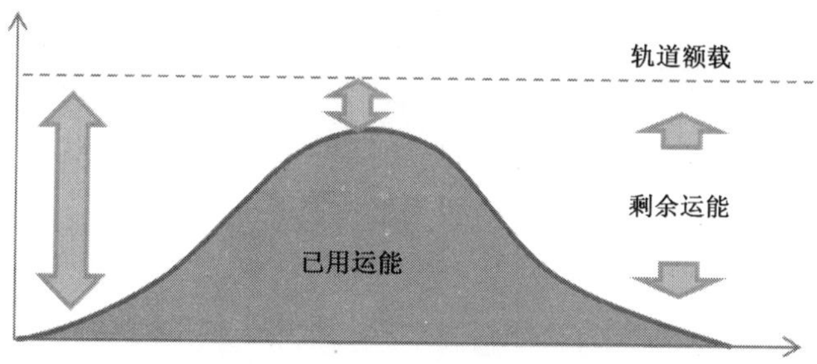

图4-3　线路运能分布示意图

3. 线位选择

传统的轨道线位选择模式,主要是沿城市干道布置,存在以下弊端:

(1)沿城市干道布置,与交通流向不符

居民出行一般发生在不同性质的地块之间,而同一道路的开发性质基本相近,或以居住为主,或以商业办公为主,沿同一道路布置线路,与居民的交通流向不符,不容易覆盖交通出行。

(2)沿城市干道布置,消除了TOD开发的可能

通常城市主干道沿线也是城市开发较早、较快的区域,周边土地如先于轨道开发,将无法提供TOD开发所需的土地。

(3)沿城市干道布置,工程造价高

由于无法实施TOD综合开发,上盖物业和站体无法一体化建设,必须实施站体盖板

和土方回填,增加了建设成本。

三、优化轨道线网构建方法

1. 线网模式

香港、新加坡等城市采用的是低密度、高负荷模式,主要特点为:通过向轨道交通节点聚集各类城市资源,构建紧凑城区,以更小轨网规模实现更高的公交分担率。低密度、高负荷的发展模式是未来城市轨道的发展趋势,也是公交都市构建轨道网络的选择。

轨道网络的规模应结合交通需求以及城市自身的经济情况,综合考虑。表4-3为世界主要城市轨道交通网络规模,可供借鉴。

世界主要城市轨道规模一览表

表4-3

城市及区域		人口(万人)	面积(平方公里)	轨道规模(公里)	轨道机动化分担率(%)	轨网密度		人口密度(万人/平方公里)
						以人口计(公里/万人)	以面积计(公里/平方公里)	
巴黎(2008年)	巴黎市	220.16	105.4	549	66(大公交)	2.49	5.21	2.09
	巴黎大区	1184	14518	1554	31(大公交)	1.31	0.11	0.08
伦敦	伦敦市	20	27	95	—	4.75	3.52	0.74
	大伦敦	750	1579	1100	25(2007年)	1.47	0.70	0.47
东京(2008年)	东京区部	895	622	772	76.2	0.86	1.24	1.44
	东京都	1287	2188	1075	69.4	0.84	0.49	0.59
	东京都(除区部)	392	1566	303	46.6	0.77	0.19	0.25
纽约市		839	790	354	15(1997年)	0.42	0.45	1.06
新加坡(2020年,注重民生)		500	710.3	278	15(2004年)	0.56	0.39	0.70
香港(2015年)		707	1104	250.25	25(2002年)	0.35	0.23	0.64

2. 轨道网络层次

城市轨道网络(不包括高铁)按功能可分为两个层次:

(1)第一层次:快速服务

联系都市圈主次中心,覆盖主要发展轴带;列车速度目标值100~200公里/小时,站间距2~5公里,运行速度45~100公里/小时。

(2)第二层次:普速服务

覆盖通勤圈内主要客流走廊;列车运营速度为100公里/小时以下,站间距2公里以下,运行速度45公里/小时以下。

分层次网络通过快速服务线路,落实高可达、强枢纽战略,建立各级中心之间的快速联系;同时,有利于轨道枢纽与城市中心耦合,塑造高集聚的城市中心;通过普速服务线路落实高密度战略,快慢结合,有利于构筑通勤支持系统:对于城市的中心组团,主要采取强轴、加密的策略,提高轨道的便利性。

3. 轨道线位的布局

(1)轨道规划采取“骨架构建—通道识别—线路编制—方案评价”四步骤,在原规划方法上增加线路编制工作环节,实现客流通道上线路快慢结合、轻重结合、长短结合、保障线路组织合理,运力使用经济。

(2)轨道线路网络布局通过平行搭接和端点换乘,以实现同台换乘(安全、便利);在保证充足容客量同时,能扩大换乘枢纽覆盖范围,提高 TOD 开发潜力。

一个拥有同台换乘站(图 4-4)的轨道站一般包含至少两组双向路线系统,并至少拥有两座分离,但透过行人楼梯、电扶梯等连接的岛式站台(服务 4 条单线),在容客量高的换乘站容纳更多的路线可能会导致站台人流饱和。

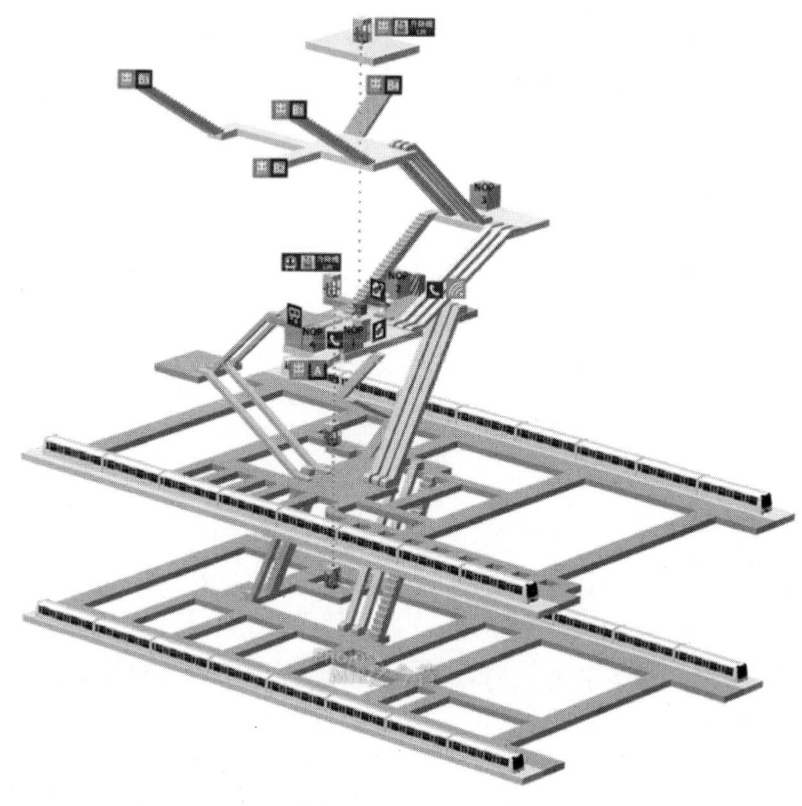

图 4-4　同台换乘示意图

(3)轨道线路由沿主干道布设改为穿越居住区及办公区布设(图4-5),以同样的站点覆盖更多的人口和岗位。相对于沿主干道建设,这种方法更符合实际交通需求,同时有利于TOD的开发建设,更加节省投资。

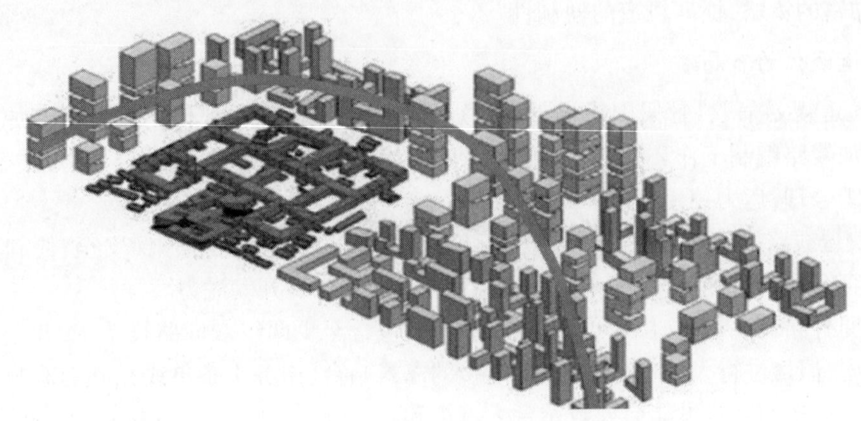

图4-5　轨道线路穿越居住区及办公区示意图

四、深圳市轨道网络规划实践

1.轨道线网的目标

在公交都市模式下,大运量轨道线网的建设目标是:建立与区域发展、城市发展相协调,支持城市经济、产业、民生、环境发展,引导城市空间结构调整的轨道交通系统,形成轨道主导的一体化交通体系,支撑城市及交通的可持续发展。具体有以下几个方面:

(1)支持城市功能定位,提升深圳市在区域乃至全国的中心地位。

(2)引导城市空间结构调整,促进深圳一体化发展。

(3)支持产业、关注民生,建立轨道主导的公交都市。

(4)建立高服务水平,可持续的轨道交通系统。

2.发展策略

根据上述轨道线网的发展目标,轨道线网的发展策略如下:

(1)高可达策略。通过加大轨道交通建设,加快城市空间结构调整,加强区域可达性,提高区域竞争与融合。

(2)强枢纽策略。通过构建强有力的轨道交通枢纽,加强城市组团间的快速联系。同时,采用以主城为中心的放射线状的TOD发展模式,支撑外围组团的建设。

(3)加密线路策略。依据城市交通发展趋势,针对交通热点和难点,加大轨道网络密度,以缓解中心区交通压力,减少小汽车出行交通量,提高轨道交通客流分担率,实现综合交通协调发展。

3. 网络构架

深圳市按照三个层次的轨道线网模式进行轨道网络的构建：

(1)快速服务。落实高可达战略、强枢纽战略，形成“双心放射网状”的快速服务线路(图4-6)，以促进区域融合及城市一体化发展，引导城市多中心空间结构的形成，同时建立各级中心之间的快速联系，形成轨道枢纽与城市中心的耦合。

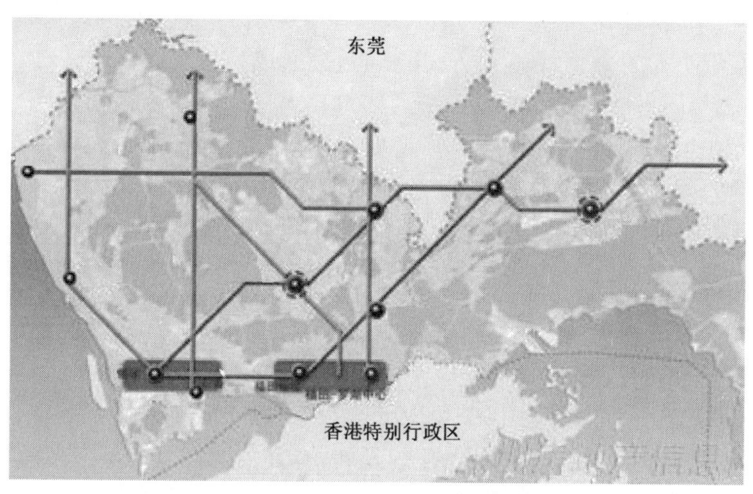

图4-6　“双心放射网状”的快速服务线路网络架构图

(2)普速服务(图4-7)。重点落实高密度策略，主要体现在：

第一，快慢结合，构筑通勤支持系统。

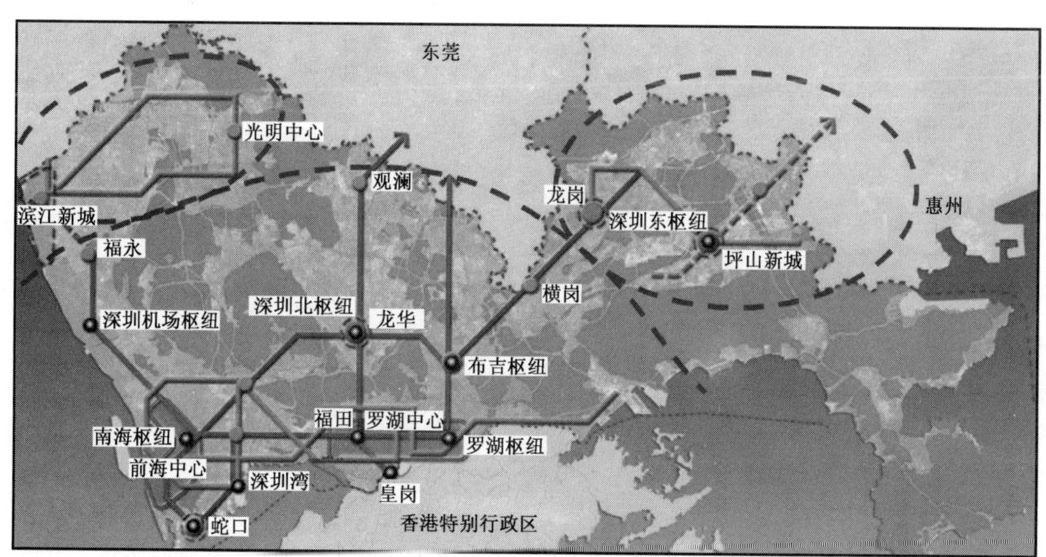

图4-7　深圳普速服务线路网络构架图

通过构建和完善轨道交通系统，承担大规模潮汐式通勤交通发生量，重点解决地面交通拥堵问题。同时，在轨道站点周围以巴士或慢行交通作为接驳，满足乘客多样化的出行需求。

第二，在中心组团对轨道交通进行“强轴”和“加密”。

城市结构虽将改变，但福田和罗湖仍然是最重要的工作和商业功能区，工作岗位集聚在中心城区，未来其中心地位还将进一步强化。针对日益恶化的交通形势，需要在中心组团构筑容量更大的交通走廊，继续建设轨道交通成为必然选择。

第三，外围组团形成相对完善轨道交通体系。

未来5～10年，深圳北、坪山、龙岗中心城、光明等外围组团将初具规模，有必要加大轨道交通建设力度，引导城镇发展，完善公共服务和社会服务配套设施，强化就业功能，实现居住和就业功能基本均衡，减轻中心区交通压力。

4. 线网布局

近期轨道交通线网规划应从提速、强轴和加密三个方面来考虑，在建设时序上应该实行强轴优先、兼顾加密。

(1)提速：目前，深圳东部与中心区仍无强有力的公交走廊。为加强深圳空间结构的调整与优化，促进深圳原特区内外一体化的发展，有必要加强东部与中心区的快速联系。

(2)强轴：原二线关处于贯穿原特区内外的轴向通道上，通道上交通发生量已大大超过道路交通容纳能力，因此轴向通道上的压力是深圳交通发展最主要的压力之一。轨道规划应增强中、西部关口的通道能力。

(3)加密：未来，前海、南山科技园、南山中心区岗位大量积聚，交通面临巨大压力，需通过构建和完善轨道交通系统，承担大规模潮汐式通勤交通发生量。因此，轨道网络应加强前海、南山科技园片区的服务。

深圳市远景轨道交通线网规划如图4-8所示。

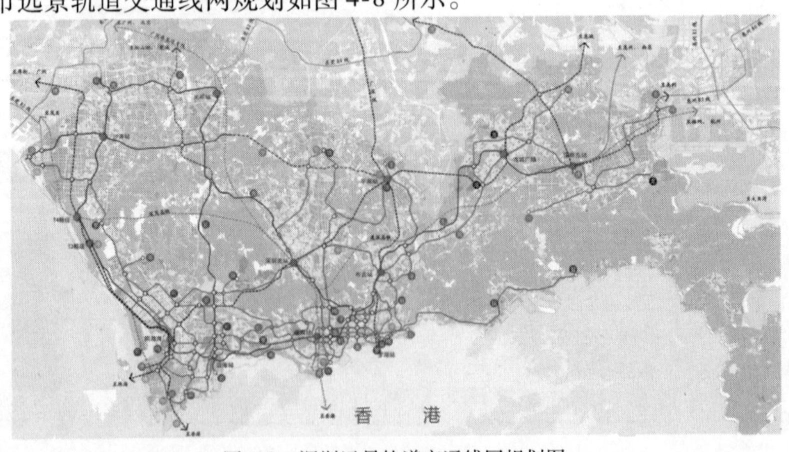

图4-8　深圳远景轨道交通线网规划图

第二节 中等运量公交网络构建

深圳作为特大城市,公共交通客运规模的增长并未带来交通出行结构中分担比例的同步上升,与城市公交预期发展目标存在较大差距。需要发展"中等运量公共交通系统",增加公共交通服务供给,提升公共交通出行服务竞争力,促进城市空间发展结构的调整。

中等运量公共交通指单方向断面运能介于1万~3万人次/小时之间的系统,常见形式包括现代有轨电车、快速公交(BRT)、轻轨等。引入建设周期短、运能较大、投资较省的新型中等运量交通模式,与轨道共同构建骨干公交网络,有助于迅速提升地面公交运能、速度和品质,缓解现状和未来交通问题。

一、中等运量公交类型

根据运能和建设要求的不同,中等运量公交可分为中高等运能系统、中等运能系统以及中低等运能系统三类(表4-4),各类特点如下:

(1)中高运能系统主要指轻轨,具有较高的运行速度,平均时速可达25~30公里/小时,运能1.5万~3万人次/小时;一般采用地面专用道或者高架形式,需要有独立的、封闭的线路和车站空间,空间资源占用相对较大。代表城市有:卡尔斯鲁厄(德国)、波特兰(美国)、天津、重庆。

(2)中等运能系统包括现代有轨电车和BRT等。现代有轨电车系统速度较轻轨低,线路组织模式灵活,可与人行空间混合、机动车道混合,也可采用完全封闭专用车道。完全封闭式可采用高架和地面两种布设方式。代表城市有:巴黎、巴塞罗那、墨尔本、上海、天津、大连等。BRT系统是一种低底盘、中运量的公交模式,比常规公交运能大,采用固定或者混合线路,站台全封闭形式。代表城市有:库里蒂巴、首尔、北京、杭州、济南、昆明等。

(3)中低运能系统包括跨坐式或者悬臂式单轨。单轨系统由于车辆轻便灵活,基础相对轻巧,设计指标要求较低,可实现与建筑物的紧密衔接,因此,运能较低。

BRT及现代有轨电车是目前应用较为广泛的两种中等运量公交方式,下文对上述两种方式进行重点介绍。

1. 快速公交系统(BRT)

美国公交协会定义快速公交系统(简称BRT),是一种灵活的、以橡胶胎车辆为运载工具的快速交通方式。这一系统整合了车站、车辆、线路、公交车道和公交智能系统等多个元素,形成具有强烈形象感和独特性的综合系统。

专用站台是BRT各个组成部分中最为重要的一个。整个BRT的运行能力由系统中最繁忙的公交站点通过能力决定。提升站台通行能力的主要方法有增设站台泊位数、分设多级子站台、将车站设置在远离交叉口位置、增加站台越行线、采用车外售票、设置水平乘降站台等措施。

各种中等运量公共交通模式比较一览表 表 4-4

运能分级	形式	示　例	造价（亿元/公里）	敷设方式	特点	代表城市
中高运能（1.5 万 ~3 万人次/小时）	轻轨		1.5 ~ 2.5	地面高架	速度快，运能大，设计标准高，投资大	卡尔斯鲁厄、波特兰、天津、重庆
中等运能（1 万 ~2.5 万人次/小时	现代有轨电车		0.4 ~ 0.6	地面	友好，可与人混行；转弯半径小、爬坡能力强；环保、无污染、噪声低	巴黎、巴塞罗那、墨尔本、上海、天津、大连
			0.6 ~ 1.5	高架		
	BRT		0.2 ~ 0.5	地面	成本低、周期短、运营见效快、灵活性大，但需占用道路资源	库里蒂巴、首尔、北京、杭州、济南、广州
			0.5 ~ 1.5	高架		
中低运能（0.6 万 ~ 1.5 万人次/小时）	单轨		1.2 ~ 2	高架	轻便灵活，可与建筑物紧密衔接	悉尼、新加坡、日本

专用路权在很大程度上决定着 BRT 的运送速度与运营能力。BRT 采用路中式公交专用道、路侧式公交专用道以及高快速路上的 HOV 车道❶，以在路权分配上提供 BRT 优

❶HOV 车道（Highoccupancyvehiclelane），即高载客量车辆车道，是美国、加拿大等国家为提高道路使用效率、缓解交通拥堵、促进交通节能减排而采用的一种交通管理措施。

先的行驶空间。BRT 车辆运行在专设的公交专用车道或道路上,能保持 BRT 运营速度不受机动车拥堵影响。

大容量公交车是 BRT 的标志之一。BRT 多采用低地盘、多开门、大容量专用公交车。专用车辆一般为长 18 米的单铰接车,可运载乘客 160 人,车辆一般色彩鲜艳,外观统一,体现品牌效应。

车外收费系统是 BRT 的标志之一。车外收费可使快速公交车辆所有车门同时上、下乘客,减少延误,提高系统运营能力与效率。快速公交收费一般使用硬币、磁条、票据和智能卡等几种形式。

优先通行设施可进一步提升快速公交运营速度,包括:交叉口设置的专用相位、跨线桥或隧道、取消相交道路或者道路本身左转相位等措施。

运营保障系统可进一步提升快速公交服务品质,包括运营组织机构和运营保障设施两方面。运营组织机构承担项目前期规划与实施、快速公交的运营与管理。运营保障设施包括智能化交通管理手段(ITS 技术),如公交车辆全球定位系统和公交运营车站信息管理系统等。

BRT 可兼容常规公交线路,灵活运营,运能较大(1 万~2.5 万人次/小时)、成本较低(0.3 万~0.8 万元/公里)的特点,见图 4-9。

图 4-9　BRT 系统两种站台设施

(1)造价低:BRT 建设近期可采用常规公交线路,仅需对通道进行改善,建设站台及过街设施,远期再逐步引入大容量车辆增强通道运能。因此,造价相对其他系统较低,如广州中山大道 BRT 建设仅耗资 3750 万元/公里。

(2)组织灵活:BRT 没有轨道的限制,可在通道内运行多种模式线路,通道内根据准入制度要求的不同,配备不同的站台形式、规模以及通道宽度。

快速公交线路布设一般遵循以下原则:一是布设在中心区对外快速通勤走廊或对既有常规公交走廊进行改造提升;二是与轨道共同形成超强的复合走廊,补充轨道运能并为轨道喂给客流,或作为常规公交与轨道之间的过渡。

2. 现代有轨电车

有轨电车是依靠电力推动、轨道导向的交通方式。现代有轨电车在传统有轨电车的基础上全面升级,引入模块化设计、低地板车辆和第三轨、超级电容等供电方式,降低系统噪声和振动、大幅提升牵引、制动、控制水平,成为大容量、与环境协调、外形美观的现代都市公交方式。

现代有轨电车采用"现代化车辆 + 专用走廊 + 固定线路"模式,一般建设在城市新区,覆盖常规公交线路少的交通走廊。现代有轨电车在不能与常规公交混行且道路资源有限时,一般避开既有常规公交走廊,用于区域内部的中等运量走廊或新区发展的引导走廊;也可作为轨道的延伸,增加轨道交通覆盖范围。

与传统有轨电车系统相比,现代有轨电车运量大、灵活性高、速度快(最高可达 70 公里/小时),见表 4-5。目前,已在国内外多个城市推广应用。

传统有轨电车与现代有轨电车特点分析 表 4-5

车辆类型	传统有轨电车	现代有轨电车
特点	• 高地板,或 70% 低地板 • 运行噪声大 • 车辆固定长度,运能低 • 外观陈旧 • 车速较慢	• 100% 低地板,人性化 • 多种供电方式 • 运行噪声低 • 车辆模块化,灵活 • 外观时尚,可定制 • 最高适度达 70 公里/小时
图片		

根据现代有轨电车的车辆技术参数要求,现代有轨电车道路断面设置形式主要有三种:中央式(隔离路权、混行路权)、单侧双向式、两侧对称式。

国内外城市经验表明,影响断面设置形式的因素主要包括配线、有轨电车系统升级、工程量、对出入口交通影响、对路口交通影响、对路段交通影响六个方面,因此,可根据实际情况灵活选择不同的断面设置形式,见表 4-6。

二、中等运量公交系统主要发展模式

按中运量公交系统功能和在城市交通定位的不同,中等运量公交系统可分为三种模式。

1. 主导型

以中等运量系统为城市公交系统主骨架，适用于客流强度较大(日均单向客流量不超过5万人次的客运走廊)，且未规划建设地铁系统的中小城市，如巴西的库里蒂巴、瑞典的哥德堡市等。

在不同因素下不同断面设置形式的特点　表4-6

比较列项	中央式	两侧对称式	单侧双向式
配线	车辆折返不影响交通	车辆折返需要中断交通	车辆折返不影响交通
有轨电车系统升级	对道路分隔作用小，易升级	对道路分隔作用大，升级改造大	道路升级改造大
工程量	车站处需增设过街辅助设施	可不设过街设施	可不设过街设施
对出入口交通影响	影响沿线出入口左转交通	影响沿线出入口左、右转交通	影响沿线该侧单位的出入口左、右转交通
对路口交通影响	沿线左转交通量小对沿线道路通行能力影响小	沿线右转交通量较大对沿线道路通行能力影响较大	沿线右转交通量较大对沿线道路通行能力影响较大
对路段交通影响	无影响	车辆停靠存在冲突	车辆停靠存在冲突

库里蒂巴市人均小汽车拥有率居巴西首位(约每3人拥有一辆)，共有50多万辆小汽车。但是，发展完善的公交系统高效地吸收了城市高峰时的出行数量，约有75%的通勤者在工作期间选择乘坐公交车。因此，其使用燃油消耗是同等规模城市的25%，车辆用油约减少30%，城市大气污染远低于同等规模城市，交通很少拥挤。库里蒂巴市的公交系统布局合理，分流科学，条条道路各负其责，是目前世界上最实际和最好的城市交通系统之一。

库里蒂巴以BRT作为城市主要公共交通方式，全市规划建设有五条放射状快速公交走廊，连接市中心区和邻近市镇。在每条双向快速道路上都设计有3个车道，在中间为双向快速公交车道，为公共汽车专用道，专门留给公交车使用，它的两侧各有一条机动车道，往返于不同方向的其他机动车在上面行驶。中央的双向快速公交车道实行全封闭，严禁其他车辆进入。公交汽车专用道与慢车道之间是隔离带和停车带。双向快速公交车道上的红绿灯由公交车司机自行控制，以便畅通无阻。

哥德堡市以现代有轨电车作为城市骨干交通模式，线路布设从中心区向郊区辐射，串联市内主要的客流集散点。哥德堡电车长150公里，也是北欧最大的有轨电车网。

2. 延伸/补充型

有轨电车作为城市轨道交通的延伸,可解决新城或外围组团内部交通需求,或满足新城/外围组团与城市中心区之间的交通需求,此外,也可作为城市轨道交通的加密或补充,分担中心城区的出行需求,如伦敦、巴黎、上海、天津等。

伦敦的有轨电车主要满足新城内部交通需求。以伦敦的克罗伊登(Croydon)新城为代表,内部拥有三条有轨电车线路,其中,一条线路的起点接驳于地铁 District 线的终点站,实现城内与伦敦中心城区的交通联系;三条线路分别联系了 7 个国铁车站,并在两个车站可与多条郊区公交车接驳,整个有轨电车网络中形成了众多中等规模的公交枢纽。

3. 特色服务型

有轨电车可满足旅游观光需求,一般布设在旅游功能强,而常规公交系统尚未覆盖的旅游客流走廊上,为游客提供观光、游览服务。

如北京西郊线(图 4-10),线路全长 9.035 公里,新建 7 座车站和 1 个车辆段,西起香山路停车场,终点进入巴沟车辆段,与地铁 10 号线巴沟站衔接换乘。西郊线连接颐和园、香山、玉东、北坞郊野公园、植物园等景点,是一条服务于西郊风景区,以旅游、休闲、观光为目的的旅游专用轨道交通线路。

图 4-10　北京西郊线有轨电车

三、深圳中等运量公交规划实践

1. 中等运量公交发展目标

深圳市中等运量公交发展目标是:构建快速公交系统,强化干线公交主走廊,全力提升地面公共交通服务水平,与轨道交通、常规公交协同打造多模式一体化公共交通体系。

鉴于深圳在 2020 年前轨道网密度接近香港和首尔,处于中等密度水平,深圳采取了以“强化多模式公交体系,全方位提升主要走廊内地面公交运能和服务水平”为核心的对策。

方向一:强化多模式公交体系建设,重点提升地面公交服务水平。提高主要客运系统服务水平，加强多模式公交体系建设，包括持续建设轨道交通，进一步提升地面公交运能。

方向二：在城市功能聚集的高强度客流走廊上构建复合公交走廊。公交都市的重点是城市沿客运走廊发展，深圳的地形地貌决定了城市重点的发展轴线为几条有限的客运走廊，因此，公共交通的提升，除不断完善公交网络和各层次体系建设外，最重要的是客运主通道运能的提升，这种提升需要构筑复合客运走廊，包括“轨道 + 轨道”以及“轨道 + 大中运量地面公交”两种形式。

方向三：提升复合走廊中地面常规公交，建设较大规模站台设施。当单向客流达到 1 万人次/小时以上时，至少采用路侧式专用道及深港湾车站、分设站台等常规提升手段。当客流达到或超过 2 万人次/小时，必须采用路中式公交专用道，设置更多站台，减少其他车辆干扰，同时采用大型车辆和站外售票等辅助形式提升整体站台效率。

方向四：通过设施建设入手，逐步提升地面公交运能和服务水平。一个成功的中运量系统，除设立公交站、公交专用道外，还需要具备很多快速公交元素，是一个系统形象和品牌的建立过程。在完成走廊设施建设的基础上，应逐步采用“车外售票、大容量车辆、信息系统”等手段。

2. 功能定位

(1)与大运量轨道交通的关系

结合城市轨道交通发展规划，城市中等运量公交系统是轨道交通的延伸和补充，其功能定位见图 4-11。

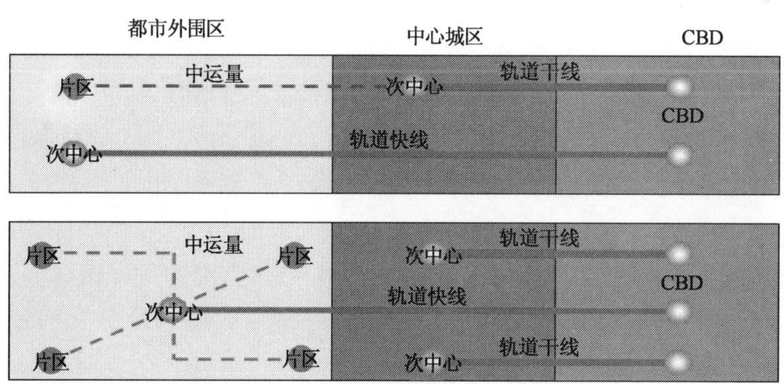

图 4-11 中等运量公交系统功能定位示意图

①延伸：对于城市外围区域，以轨道交通网络为核心向纵深扩展，构建一体化的大中运量骨架公交网络。

②补充：对于城市外围区域内部，覆盖相对独立的中等规模的客运需求走廊，形成对骨架公交的补充，以引导次中心的发展。

(2)与常规公交的关系

要实现常规公交与中等运量公交系统的良好衔接,重点需要处理替代、兼容和衔接三方面关系。

①替代:覆盖主要的客流 OD,保障多数人能够直达,对常规公交具有较高的替代性,是通道内常规公交裁撤的前提条件。

②兼容:在有些通道内,中运量公交系统对常规公交没有完全的的替代性,两者应在同一路段内实现路权和运营共存与兼容。

③衔接:为发挥中运量公交系统加常规公交的"1 +1 >2"效果,两种方式应实现有效衔接,方便换乘。

3. 发展策略

城市不同区域,对中等运量公交系统的需求不同,公交发展的难易程度也各不相同。深圳中等运量公交系统的发展需要从交通需求迫切性、用地条件可获得性、规划建设难易程度以及运营组织的便捷性四个方面综合考虑,充分发挥中等运量公交系统优势,构建多模式一体化便捷的公共交通系统,见表 4-7。

深圳市不同区域中等运量公交系统的适应性分析 表 4-7

因　素	中心城区	外围组团	中心城区—新城	新城内部	新城—外围组团
交通需求的迫切性	非常强	强	强	较强	弱
用地条件可获得性	难	较难	较易	易	易
规划建设难易程度	难	较难	易	易	易
运营组织的便捷性	较难	较易	易	易	易

通过对深圳市各区域发展中等运量公交系统(图 4-12)进行分析,本书认为:

(1)福田、罗湖、南山等城市中心区域,规划建设有较完善的轨道交通网络,常规公交线路也较为发达,但用地资源紧缺,不适宜发展有轨电车系统,可考虑建设 BRT(快速公交系统)。

(2)龙华、宝安中心、布吉等外围组团区域,人口规模持续扩张,通勤客流量大,已有轨道线路难以满足出行需求,因此,需要现代有轨电车等中运量公共交通公交进行延伸和补充。

(3)光明、坪山、大鹏等新区,轨道交通建设相对滞后,迫切需要现代有轨电车等中运量公共交通方式作为轨道交通的补充,以支撑和引导新区发展。

4. 概念性规划方案

结合公交客流需求和城市发展,规划建设 9 条中运量公交通道(图 4-13),以实现中心区与外围组团或外围组团之间的快速联系。

(1)中心区主轴

中心区主轴(笋岗路通道、深南路通道)联系罗湖、福田、南山,是城市主发展带,人口岗位高密度聚集,现状和规划的轨道交通难以满足客流增长需求,需要中运量系统与轨道共同承担主轴的高强度客流运输。

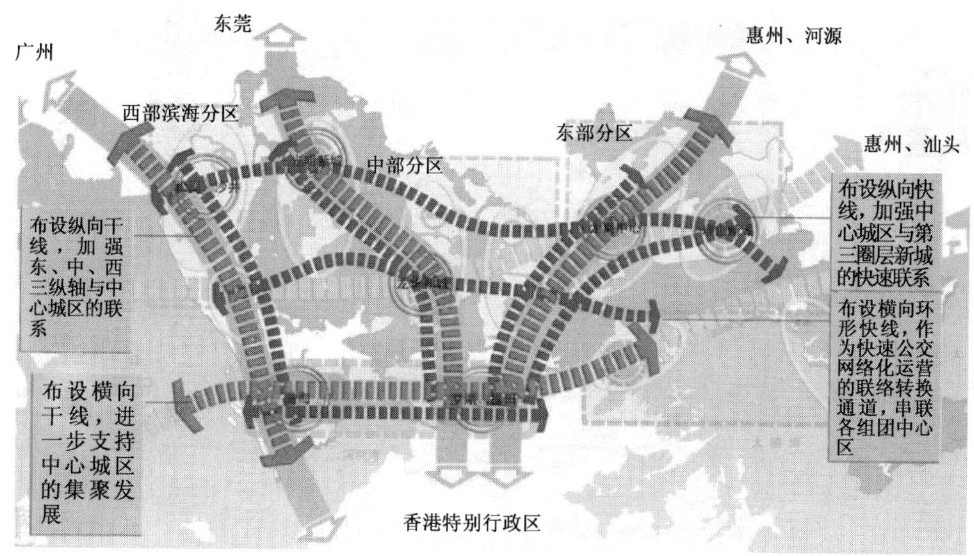

图 4-12　中等运量网络布局概念图

图 4-13　中等运量公交系统概念性规划图

(2)中部发展轴

轨道4号线仅能部分满足龙华、深圳北站等片区与中心区的联系,民治、坂田、观澜等片区客流需求难以满足。规划建设3条中运量通道,以解决轨道设施薄弱且覆盖不足的问题,实现片区内部及与中心区的快速联系。

(3)西部发展轴

仅有轨道1号线实现机场、宝安中心与市中心的联系,规划轨道10、11号线建设滞后,且难以满足通道客流需求。规划建设2条中运量通道,作为轨道交通的补充,以联系沙井—松岗、光明与中心区及沙井—松岗,光明与宝安次中心等。

(4)东部发展轴

龙岗大道通道是东部轴线往龙岗方向的主要城市发展带,人口集聚、客流强度高,轨道3、5、12号线可分担部分客流,但仍难满足需求,尤其是坪山新区作为未来城市重点发展区,急需大、中运量公共交通方式的支撑。

罗沙路通道是东部轴线往盐田方向与中心区联系的唯一通道,目前,仅规划有轨道8号线,考虑客流强度需求,需构建中运量通道,加快与中心区的联系。

第三节　多层次常规公交系统

一、深圳市常规公交发展现状

近年来,居民出行的机动化水平迅速提高,深圳市加大了公交发展的力度,公共交通的服务能力、服务水平有了明显提升,对城市和社会经济发展起到了巨大的支持和促进作用。然而,由于城市跨越式的快速发展和多种历史原因,深圳市尚未形成结构合理、发展均衡的公共交通体系。公交线网结构存在以下几个方面问题:

1. 公交线网功能层次紊乱,结构不尽合理

深圳市原特区属带状城市结构,而公交线网缺乏合理的层次,中小巴线路过长、重复过多、接驳不足。大巴线路虽然已分成普线、专线和城镇大巴三种,但大型对外交通枢纽和组团间换乘点接驳场站不足,公交线网尚未形成合理的层次。

(1)线路“同质化”,难以适应不同层次客流的需要

以往的公交规划虽将原特区内线路分为“专线、普线”,原特区外分为“一、二、三级网络”,但各类线路间只有长度的区别,没有运输特点、运送标准的差别。在实际开行中,各类线路的运营特征和服务客流对象基本相同,直接导致公交服务整体运速偏低。按照30-60-90-120时空圈测算,全市11个城市组团中,30分钟出行距离限于组团内,60分钟出行距离仅限于相邻组团边界,90分钟出行距离仅限于相邻组团内,120分钟内无法完成对全市的覆盖。

(2)缺乏枢纽作为公交线网核心和铆固点

枢纽在公交网络中起到汇集和分配客流的作用。对于个体,乘客可以利用公共交通枢纽进行换乘;对于整个公交网络,枢纽可以有效地控制整个网络的规模和提高车辆的运营效率。

深圳市缺乏换乘枢纽,公交换乘只有通过中途停靠站点进行,不仅换乘质量难以保证,而且促使公交线路在路段上集聚,诱发公交列车化现象。各层次线路间客流难以交换,线网无法依托枢纽进行组织,尤其是快线布设缺乏客流依托,难以形成层次清晰的线网结构。

2. 多数线路过于曲折,公交出行直捷性差

全市曾有75.8%的公交线路非直线系数,不满足规范要求,在起讫点相同的情况下,公交出行距离要比个体交通平均高出28.6%,公交车绕行问题突出,公交出行直捷性差。

3. 长线过多,线路服务可靠性差

在运力一定的情况下,线路长度与线路数量及运营调度水平反相关。当时深圳市很多线路过长,线路平均配车数20.5台,是香港线路平均配车数的2.3倍。相同运力下,提供的线路选择仅为香港的44%。2007年,单车日客运量仅为392人次/日,相比同等城市,深圳市公交系统运输效率偏低。同时,线路过长也影响了公交线路的调度水平,深圳市高峰期公交线路调度准点率不足15%。

4. 运力形式单一,线路通道适应性和客流适用性不佳

中小巴退出营运以后,全市公交线路只配置同一车型,特区内线路只能配置大巴车型,运力配置形式缺乏弹性,道路适应性较差。白石洲、大冲、上下沙、草埔等城中村的部分道路不适合大巴行驶,造成局部区域公交覆盖率下降。

根据测算,深圳市大巴车辆每日客运量超过600人次、小巴超过200人次才能保障运营,现状特区内所有区域的公交覆盖均依靠大巴承担,由于部分线路客流过低,企业往往只配1~2台车辆运行(如74路只配车1台),呈现"有线无车"的服务状态,客流适应性较差。

针对上述问题,为进一步提升公交服务水平,深圳市率先在国内启动"快线—干线—支线"三层次公交网络规划研究,逐步实现了"网络分层次、线路分等级、车辆分颜色",形成"三个层次、三级线网、三种颜色"的多模式、一体化公交服务体系。目前,已累计开通"三层次"公交线路425条:快线34条,干线156条,支线235条。

二、传统模式检讨

受传统公交线路规划模式的影响,我国目前多数城市公交线网同质化现象仍然存在,规划模式存在严重问题。

1. 公交线网功能层次单一

尽管三层次线网对各层次线路的运输特点和服务标准有具体要求，但实际运行中，不同层次公交线路的主要区别在其服务距离，不考虑各层次服务的客流特征，造成线网功能层次单一，服务"同质化"，未能真正形成主次有别、运能分配合理的网络结构。

2. 运输模式单一

公交运输模式通常分为"点式运输"和"线式运输"两种。"点式运输"对应高等级线路，以公交换乘枢纽为核心进行布线，提供两点间直达的快线服务，并在点上实现换乘。"线式运输"对应低等级线路，在服务区域布设公交线路，以服务区域为核心，提供沿线上下客的中速或慢速运输服务，在沿线实现换乘。两者具有截然不同的规划特征。传统规划模式忽视不同等级线路的不同规划特征，几乎所有线路都围绕着服务区域，以"线式运输"方式布设，枢纽在公交网络中不具应有的地位，后果是公交网络难以出现公交换乘枢纽，不同层次的线路呈现"同质化"的现象。

3. 按行政区划分公交服务区，不适应城市发展

深圳公交规划的公交服务区划分主要以行政区划为依据，忽略了不同区域间的融合，难以适应公交发展的需要。如原特区内罗湖、福田两区，不论是城市建设还是公交出行都已融为一体，原特区外新安—西乡、龙华—坂田等区域间也已经形成了一体化公交出行。由于行政区划在地理尺度上不能满足线路的合理布设长度，导致原特区外的支线，往往因无法获得足够的客流支持，只能通过绕行方式，在有限空间尽可能延长线路长度来获取客流。

4. 对公交换乘枢纽功能认识不足

枢纽是乘客在不同交通方式之间、公交内部不同层次线网之间的转换点，在交通网络中起到汇集和分配交通流的作用；对于整个交通网络，枢纽可以有效地控制整个网络的规模和提高运营效率。枢纽应当与主要的客源发生/吸引点紧密结合，成为整个公交线网重要支撑点和铆固点。以往规划过于强调枢纽的车辆停放功能，没有将公交换乘枢纽作为整个公交线网的组织核心，导致枢纽与主要的客源发生/吸引点结合不紧密，枢纽功能丧失。由于过多地强调停放功能，大大提高了枢纽对用地的要求，公交换乘枢纽往往设置在城市组团边缘，远离大型客流集散点，实际上起不到集散客流、支撑线网的功能，不利于三层次公交网络的构建。

三、多层次公交线网模式

为建立与居民出行需求相适应的公交服务，与城市发展特征相适应的公交网络，深圳市提出了分级分区的三层次网络规划模式，见图 4-14。

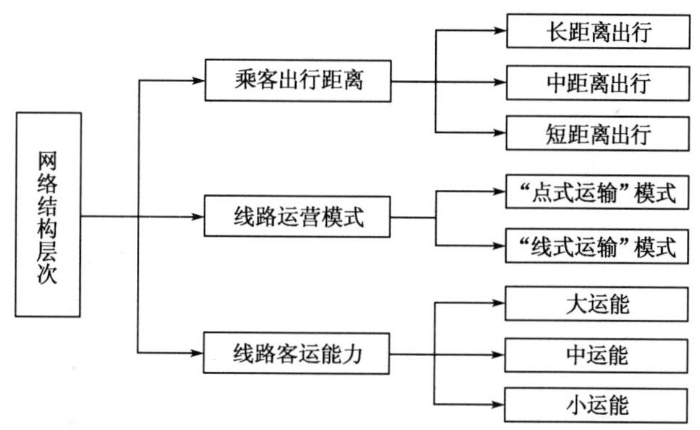

图 4-14　公交网络结构层次图

1. 规划理念

面对多样化的交通需求,要建立竞争力超过小汽车交通的公共交通系统,需要细化公交内部分工,为不同特征的乘客提供相应的、高效率的公共交通服务。针对不同的交通需求提供差别化的公交服务,是公交线网优化的核心思想:对公交线网进行合理分层,实行不同的运送标准。

其特点是:

(1)以公交需求为基础,围绕着公交服务区(城市组团)和客流集散中心确定公交换乘枢纽。

(2)以枢纽为核心,布设具有"点式运输"特征的高等级公交线路,确保各组团间长距离的快速联系。

(3)以公交服务区作为分析"面"的基础,构造具有"线式运输"特征的低等级公交线路。

(4)最终形成"点—面"结合、层次分明的城市公共交通网络(图 4-15)。

通过建立分层分级的公交网络服务模式,"线路分等级、网络分层次、车辆分颜色",形成"三个层次、三级线网、三种颜色"的公交网络,实现公交服务的六个转变。

(1)客流服务模式的转变(图 4-16):从服务所有客流向服务具体的特定客流转变。其中,"快速干线"服务"长途客流","中慢速普线"服务"中短途客流"。

(2)网络组织形态的转变:由线网服务功能混杂向分区分层、"点—面"结合的服务模式转变,见图 4-17。

(3)换乘模式的转变。以路段换乘为主的模式逐渐向枢纽集散的模式转变,见图 4-18。

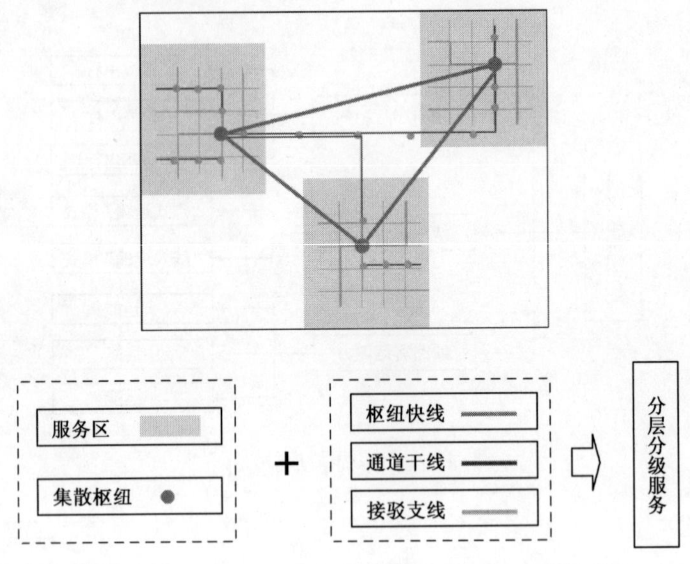

图 4-15　点、线、面层次分明的运输模式示意图

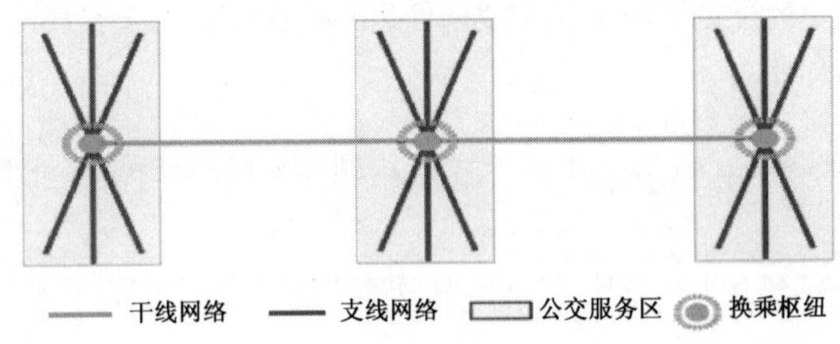

图 4-16　客流服务模式转变示意图

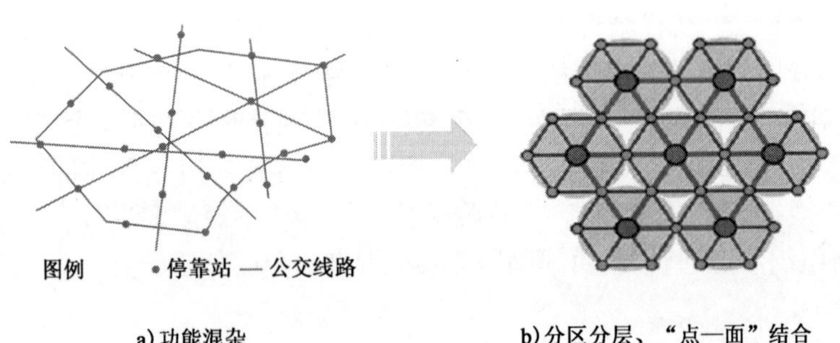

图 4-17　“点—面”结合示意图

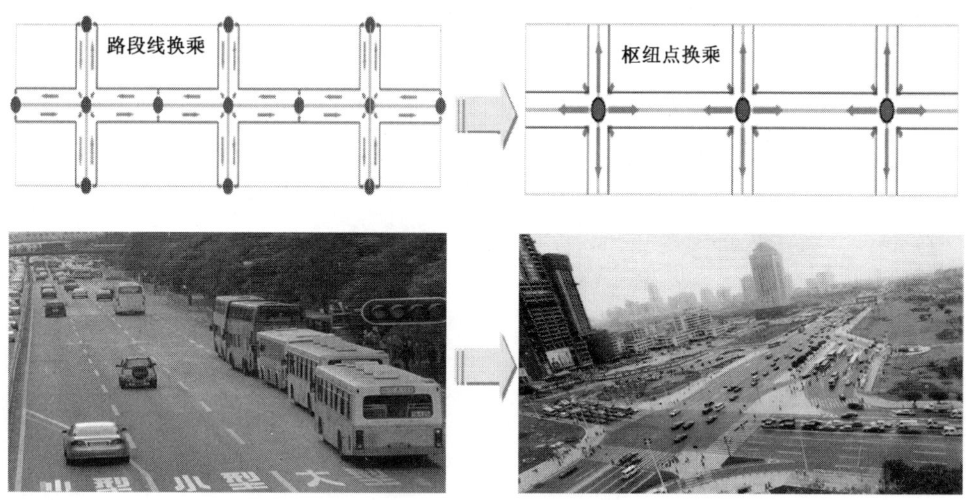

图 4-18 枢纽点换乘示意图

(4)运力资源分布形态的转变。由现状干线网络线路密集而支线网络线路稀疏的形态向均衡发展形态转变,见图 4-19。

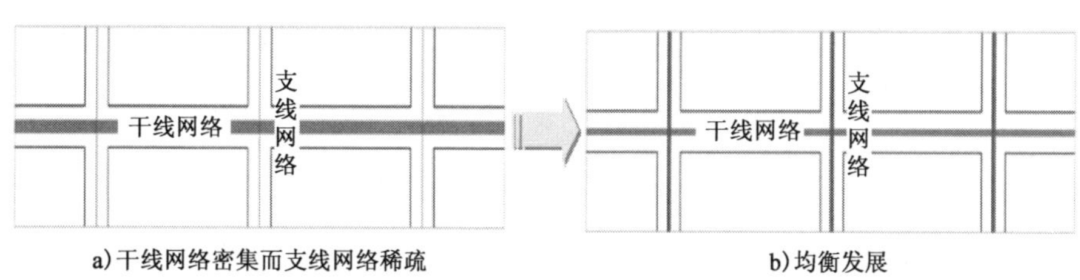

a)干线网络密集而支线网络稀疏　　b)均衡发展

图 4-19 均衡网络示意图

(5)运送速度模式的转变:运送速度由单一运速模式向"快—慢"结合模式转变,见图 4-20。

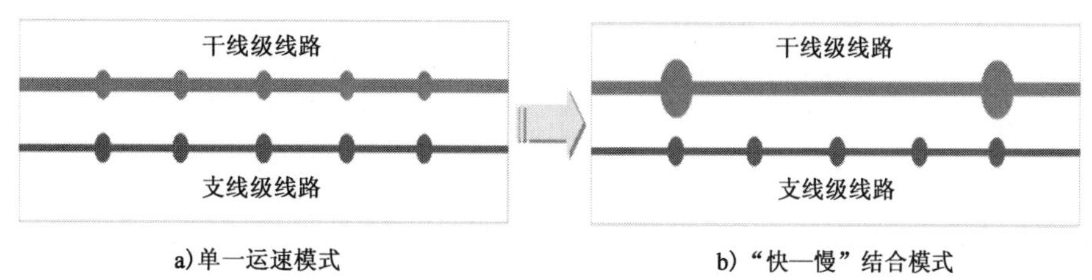

a)单一运速模式　　b)"快—慢"结合模式

图 4-20 "快—慢"结合模式示意图

(6)功能标志、标识系统的转变:功能标志、标识系统由单一、呆板向丰富多样、形象鲜明转变,见图 4-21。

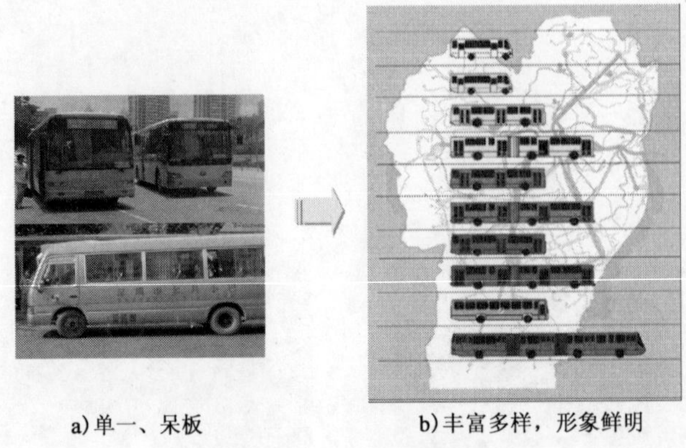

a）单一、呆板　　b）丰富多样，形象鲜明

图 4-21　丰富的公交标识

2. 构建策略

(1)网络策略

以行业特许经营为契机,实践“分区分级”的网络规划理念,逐步引导线网向理想形态转变。主要从以下三方面进行:

第一,以公交需求为基础,围绕着公交服务区(城市组团)和客流集散中心确定公交换乘枢纽。

第二,以枢纽为核心,布设具有“点式运输”特征的高等级公交线路,确保各组团间长距离的快速联系。

第三,以公交服务区作为分析“面”的基础,构造具有“线式运输”特征的低等级公交线路,最终形成“点—面”结合,层次分明的城市公共交通网络。

(2)空间策略

以“分区分级”为依据,对空间各圈层实施差别对待,以适应不同圈层发展需求。

第一,对于次区域中心,主要通过搭建公交快线骨干网络,优化公交网络结构,改善公交运行效率,提升服务质量,尤其是跨原特区通勤出行的公交服务质量。

第二,对于偏远区域,采取灵活的支线发展模式,提高支线适应能力,改善公交覆盖水平,使之与上级网络协同发展,提高区域的空间出行可达性。

(3)规划策略

与外部条件的改善紧密结合、务实规划,确保近期规划方案易于操作、便于落实。以外部条件的改善为突破口,紧扣道路、场站、政策、法规的近期改善工作,在确保可行的情况下,制定具有针对性和可操作性的改善方案。

以规划意图为前提,刚柔相济,重点突破,逐步优化干、支线公交线网,规范公交网络运营。一方面,强力推行枢纽及专用道建设,优化干线网络结构、规范干线网络运营;制定支线网络发展规范,在符合政府规划意图的前提下,鼓励支线发展走市场化道路。另一方面,针对关键路段、关键区域实施重点突破,做到规模可控、难度可控和时间可控。

(4)实施策略

线路新增为主,调整为辅。公交路线应保持长期稳定性,在规划功效没有得到充分检验前,不宜对现有线路进行过多调整。线路实施应以新增线路服务为主,以新增资源作为既有线路、运力调整的前提。

先易后难,循序渐进。线网的实施应兼顾现实条件,先易后难,进行多批次、少批量的实施,通过多次调整,力求公交网络结构相对于既有网络有所优化,通过利益博弈,在不能一次达到最优方案时,以次优方案推动最优方案的实现。

创造契机,突破票价。在不改变现有公交票价的定价体系基础上,从换乘优惠票价方面寻求突破,即进一步加大公交票价换乘优惠的力度,力争消除换乘增加费用。通过实验的方式,体现一体化票价政策的比对效应,以此来逐步推进大体系的不断完善。

四、深圳多层次常规公交系统规划建设实践

1. 建设目标

建设多层次线网的目标是:丰富公交服务类型、改善公交出行质量、提高公交服务在各种交通方式中的竞争力和吸引力,满足市民差异化、多层次、高品质公交出行需求。

具体目标如表 4-8 所示。

规划服务指标表　　表 4-8

服务指标	目标
站点覆盖率	第一圈层:300 米覆盖不小于 60%、500 米覆盖不小于 90%;第二圈层:300 米覆盖不小于 50%、500 米覆盖不小于 90%;第三圈层:300 米覆盖不小于 40%、500 米覆盖不小于 80%
候车时间	高峰期小于 5 分钟
换乘距离	地铁与公交换乘 150 米以内,公交内部换乘不超过 300 米
运送速度(高峰期)	快速干线 40 ~ 60 公里/小时,普通干线 25 ~ 40 公里/小时,支线 16 ~ 25 公里/小时

注:第一圈层以罗湖、福田为中心的原特区;第二圈层为(龙华、民治、坂田、布吉等)靠近第一圈层的原特区区域;第三圈层为龙岗、观澜、福永等深圳北部区域。

2. 规划方法

多层公交线网规划流程如图 4-22 所示。

对公交 OD 矩阵按照不同层次公交优势出行距离进行分层,划分为三层次公交需求量。按照客流量大小和特殊需求设置不同层次公交起终站点;对第一层次两两起终站点间布设线路,形成备选方案,选取最短路作为线路最佳走向,从而构成第一层次公交网络;在推算第一层次公交换乘量及在第一层次公交线路布局基础上,判断换乘量的出行

方向,修正其他层次需求的公交 OD 矩阵;对第二层次两两起终站点间布设线路,形成备选方案,进一步选取最短路作为线路最佳走向,形成初步的第二层次公交网络,同时可以考虑连接重要公共基础设施的第二层次环线公交,并通过一系列的限制、修正措施,对初步形成的线网进行优化、调整;根据第三层次公交 OD 矩阵及公交覆盖空白区布设第三层次公交线路,包括环形公交支线;最后,对全网的公交乘客 OD 量进行分配,并对线路各断面的流量及站点流量进行检验;最后输出规划的多层次公交网络。

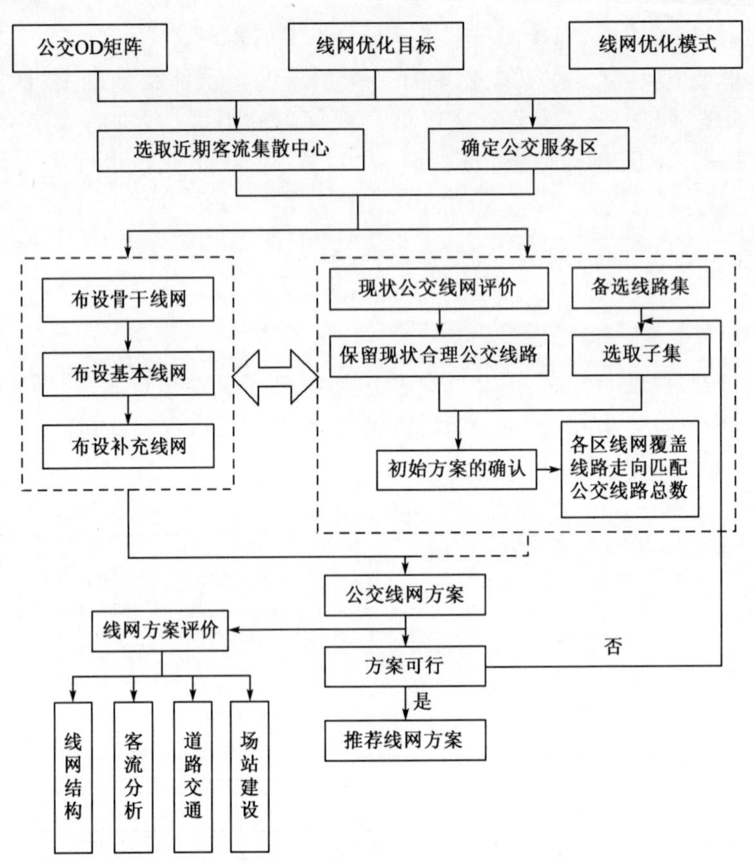

图 4-22 线网规划流程图

3. 公交服务区划分及客流走廊分布

根据一体化的用地开发、合理的空间尺度、满足各层次网络运营要求的划分原则,将深圳市按照城市组团划分,划分为 11 个公交服务区,分布在全市范围内,分别是中心区、南山区、盐田区、中部物流区、中部综合区、龙岗中心区、东部工业区、东部生态区、宝安中心区、西部高新区以及西部工业区,如图 4-23 所示。

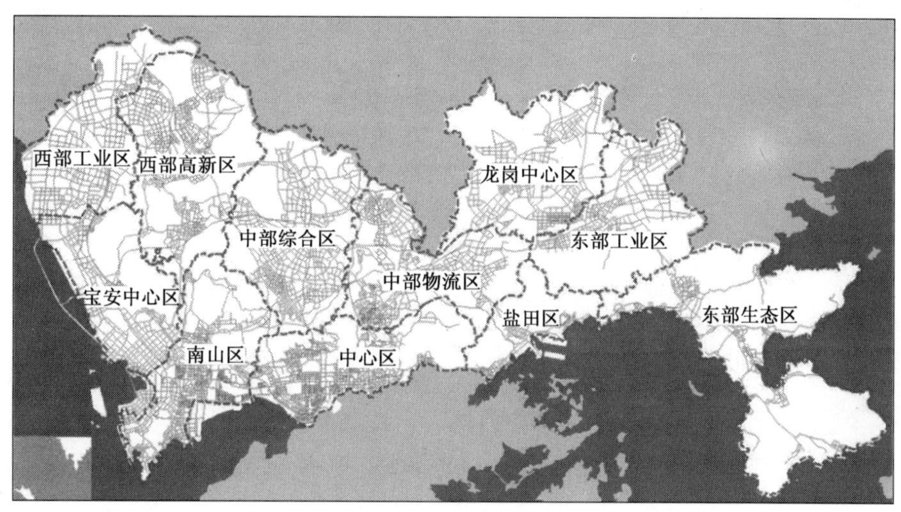

图 4-23 服务区划分示意图

通过对深圳市主要道路上的公交线路及客流分析后发现,深圳市公交主要客流走廊呈"一横三纵"分布,见图 4-24。

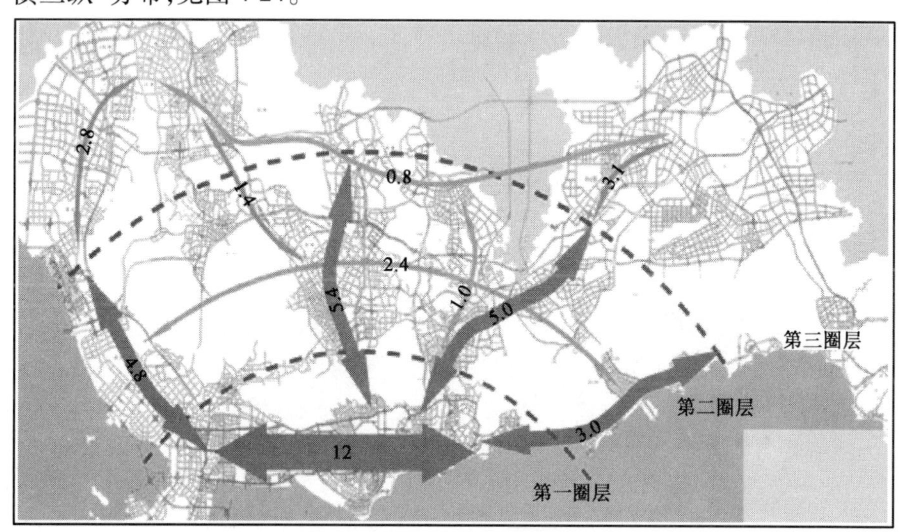

图 4-24 深圳市客流走廊分布图

与此同时,按线路可运营考虑,在现有 OD 分布中,选择高峰时段公交客流量大于 300 人/小时的 OD 出行区域作为搭建快线网络的客流分析基础,得到深圳市公交出行 OD 分布,见图 4-25。

4. 近期公交快线优化

近期公交快线规划的方法如下:

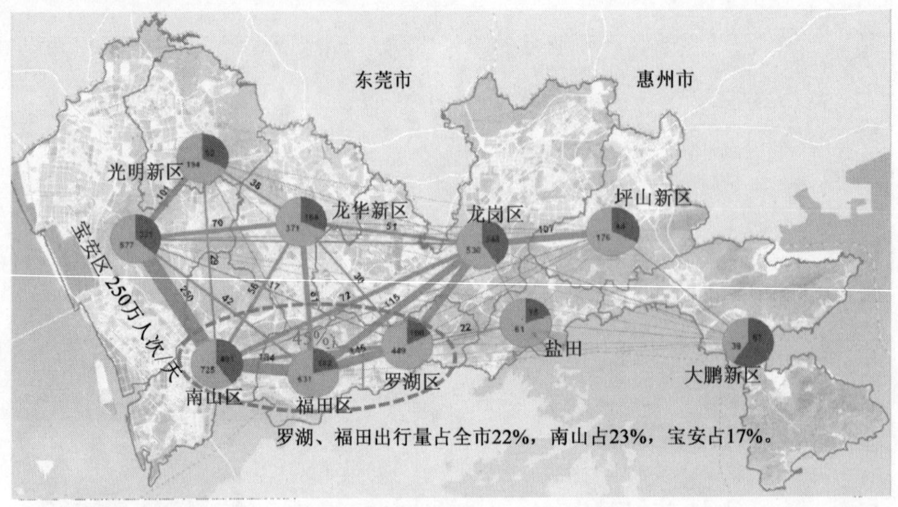

图 4-25　深圳市公交出行 OD 分布图

(1)结合深圳市各服务区布局,按照各区之间均有快线联系的设想,形成抽象的理想快线网络,进而根据目前全市各主要干道交通运行情况,选取高峰时段公交客流量大于1.0 万人/小时的 OD 出行区域,作为搭建快线网络的基础,根据组织公交快线对道路网络的要求,选取深圳市现有高快速路网及部分干道,确定布设快线的可行路径网络。深圳市理想公交主骨架布局见图 4-26。

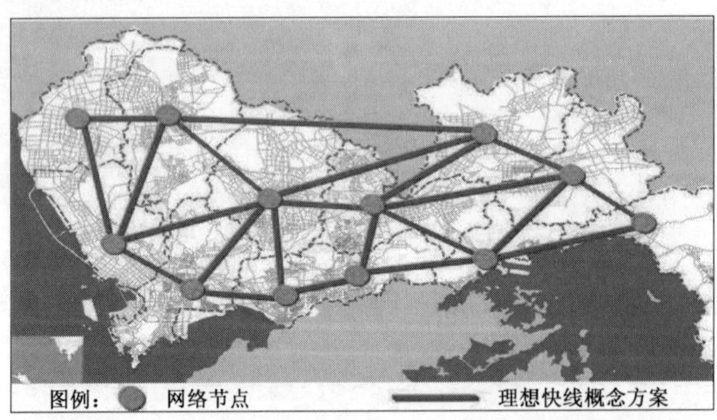

图 4-26　深圳市理想公交主骨架布局

(2)根据目前全市各主要干道交通运行情况,筛选交通条件较好的快速通道。

(3)以客流需求合理网络为基础,将快线可行路径网络与客流需求网络进行叠加、拟合,得出深圳市近期公交快线的可行网络布局,见图 4-27。

5. 近期公交干线优化

随着人口由原特区内向城市第二圈层和第三圈层转移趋势继续增强,光明新区、坪山新区的跨越式发展引发新的客运需求。原有客流通道进一步强化,“三轴两带”的客运走廊流量成倍增长，并逐渐形成新的跨区客流通道。

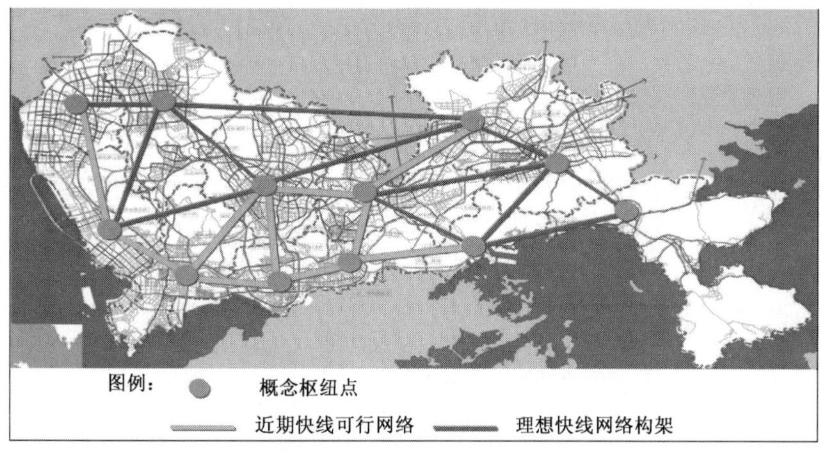

图 4-27　近期快线概念性网络骨架方案

近期规划干线覆盖原有的东、中、西跨二线关线路，为布吉关—深惠路、梅林关—坂田、梅林关—龙华、宝安大道四条公交走廊，包括往三圈层延伸的公交走廊、原特区深南路/笋岗路东西向公交走廊，提供与主要公交走廊客流需求相匹配的运能，同时覆盖新增的次级公交走廊，见图 4-28。

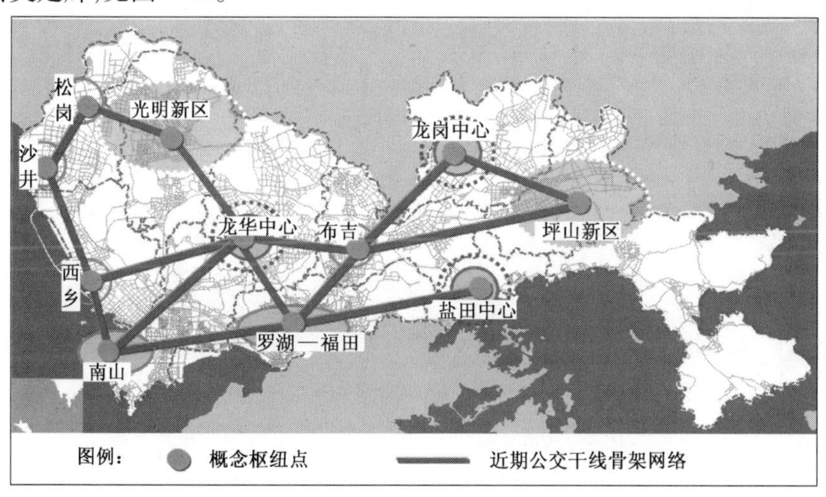

图 4-28　近期干线概念性网络骨架方案

6. 近期公交支线优化

深圳市公交出行密度较低的区域主要包括如下四大类：

第一类：外围道路转向条件差，公交线路难以进入内部区域，对外出行困难，如福永街道片区。

第二类：位于城区边缘，对外联系道路稀少，难以满足对外多方向出行需求，如坪山街道片区。

第三类：地块较大，内部路网条件差，小巴退出后，内部覆盖不足，如观澜街道片区。

第四类：新规划建设的居住区和工业区，如光明街道片区。

支线的运营模式主要采取“定线小巴”和“不定线小巴”两种模式。其中，不定线小巴，可在指定区域内根据乘客需要灵活安排路径。从生态环保的角度考虑车型选择，宜选取电动车(8～12座)。

以深圳福永街道公交支线布置为例：

福永街道建设用地总面积约66平方公里，总人口76.6万人，街道除机场、水域、旅游、水源用地外，主要为工业用地，随着近年来企业的加速进驻，区域公交出行需求进一步增大。

随着原特区外城市化以及全市一体化进程不断推进，原本主要依靠城乡公路的客运交通模式，要求按城市核心区公共交通服务水平进行替代，对公共交通整体服务水平提出了更高的要求。受历史欠账影响，在现有人力、物力条件下，难以在短时间内大幅提升福永街道公共交通服务水平，加上街道目前仍存在不少低密度开发区域，既有公交服务模式难以有效适应相关区域出行需求。由于部分区域乘客公交出行需求无法满足，大量非法营运出现，既影响正常营运秩序，也存在极大的安全隐患。

根据福永街道实际情况，深圳为福永街道规划了小型支线巴士线路5条，计划配置运力32台，见图4-29。借鉴国内外部分城市经验，对客流、道路条件的适应性进行分析，推荐使用车长6米以下、可站人的小型巴士车辆。

图4-29　福永街道公交支线方案图

第四节 定制公交系统

伴随社会经济的发展、居民可支配收入的提升，居民出行需求已向改善型演化。市民出行需求多元化和公交服务模式单一的矛盾突出，大力发展多元化公共交通已成城市交通发展的必然趋势。

定制公交是提供改善性出行服务的公交产品，承接可能从轨道、常规公交流失的客流，是巩固公交分担率的交通结构调控工具，其特点表现为：

(1)提供共乘服务，不排他(区别于的士、类似常规公交)。

(2)提供中快速、高频率、纵深覆盖、有座服务(区别于常规公交)。

(3)强调定点服务，可视道路条件灵活变更路径(不得甩站)。

(4)相对较高的票价水平(高于常规公交、低于的士)。

(5)品牌形象自成体系(区别于其他公交方式)。

一、深圳市发展定制公交的原因

伴随居民可支配收入的持续增长，出行成本对居民选择出行方式的影响日益降低，越来越多的出行者更加关注出行方式的服务品质。另外，在特区一体化发展背景下，居民出行距离增加，乘客对出行时效性、可靠性期望更高。

根据 2013 年公共交通服务指数调查结果，深圳市乘客对公共交通出行时耗、车厢舒适度(满载率)、换乘次数、步行时长、候车时间等期望较高。

(1)出行时耗在 60 分钟以内占 82%。

(2)期望一次直达比例达 85%。

(3)步行时长在 15 分钟以内占 69%。

(4)候车时间在 15 分钟以内达 85%。

(5)准备年内购车人数占 6%。

(6)存在潜在购车意愿人数比例达到 20%。

具体比例如图 4-30 所示。

公共交通服务难以满足中高端市场的改善性需求，缺乏能够与小汽车和非法营运车辆竞争的巴士服务。

(1)公交产品链条存在缺口，改善需求难以满足

目前，深圳市现有公交服务产品中，中高端服务相对薄弱，改善性需求持续流失。已有的高峰快线巴士采用以大站停靠、主干道上通行的运营模式，受外部干扰大，常出现公交不准点、候车时间长、乘车拥挤等现象，严重影响其服务质量。与小汽车相比，在舒适性、安全性、便捷性等方面不具竞争力，难以满足较高收入人群定时定点定线、快速直达的个性化出行需求。公交服务产品性价比见图 4-31。

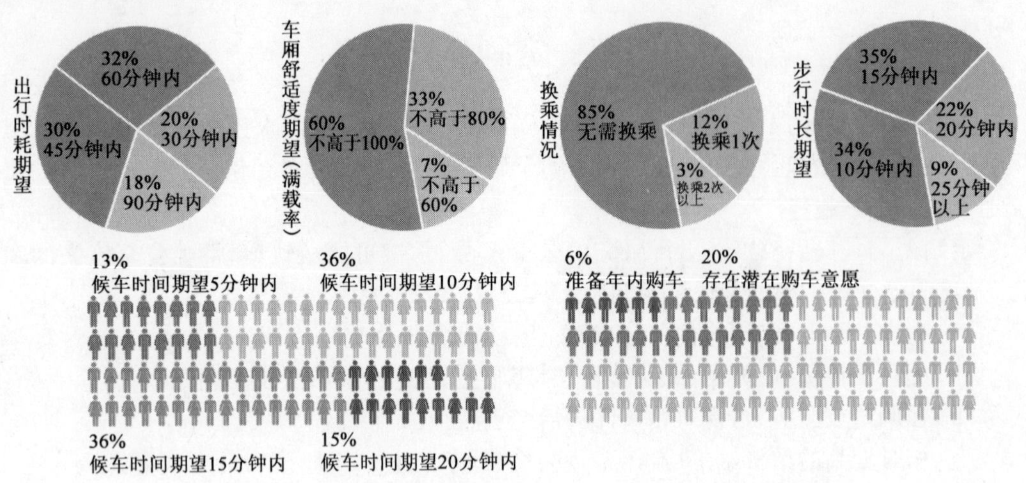

图 4-30 公共交通服务指数调查结果

有需求就会有供给,这是市场经济的基本规律。面对公交改善型需求,由于非法营运公交较小汽车和出租汽车的价格更低,在既有公共交通没有合适方式补充的情况下,对于高收入人群,非法营运(如:黑大巴、蓝牌车)会乘虚而入,提供一种相比常规公交更高价格、更优服务的运输方式,来占据这一层次的公交改善型需求市场,见图 4-32 和图4-33。

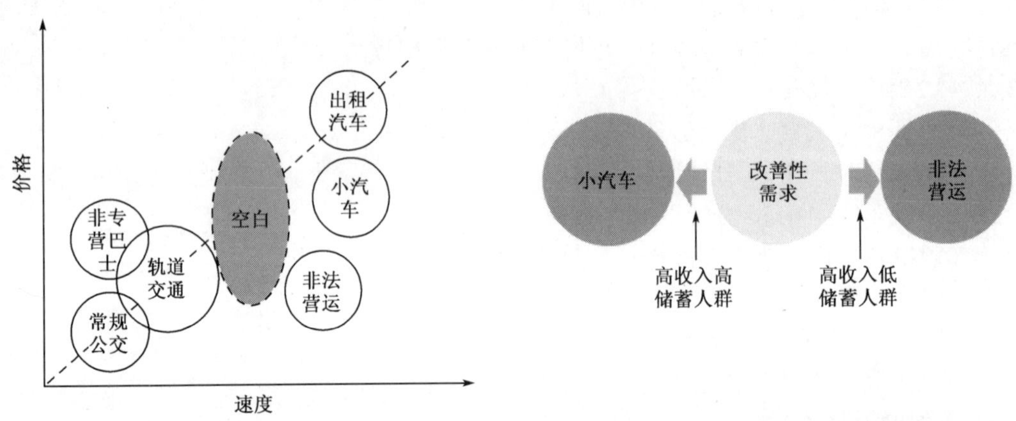

图 4-31 公交服务产品性价比示意图

图 4-32 公共交通产品链现状示意图

小汽车的使用费用包括油耗、停车费、保养费用、过路费等,各种费用折合后约 2 元/公里;出租汽车费用起步价为 10 元/2 公里,每增加 1 公里收费 2.4 元,另外,收取燃油附加费 3 元;非法营运大巴一般收费价格为 4~15 元。从图 4-33 可明显看出,在我市平均出行范围(约 15 公里),小汽车、出租汽车价格高于非法营运大巴,对于高收入人群来讲,小汽车、出租汽车的费用较高,在一定时间内更倾向于选择非法营运车辆出行。

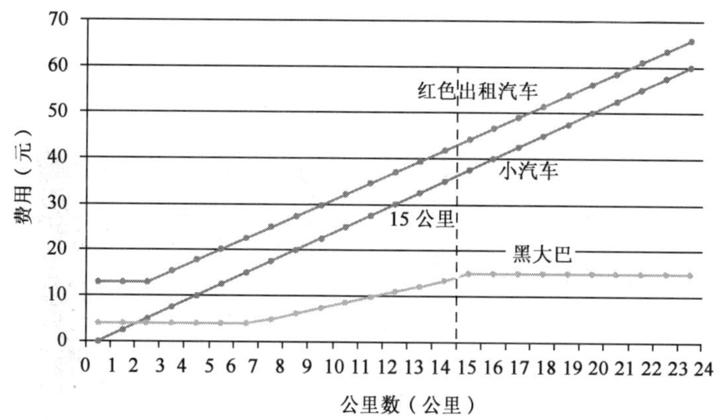

图 4-33　三种交通方式费用对比图

(2)改善型需求流失,公交分担率面临挑战

改善型需求流失,公交分担率难以提升。公共交通与小汽车的竞争,其核心就是对改善型需求人群的竞争。从价格层面来讲,公共交通面向的是中低收入人群,而个体交通偏向中、高端收入群。收入能力较高的人群具备从公共交通转向个体机动车交通的条件,而其他对票价敏感,收入能力较低的人群则不具备这个条件。因此,各种交通方式竞争的核心在于对有选择交通方式能力人群的竞争。

根据公共交通服务指数调查:现状全市 988.4 万人次/日(2013 年 3 月统计月报)的公交出行需求中,约有 20% 的公交出行乘客意愿在未来购买小汽车,6% 的公交出行乘客预计在未来 1 年内购买小汽车(约产生 58.6 万辆小汽车),以满足日常出行的品质要求。这些数据同样表明,改善型需求的转移是公共交通分担率难以提升的原因。

公共交通在轨道二期建成初期,公共交通客流量可分为新增客运量、诱增客运量和转移客运量,由于三者的同时增长,公共交通客运量持续上升,公交分担率由 45% 提升至 53% 。但在轨道运营稳定后,诱增客运量基本停滞增长,并且大量客流(年均6%)由公共交通体系转移至个体交通,在这种情况下,公交分担率的提高很难持续。

二、经验借鉴

1. 香港公共小巴

(1)发展概况

香港的公共小巴起源于 20 世纪 70 年代,至今运营数十年,主要服务于屋村与轨道站点、主要岗位聚集区、主要商业服务区之间。目前,全港拥有 4327 辆公共小巴(图 4-34),其中绿色专线小巴 1620 辆,分布在 230 条专线,日均客运量 72 万人次;红色小巴 2070 辆,日均客运量 100.7 万人次。公共小巴日均总载客量 172 万人次,占全港公交客运量的

17%。

图 4-34　香港公共小巴

(2)主要特点

①联系屋村与主要的轨道站点、岗位聚集区、主要商业服务区,面向中、长途通勤出行需求,提供快速、高效的公共交通服务。

②公共小巴提供有座服务,不设固定站位、班次。

③红色小巴采取不定线运行,门到门的运营模式。

④可以在(除禁区外)任何地方上下客,且可提供等候服务。

⑤价格略高于香港普通的常规公交价格。

香港公共小巴作为公交和轨道交通的辅助及接驳工具,以其弹性灵活的特点,成为公共交通的重要组成部分,深受香港市民的欢迎。

2. 香港非专营巴士

(1)发展概况

专利巴士经营企业共有四家,拥有行车线路 469 条、4467 辆车,其中,多为双层巴士和部分空调巴士,日均载客量 340 万人次,占全港公交客运量的 34%。香港非专营巴士见图 4-35。

(2)主要特点

①第一,高峰期间弥补公共交通的不足

高峰期间服务于专营巴士线路,弥补专营巴士在高峰期间的不足,同时为特殊人群提供服务,包括游览服务、酒站服务、学生服务、雇员服务、国际乘客服务和合约式出租服务等。

②第二,提供社区服务

由于道路条件、车型等限制,在香港专营巴士和公共小巴无法覆盖的大型居住社区及屋村内,非专营巴士提供高频率社区服务。

图 4-35 香港非专营巴士

香港非专营巴士作为公共小巴和专营巴士的重要辅助形式，以其规律性、潮汐性强的客流服务特点，充分发挥了对公共交通体系的弥补作用。

3. 新加坡精品巴士

(1)发展概况

新加坡地面公交系统包括干线、支线、镇内线、特快线路、高价服务线路(“精品”巴士见图 4-36)等多种公交服务产品，见表 4-9。

新加坡公交服务产品 表 4-9

经营种类	简　介
干线	长距离的服务，连接各城镇与工业区和市中心区
支线	短距离线路，为新城镇的居住区的通勤者提供与城镇中心及附近换乘站点、地铁站点的衔接服务
镇内线	在巴士支线的汇集点，为城镇内的各社区间提供直达联系以及运送乘客至巴士换乘站及 MRT 站点，加强镇内出行联系，减少社区间出行换乘
特快线路	大多连接距离比较远的两个商贸或是居住中心，通常线路会比较直，相对比较节省时间
精品巴士	提供更为直接和舒适的公交出行

(2)主要特点

①来往于机场、酒店、枢纽之间，为高端出行人群提供服务。

②“精品”巴士停站次数少，一般停靠 2 ~ 3 站。

③票价高于其他经营种类，车程时间较相同公交线路可缩短约 20%，车费则高出至少 50%。

图 4-36 新加坡“精品”巴士

④提供有座服务，确保每个乘客有座位，且

车辆均选用空调车。

新加坡精品巴士通过提供更优质的服务吸引开私家车的高端乘客转乘“精品”巴士，取得一定的效果。

4. 北京定制公交

(1)发展概况

2013 年 9 月份，北京公交集团首批“量体裁衣、按需而设”的定制公交平台正式上线运行，见图 4-37。至此，北京公交迎来了继 BRT、短线公交之后的另一种创新运营模式，主要为自驾车或乘坐出租汽车通勤出行的市民，提供低碳环保的通勤出行服务。

图 4-37　北京定制公交车辆

(2)主要特点

①一站式直达

定制公交是从小区到单位，从单位到小区的一站直达公交，但某些大型社区可能会设置不止一个停靠点。比如回龙观社区分几个区，商务班车可能会选择几个停靠点接送乘客，之后就会一路不停车地直达目的地。

②一人一座

在网站上选定好线路之后，乘客就要先在线预付一个月的费用。网络预订线路平台的推出，乘客选线、付费都在网上，可以保证乘客在一辆车上有一个固定座位。

③价格高于常规公交

定制公交的价格:20 公里往返为 15 元，可行驶公交专用道，同样，里程开私家车成本约 45 元，打的价格大概为 100 元，见图 4-38。

目前，北京已开通“参与出行需求调查”，人数达数万人次。总体而言，高端人士的参与热情较高。

5. 青岛定制公交

(1)发展概况

2013 年 8 月 15 日，青岛交运集团旅游公司在全国率先开通了两条“定制公交”线路，见图 4-39。

图 4-38 常规公交、出租汽车、小汽车费用对比

图 4-39 青岛定制公交

（2）主要特点

①定点、定线。首先开通“定制公交”需求调查平台，在平台上接受报名，收集和处理乘车方向、站点、时间等信息，根据乘客出行需求和客流情况设计出行车线路。

②定车。根据实际定制客流量，选择座位数目不等的豪华旅游车辆。

③定时。根据定制乘客的出行需求，制订发车时间。

④定价。根据与乘客达成的《定制公交乘车服务协议》，乘客所需交纳的服务费用为12 元/（人・天），按月收费 264 元/（人・月）。

⑤定人。在每月 20 日前以现金方式预交次月服务费，即可获留次月服务座位。即使没有乘坐，座位依然保留。

定制公交开通后，受到青岛市民追捧，报名人数不断攀升，现已达到 2500 余人。目前，新线路正在规划中。

6. 对深圳的启示

发展高端商务定制公交主要是吸引改善型需求客流。改善性需求的产生仅与距离相关，随着距离的增加，常规公交服务与小汽车的服务落差就会迅速扩大，因此，上述案例面对中、长距离出行的服务产品，往往获得较好的效果，不仅包括香港公共小巴、非专营巴士、新加坡精品巴士等，还包括日常的机场巴士和枢纽、口岸巴士。

对于社区公交，由于线路较短，对于改善型需求的迫切程度并不明显。因此，对于短程的社区公交,社区公交对于高端人群的吸引较弱,更多价值体现为短程接驳,作为常规公交体系、轨道交通体系的补充以及在公共交通不便开行区域,作为对公共交通的弥补。社区公交对于公共交通分担率的提升和改善型需求向个体交通转移问题,并没有得到很好的解决。

因此,深圳市在未来高端商务定制公交的发展过程中,要着重针对长距离改善性需求,提供往来于大型居住社区、商业聚集区和主要工作岗位区之间的快速、可靠、有座、舒适的长距离服务。

三、深圳市定制公交发展实践

1. 功能定位

1)主要功能

创新公交服务新品种、完善公交服务产品链,提供与改善性出行需求相适应的公交服务,巩固既有客流市场、吸引个体交通回流。

2)次要功能

配套公交行业改革工作,通过发展定制公交开辟新的运输市场。

2. 发展策略

1)目标市场

城市主体出行需求见图4-40。

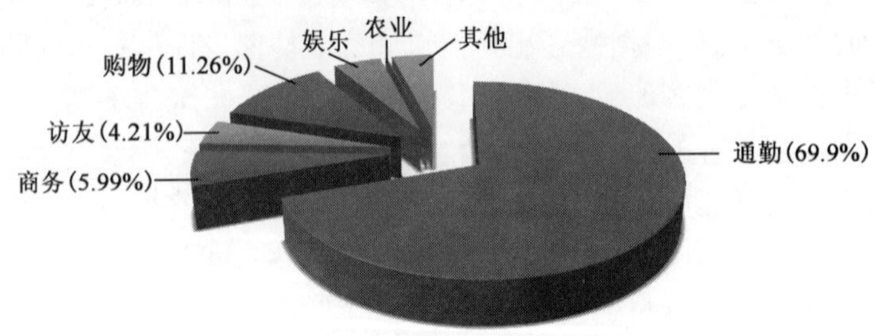

图4-40　城市主体出行需求图(2013年深圳定制公交规划调查资料)

(1)主要市场

城市定制公交的主要目标市场为白领通勤出行需求(高尚社区上下班通勤出行),侧重对居住区与工作岗位区的覆盖和串联。

(2)次要市场

次要市场主要是针对商务出行,包括城市组团间商务、办事出行等。侧重交通枢纽、组团中心与市一级行政中心、商务商业中心等区域的覆盖和串联。

2)服务特点

(1)常用的线路运营模式

线路服务模式将很大程度上决定定制公交对市场需求的契合程度，选择合适的线路服务模式，是城市定制公交成功与否的基础条件。通常的线路服务模式包括：定点模式、定线模式和非定线定点模式，见表4-10。具体如下：

三种运营模式比对分析表　　表4-10

运营模式	优　点	缺　点	实施难度
定点模式	快速直达，运营组织灵活、简单，时效性可控	市场响应要求高，市场培育时间较长，市场发展空间有限	低
定线模式	线路明晰、乘客认知度较好、运营管理操作简单	市场培育时间较长，市场发展空间有限，容易对常规公交市场产生冲击	低
非定线定点模式	运营组织十分灵活，市场适应能力强	需搭建需求供应平台，市场监管难度大，难以界定与旅游包车客运服务方式关系	高

①定点模式

定点模式即规定线路的停靠站点（配客点），根据需求、交通路况等实际情况，自行选择站点间的行驶路径，满足各需求点乘客的出行需求，见图4-41。

②定线模式

定线模式即按照计划固定的行驶路径，根据实际需求设置停靠站点组织运营，提供运营组织相对固定、可预期的客运服务，见图4-42。

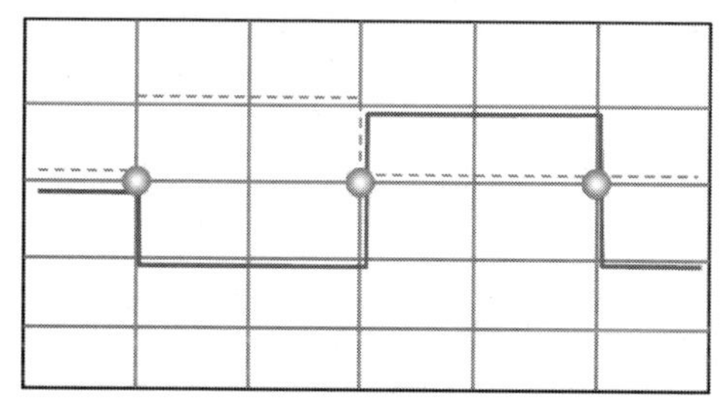

图4-41　定点模式示意图

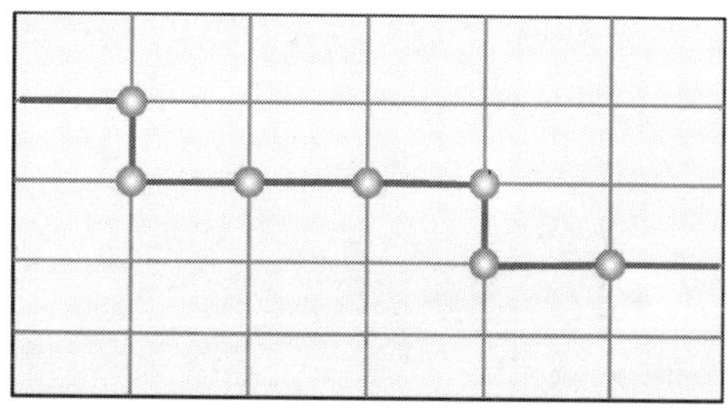

图4-42　定线模式示意图

③非定线定点模式（即根据供需双方意愿灵活组织）

非定线定点模式即不规定行驶路径和停靠站点（出租汽车运输模式），通过建立市场需求和运营企业联系平台，以市场需求为导向，根据供需双方意愿，提供可定制、可预约的合约式客运服务。

（2）城市定制公交服务模式选择

城市定制公交服务是否能够取得成功，很大程度上取决于服务是否能够及时、灵活响应市场需求，这就要求定制公交服务具有一定的弹性，具体包括以下三点：

①针对潮汐性客流，允许线路单向运营组织。

②针对道路拥堵问题，在确保不跳站情况下，允许线路临时更改路径。

③根据客流时段分布情况,可提供连续时段服务和分时段服务。

结合深圳公共交通发展现阶段背景和条件,便于企业实际操作,定制公交应避免对既有客运产品产生较强冲击,做到短期可实施。可先行试点实施定点不定线、分时段运营模式,同步结合市场供需双方意愿,由主管部门对线路运营提出始末方向、主要停靠站点及线路服务标准;企业根据市场实际灵活掌握,具体提出线路走向、站点停靠方案,对既有常规公交线路系统的影响评估;主管部门从全市发展的角度对方案进行统筹、审批。

3. 经营模式

1)常用公交服务价格机制

根据票价制定原则、基价水平、票制类型、票务政策等,形成定制公交票务政策。

(1)微利票价

香港、新加坡政府不直接给公交运营商补贴,公交企业按照自主经营、自负盈亏原则,实施微利票价。新加坡实行"用者自付"的公共交通定价原则,即票价应被低收入阶层所承受,同时票价应覆盖全成本,不通过人为降低票价而降低公交服务质量。香港公交实行"实质无增长"票价机制,即实行随通货膨胀和社会工资变动而联动的票价机制,允许巴士公司按照既定规则对票价进行调整。

(2)民生票价(低于成本的亏损票价)

轨道交通、常规公交实施民生票价政策,通过低票价,提高公共交通吸引力和竞争力,吸引更多市民使用公交出行,保障市民的基础出行需求。

2)城市定制公交价格机制选择

全面考察深圳现状公共交通方式价格体系,借鉴包括常规公交、轨道交通、出租汽车、旅游包车、机场快线等交通方式的价格机制,提出适合城市定制公交持续发展的、科学的价格机制,赋予该行业健康的"造血机制",实现行业自主经营,自负盈亏。

深圳采取政府审核监管,指导市场定价的方式,按照保本微利原则,参照客运行业其他服务产品定价规则,综合考虑市民承受能力、企业盈利率等因素,测算合理的运价费用。

建立运价与油价、CPI 指数等综合联动机制,采取年度票价听证会的形式,做到价格随着市场波动,"可加可减",定期调整。企业可通过综合考虑公司营运成本及收益的变动、市民的心理接受程度及经济负担能力、市场变化及发展趋势等因素,提出票价调价方案。

4. 线路规划标准

定制公交线路规划标准包括功能性指标、区别性指标以及引导性指标,以保障公交线网规划科学化、规范化。高水平的公交线网规划,能加强公交竞争力和吸引力,适应市民差异化、多样化的公交出行需求,且以社会能承受、财政可支撑、民众得实惠为前提。

(1)功能性指标(表4-11)

功能性指标表　　表4-11

指标项目		指标内容	备注
功能性指标	平均站距	≥2公里	为常规公交干线的2~3倍,保障速度
	长度	≤40公里	不超过连续三个城市组团的连线长度,避免线路过长,保障服务可靠性
	路径	行驶高快速路长度≥全线长度的30%	保障速度
	设站数量	单边设站≤15个(不含起终点)	兼顾速度与门到门服务

(2)区别性指标(表4-12)

区别性指标表　　表4-12

指标项目		指标内容	备注
区别性指标	站点选择	公交未覆盖区域优先开通公交,条件合适的情况下适当开行商务快巴,所停靠的公交站点不得超过线路总站点数的50%	解决覆盖空白问题应由常规公交优先承担,原公交线路改造的不列入
		与城市其他内部客运线路(含常规公交)共站原则上不超过30%(共站数量/单条常规公交线路站点数量)	定制公交站点与常规公交站点步行距离不大于300米即视为共站,此条保障两者空间形态上明显区分
		在城市中心区,单条线路总停站数量不得超过6个站	避让常规公交主体市场

5.线路规划机制

按照定制公交的功能定位和概念性设计,定制公交实行市场化运作,赋予线路资源属性(市场化定价),政府不对定制公交的盈亏负责,因此,线路规划需采取共商机制。

主管部门提出规划需求、意向方案、制定规划标准、审批最终方案;运营企业按照规划需求、实施市场调研、制订运营方案并交由政府审批,通过行业共商机制达成一致意见。规划机制见图4-43。

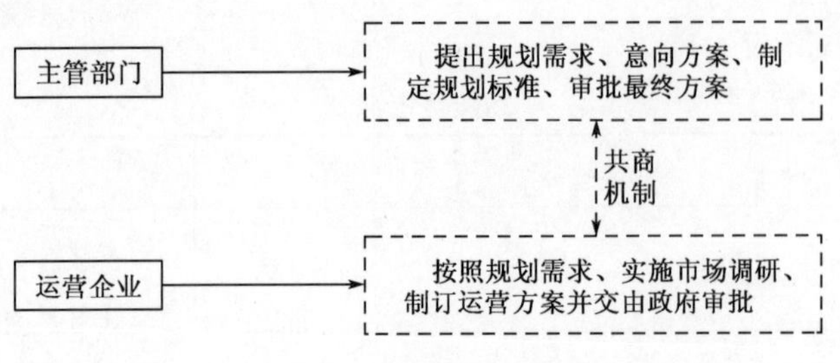

图4-43　规划机制示意图

第五节　公共自行车系统

公共自行车是一种能让一般大众共享自行车使用权的服务，是在城市内以免费或平价租赁的方式，让民众使用自行车替代大众运输或私有车辆来进行短程的通勤，以达到缓解交通拥堵、降低噪声和空气污染的目的。

一、定位分析

1. 功能定位

公共自行车发展可以从交通功能和休闲娱乐功能两方面进行定位。

(1)交通功能

接驳轨道或地面公交，形成多层次、一体化的公共交通系统。机动化的公共交通方式主要服务于较远距离出行，但车站距离目的地往往还有一段距离，特别是在主城区边缘，常常存在公交末端“最后一公里”的问题，公共自行车可以发挥其灵活、便利的优势，通过接驳实现门到门的服务。

公共自行车还服务于短距离出行，满足城市功能组团内的学校、工业园区、大型社区等区域的居民通勤、通学和生活购物的出行需求。

(2)休闲功能

服务大型旅游、休闲景区，构建自然、和谐的交通环境。在大型旅游、休闲景区建立公共自行车系统，既给游客提供一种环保的交通工具，又能满足居民的休闲、娱乐、健身需求，提高市民的生活品质。

二、公共自行车发展模式

1. 公共自行车典型发展模式

目前，国内外城市公共自行车的运营模式主要有四类，包括政府投资，国企建设运营模式；政府投资建设，购买运营维护服务模式；企业投资建设运营，政府购买服务模式；企业投资建设运营,政府给予企业资源,自负盈亏模式。

(1)模式一——政府投资,国企建设运营模式(代表城市:杭州)

杭州市辖区面积约为3068平方公里,市辖区人口约为409.5万人,属于亚热带季风气候,春秋两季气候宜人。城区地势平坦,大部分道路保有自行车道,其中,采用机非硬隔离措施的道路长度占84%,采用机非划线分离的占10.5%,其余混行道路长度占5.5%,为公共自行车发展创造了有利条件。

2008年5月,政府正式启动公共自行车项目。通过直接授权的方式,国有企业杭州市公共交通集团获得杭州市公共自行车租赁系统的经营权,公交集团和公交广告公司成立国有独资的杭州市公共自行车交通服务公司承担系统的建设和运营工作。

运营前期,政府投资15400万元用于购置硬件、基础设施建设以及软件开发等。首批投入公共自行车2500辆、服务点61个,主要分布在西湖景区、城西、城北三个区域。随着网点规模的不断扩大,截至2010年年底,政府共投入基建资金约3.4亿元,具体见表4-13。

杭州市政府基建投入内容及费用统计表　　表4-13

项目	构成	单位	规模	费用(万元)	小计(万元)
网点建设	站亭	5万元/个	581个	29.5	16491.5
	停车棚	2万元/个	1651个	3302	
	锁车柱	0.28万元/个	47000个	13160	
信息平台	智能收费、调度和监控系统	7万元/网点	2200个	15400	15400
设备购置	自行车	400元/辆	52800辆	2112	2112
合计	3.4亿元				

自行车服务公司的运营资金的来源是通过多渠道筹资,包括政府投入、广告收入、车辆使用适当收费等,营运亏损纳入公交系统经营亏损补贴范围,2010年,企业多经收入共6840万元,运营支出共8000万元,政府补贴1160万元,见表4-14。

2010年企业运营收支状况　　表4-14

项目	企业收入					企业支出			收支状况	
	票款收入	多经收入				系统维护及运作	人员工资	其他(含折旧)	利润	政府补贴
		广告收入	售货亭租赁	技术输出	旅游推广服务					
金额(万元)	500	2800	1040	2000	500	2000	3500	2500	-1160	1160
合计(万元)	6840					8000			0	

杭州公共自行车的主要功能分为:作中短距离的出行的交通工具;公交系统接驳的交通工具;人们休闲、娱乐、健身的工具。

为加强管理,杭州公交集团自主研发并建设了车辆管理信息系统、车辆调运管理系统、IC 卡资信收费系统、自行车停车安全视频监控系统和自行车防盗系统等现代化信息系统。

杭州的公共自行车网点分为固定标准式服务点(图 4-44)和移动便捷式服务点两种(图 4-45)。其中,固定标准服务点分布在西湖风景区、城西、城北三个区域,采用“通租通还”方式,即租车者可以在任何一个固定服务点租还车辆。移动便捷式点集中在人流密集的湖滨地区和吴山广场,采用“原地租还”方式,即租车者必须将车辆还至借车的服务点。

图 4-44　固定标准式服务点

图 4-45　移动便捷式服务点

两类服务点在收费方式和标准上均一致,主要依托公交 IC 卡、市民卡、停车 IC 卡及 Z 卡进行运营、管理。目前,杭州公共自行车租赁卡主要包括四种,即公交 IC 卡、已开通公交功能的市民卡、新的停车 IC 卡及 Z 卡。2010 年企业运营收支状况见表 4-15。

2010 年企业运营收支状况　　表 4-15

<table>
<tr><th>类　型</th><th>办 理 地 点</th><th>限制及费用</th></tr>
<tr><td>公交 IC 卡</td><td rowspan="4">已公布办理 IC 卡、Z 卡的公共自行车租用服务点;
龙翔桥公交 IC 卡发售中心办理</td><td>卡内(电子钱包区)有 200 元以上才能租车</td></tr>
<tr><td>市民卡</td><td>市民卡要开通公交功能,在市民卡各营业厅办理,开通费 25 元;
卡内(电子钱包区)有 200 元以上才能租车</td></tr>
<tr><td>新的停车 IC 卡</td><td>卡内(电子钱包区)有 200 元以上才能租车</td></tr>
<tr><td>Z 卡</td><td>本人身份证等有效证件,最多可办 5 张 Z 卡;
Z 卡里最少要存 300 元钱,其中,200 元是租用信用保证金,100 元为预存租车费</td></tr>
</table>

为鼓励市民使用公共自行车,杭州公共自行车在 1 小时以内是免费租用的,超过一小时则收取相应的费用,收费标准如下:

①租车时间为 1 ~2 小时(含),收取 1 元。

②租车时间为2～3小时(含),收取2元。

③租车时间超过3小时以上的,则超过3小时的部分按每小时3元计费(不足1小时按1小时计)。

凡乘坐公交车下车后,自从公交车刷卡起的90分钟内租用公共自行车的,租车者的免费时间可延长为90分钟,计费结算时间也相应顺延。

杭州公共自行车运营至今,取得了良好的社会和经济效应。截至目前,全市公共自行车服务系统已拥有2000个服务点,50000辆公共自行车,租赁点间距为300～400米,全年使用次数达到7000万次,见图4-46。公共自行车的作用已经从解决公交"最后一公里"拓展到通勤交通、生活购物、观光游览等多个方面,极大地优化了城市出行结构。

图4-46 杭州公共自行车和自行车专用道

(2)模式二——政府投资建设,购买运营维护服务模式(代表城市:株洲)

株洲市市区面积约为853.4平方公里,常住人口约105万人,属于亚热带季风性气候,气候宜人。城区地势平坦,大部分道路保有自行车道,为公共自行车发展创造有利条件。

株洲市公共自行车租赁系统于2011年3月11日启动建设,5月月6日投入试运行。一期建设已于2011年9月完成,建有502个租赁站点、改造13000平方米"绿道"、投放10000辆公共自行车;二期工程于同年9月启动建设,再增设500个租赁站点,再投放10000台公共自行车,将于次年3月底竣工。

据统计,截至目前株洲市已发放市民卡15万余张,正以300张/天的速度递增。目前投入使用的公共自行车,日均租还次数超过15次/台,最多的达到80多次,有的站点日均租还车达到3000余人次,全市单日租还车量最高突破22万人次;市民累计租还车次数达到2000余万人次,株洲公共自行车已逐步融入广大市民的日常生活之中。

株洲市公共自行车租赁系统采取政府全额投资的建设模式,建设、运营等全部费用纳入政府预算,由政府买单;公共自行车工程总投资预算为2.5亿元,一期已投入资金1.1亿元,用于购置公共自行车,安装智能停车柱、智能管理箱、后台管理系统、安防监控系统和土建及道路改造。

后期运营实行市场化，由工程建设中标单位广东天轴车料有限公司与株洲市国有资产投资集团按 60 : 40 的股权比共同组建株洲健宁公司，全面负责租赁系统的运营，运营期限为 5 年，运营管理成本根据政府对其的服务质量考核结果由市财政局核拨。每年的运营管理成本估计在 800 万元，基本运营管理费用按月支付，奖惩费用按年终考评支付。另外，健宁公司并在株洲建厂开发国内市场，将系统核心控制用件、公共自行车、运管模式等整体打包输出，以产业链形式盘活带动相关产业滚动发展，创造"株洲模式"。

(3)模式三——企业投资建设运营，政府购买服务模式(代表城市：上海闵行区)

上海市属于亚热带季风性气候，气候宜人。城区地势平坦，65% 道路保有自行车道，其中，"自行车廊道"约为 300 多公里，是上海自行车道的骨干。目前，上海使用自行车的人群占总人口的 70%，自行车出行比例高于 30%，为公共自行车发展创造有利条件。

上海闵行区公共自行车自 2009 年 3 月开始运营。通过招标，上海永久自行车公司获得 5 年的系统经营权和站点的广告经营权，永久公司负责提供公共自行车，建设服务网点和相关配套设施及系统的运营、维护。

政府实行服务购买资金由区和镇、街道分级承担，按年度分期支付，其中，一线管理人员和服务人员的工资及福利待遇由相关镇和街道的财政负担；自行车系统的租赁、运营管理等支出由区财政负担，区财政以每年每辆车综合费用 998 元标准投入资金。同时，政府授予永久公司网点广告经营权，经营期 5 年，广告收益由区建交委与永久公司按 3 : 7 比例分成，用于抵扣部分项目费用。

至 2010 年，政府用于购买服务的支出共计 4774 万元，2009 年为 1670 万元，2010 年为 3104 万元。由区财政投入 2842 万元，镇和街道财政投入 1932 万元，具体见表 4-16。

政府购买服务费用统计表 表 4-16

<table>
<tr><th>年份</th><th>构成</th><th>单位</th><th>规模</th><th>费用(万元)</th><th>小计(万元)</th></tr>
<tr><td rowspan="2">2009 年</td><td>设备租赁(区财政)</td><td>0.098 万元/辆</td><td>10000 辆</td><td>980</td><td rowspan="2">1670</td></tr>
<tr><td>员工工资福利(街道)</td><td>4.6 万元/人</td><td>150 人</td><td>690</td></tr>
<tr><td rowspan="2">2010 年</td><td>设备租赁(区财政)</td><td>0.098 万元/辆</td><td>19000 辆</td><td>1862</td><td rowspan="2">3104</td></tr>
<tr><td>员工工资福利(街道)</td><td>4.6 万元/人</td><td>270 人</td><td>1242</td></tr>
<tr><td>合计(万元)</td><td colspan="5">4774</td></tr>
</table>

系统建设和设备投入由企业承担，至 2010 年年底，企业建设累计投入资金约 8238 万元。同时，设备的养护与运营也由企业负责，2010 年，企业实际运营支出约 886 万元(不含一线人员人工费用)，见表 4-17。企业运营收入主要为自行车租赁费，无广告费用(世博会严格的户外广告限制)。

2010 年企业运营收支状况　　表 4-17

项目	企业收入		企业支出			收支状况
	广告收入	政府支付租赁费用	设备养护	运营管理	其他	利润
金额(万元)	500	1862	486	266	134	1160
合计(万元)	2162		886			

上海闵行区公共自行车的主要功能为:中短距离的出行的交通工具;公交系统接驳的交通工具;人们休闲、娱乐、健身的工具。

为了体现项目的公益性,上海闵行区公共自行车采取的是完全免费的形式,见图 4-47。公共自行车租赁卡为诚信卡,服务方式为通租通还。居民租车只需凭有效的身份证件或暂住证明,就可申请办理一张租赁卡。每张卡内有 100 点初始诚信积分,用户租车后在 2 小时内还车的,每次可加 1 分;如果超过 2 小时还车,扣 20 分;按照超出时间的长短扣除相应积分,超过 24 小时,扣除 100 分。当积分扣完,租赁卡就不能使用。

a)

b)

图 4-47　上海闵行区公共自行车

上海闵行区公共自行车从运营至今,取得了良好的社会和经济效应。截至目前,上海闵行区已拥有服务点 330 个,公共自行车 28000 辆,租赁点平均间距为 300 ~ 400 米,公共自行车全年使用次数达到 5800 万次,每天解决约 9 万人的出行。

(4)模式四——企业投资建设运营,政府给予企业资源,自负盈亏模式(代表城市:武汉)

武汉属于亚热带季风性气候,气候宜人。城区地势平坦,以平原为主。全市拥有 2100 公里的自行车道,市民非机动化出行比例约为 20.2%,为公共自行车发展创造有利条件,见图 4-48。

2008 年,武汉市政府正式启动公共自行车租赁系统建设。该系统采取纯企业投入模式运作,政府在项目启动阶段几乎没有任何资金投入,仅在网点的广告资源开发和土地的租赁给予企业　定的政策支持。

通过招标,龙骑天际公司获得青山区公共自行车租赁经营权。鑫飞达公司获得武昌区、江汉区等公共自行车租赁经营权。经营期限均为8年。两家企业均全面负责系统的建设、运营、维护,通过后期运营的车辆租金以及广告运营收回,填补前期投入资本,以维持系统的发展。

图4-48　武汉公共自行车

以青山区为例,公共自行车系统采用的是诚信卡制度。市民凭身份证或户口本即可申请领取“公共自行车免费租赁诚信卡”。诚信卡实行积分奖励制度,凡租赁车辆在规定时间内归还的,每次可获得100分的诚信分,超时30分钟扣除诚信积分200分/次,超时2小时扣500分/次,一天未归还者扣1000分/次。诚信积分累计达－1000分的,暂停租赁权7天;再次累计达－1000分的,暂停租赁权30天;第三次累计达－1000分的,永久取消租赁权。

2009年年底,武汉市公共自行车服务系统运营一周年之际,两家企业经营面临困难,自行车站点、自行车接连遭遇各种破坏,最高比例竟达40%,市民对此投诉不断。为此,武汉市政府实施了一系列补救工作,包括给予企业购车和网点建设补贴3924万元,给予企业50块市内大型广告位,免收约1500万元的大型户外广告的亮化费,同时给予企业贴息贷款5000万(年利率5.76%)的政策支持。

典型模式对比分析见表4-18。

典型模式对比分析　　表4-18

模式	模式一	模式二	模式三	模式四
优点	政府对项目有全面的控制权,市民比较认可,推行效果最好	政府对项目拥有较大的控制权,项目推进效果较好	政府初期投入小;经营风险转嫁到企业身上	政府无资金压力,仅需提供广告资源
缺点	政府初期投资最大,运营期成本不易控制	政府初期投资大,运营期成本不易控制	政府无经营管理权,对运营情况不可控;持续投入高	无经营管理权,难以有效约束企业保证服务水平,社会效益风险高
代表城市	杭州	株洲	上海	武汉

通过以上对比分析可知,政府建设、购买服务等方式有利于项目的快速推进,并能保障服务质量。但从长期来看,需要政府大量和稳定的财政投入,政府财政负担高,与现有的准公共产品市场化运营趋势不符。

企业投资建设运营的模式能减小政府财政压力,但经营风险较大,主要表现在:

(1)企业前期投入较大,存在商业资源运营不成功的风险,企业缺乏参与意愿。在该模式下,政府仅提供政策支撑和部分商业资源,项目运作的全部成本都由企业承担。商业价值受运作方式、经验、市场、区域发展水平等多方面因素的影响,运作风险较大,一旦商业资源运作失败,有可能影响项目的整体推进。

(2)部分欠发达地区完全依靠市场,服务难以保障。市场的特性是唯利是图,对于部分欠发达地区,由于商业资源有限,企业利润难以保证,因此,一般不会考虑提供服务。

以上模式具有不同的优势,各城市应结合自身特点,选择合适的发展模式。

政府建设、购买服务、政企合作建设的半市场化模式与企业建设的完全市场化模式均可以通过市场主体实施建设和提供服务,提高系统的建设、运行、维护效率,实现政府和企业双赢。

模式的选择主要是受商业资源的补偿程度和价值高低影响。而公共资源的商业化运作能否取得成功,取决于政府和企业两方面的因素。政府层面主要考虑法律许可、行政监管的难易程度等;企业层面主要考虑资源的商业价值,而资源的商业价值又受区域发展水平、客流密度等因素的影响。

根据区域发展水平和商业价值,确定各种模式的适用性。

模式一:主要适用于区域发展水平差异较大,且政府能够提供商业资源补偿的地区。

模式二:适用于政府有稳定的财政投入保障,且本区域内尚未建立具备独立建设、运营、维护公共自行车系统的企业。

模式三:适用于地方政府无法提供商业资源补偿或商业资源价值不足,但政府有稳定的财政投入保障的地区。

模式四:主要适用于区域发展水平高,且政府提供的商业资源补偿能够实现运营收支平衡的地区。

各种公共自行车发展模式的适用性比较见图4-49。

2.深圳市公用自行车发展模式

深圳公共自行车的发展应在标准、建设、服务、管理一体化的前提下,根据公共自行车准公益性产品的特点,综合考虑城市经济发展水平、出行需求、政府财政能力及产品服务的可持续性,建议前期采取部分市场化模式,未来随着公共自行车良性发展,不断提高政府监管力度,逐步向完全市场化模式过渡的运营发展模式。

政府通过向社会公开招投标确定系统设备供应商,由中标企业与市属国有企业共同组建国有控股公共自行车运营公司,政府以特许经营方式授权公共自行车运营公司具体负责项目的建设、运营和管理，见图4-50和图4-51。

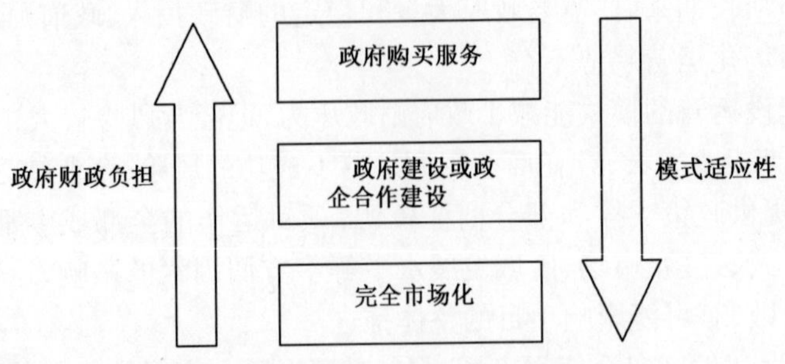

图4-49 各种公共自行车发展模式的适用性比较

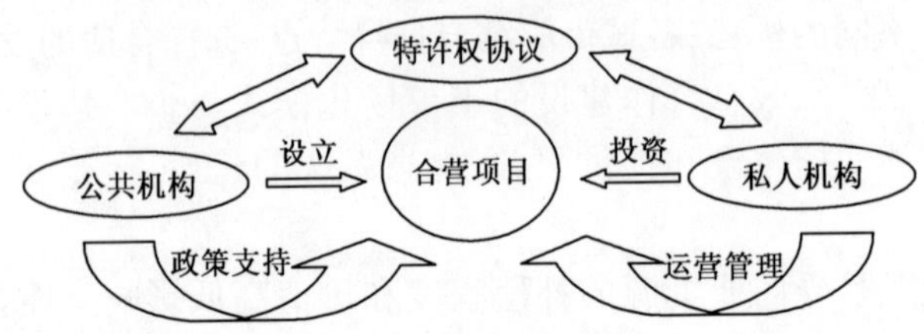

图4-50 特许经营合作形式

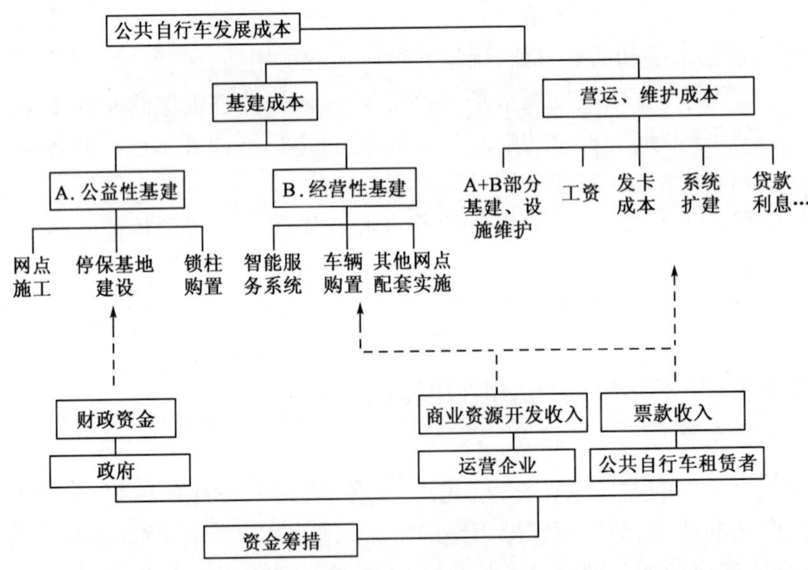

图4-51 收入来源及资金使用情况

具体的操作流程如下：

(1)将公共自行车的基础设施建设投入分为两部分，进行分类投入。

(2)A 部分为公益性部分基建费用,包括网点土建施工、停保基地建设、智能服务系统购置,约占基础设施投入总费用的60%,由政府投资。

(3)B 部分为经营性部分基建费用,包括车辆购置、其他网点配套设施(如报亭、雨棚等),约占基础设施投入总费用的40%,由设备供应商投资。

项目的建设、运营与维护由公共自行车运营公司负责;授予公共自行车运营公司网点广告资源开发权,系统运营维护资金多渠道筹集,包括企业投入、广告收入、车辆租金收入等;政府加强对企业的考核,以促进企业提供高水平、优质量的公共服务;考核合格,可延长经营期;考核不合格,进行新一轮的特许经营招标。

采用这种方式的优点在于:政府企业共同投资,共同提供优质高效的公共物品,减轻政府财政负担,项目风险政府企业共同承担,增加企业参与意愿;国有控股有利于政府的监管,可保证良好的社会效益;公共自行车企业直接参与运营,能有效利用其自行车运营管理经验,提高公共自行车管理水平。

缺点在于:项目实施比较复杂,需要首先区分公益性部分包含的具体内容,以及经营性部分包含的具体内容。但该模式有利于投资、建设、运营效率的提高,实现政府部门为市民提供的公共产品服务水平提高、企业获得合理收益的双赢。

三、公共自行车网点布局

1. 网点选址原则

公共自行车的网点选址,应遵循以下原则:

(1)与选址周边用地相协调的原则

网点设置需符合该区域的用地性质,根据各类设施用地的客流出行强度,以大型客流集散点为锚固点,合理均匀布置网点,满足居民出行特征和需求。

(2)与周围交通环境相协调的原则

网点设置必须与交通环境相协调,避免交通混乱,自行车网点与各类设施出入口的应有适当距离。

(3)就近布置,便于停放的原则

考虑到人们步行的心理承受原则,自行车停放点应距离客流集散地出入口50米内为宜,方便市民使用。

2. 网点布设模式

结合大型客流集散点的用地性质,将公共自行车网点设置划分为四种类型:公交点、公建点、居住点和休闲点,见表4-19。

根据网点选址原则,以大型客流集散点(公交点)为锚固点,按照不同服务功能的网点进行逐层推进布设,有机连接轨道/公交站点、商业办公点、学校、医院、居住小区、公园、广场等设施,为方便市民使用,网点间距在200~500米为宜(理想步行距离)。

(1)结合公交点优先布设网点,以轨道站点为首选中心,按照公交站点服务间距进行网点布设。

(2)在公交点的合理布局基础上,在人流集中区域布设公建点。

(3)在不与上述服务点冲突的条件下,安插居住点,分散布设在各大中型居住小区,深入出行终端,构建末端服务网络。

(4)在旅游休闲区出入口、慢行廊道节点布设景观休闲点。

各类型公共自行车网点功能一览表 表 4-19

服务点	设置区域	功能	网点间距(米)
公交点	主要设置在轨道站、常规公交站周边	为换乘公交服务,通过两个系统的无缝连接,达到吸引市民采用"B+R"方式出行的目的,解决公共交通出行"最后一公里"问题	$200 \leqslant R \leqslant 500$
公建点	主要设置在人流集中的公建区内,如商业办公点、学校、医院、商场等	主要有通勤和休闲两方面的功能	$100 \leqslant R \leqslant 300$
居住点	主要设置在人流分散的居住区域内	主要为居民日常出行提供服务	$100 \leqslant R \leqslant 300$
休闲点	主要设置在风景区内	其目的是在各个旅游点之间形成公共自行车的有效衔接,提升休闲品质	$R \geqslant 500$

注:网点间距原则上遵循表中建议间距,可根据实际需求情况适当加密网点,方便市民使用。

3. 网点服务等级

根据网点便民服务设施情况,公共自行车网点服务等级划分为三级:一级网点、二级网点、三级网点,见表 4-20。

各等级公共自行车网点服务功能一览表 表 4-20

等级	配套设施		停放规模(台)	服务说明
	标准配置	特殊配置		
一级网点	网点管理箱智能锁车柱	服务亭、停车棚、VEM 机(自动售货机)、ATM 机(自动取款机)、简易维修及清洁装备	≥ 40	主要布设在公交点,可兼顾部分公建点; 提供信息咨询、卡票办理等人工服务; 提供租还记录自助查询、24 小时自助贩卖食物、自助银行服务等智能服务
二级网点		停车棚	20 ~ 40	主要布设在公建点及休闲点; 提供租还记录自助查询服务
三级网点		—	≤ 20	主要布设在居住点; 提供租还记录自助查询服务

第五章　公共交通基础设施

第一节　枢纽场站规划建设

公交场站作为支撑常规公交系统建设的重要基础设施,其总体规模与空间分布直接关系到常规公交系统的运力保障水平、客流运输效果和运营组织效率。

一、深圳市枢纽场站现状

深圳市现有各类公交场站共计365个,面积154.4公顷,见图5-1。其中,政府规划并投资建设场站56个、面积23.3公顷,企业自有场站38个、面积16.8公顷,企业租用场站271个、面积114.3公顷,政府投资建设场站数量及面积分别占总规模的15.5%和15.1%。

图5-1　深圳市现状公交场站分布图

场站供需方面,根据《深圳市城市规划标准与准则》(2007年)计算,至2012年年底,深圳市公交场站用地需求约为289.9公顷,政府编制的法定图则共规划各类公交场站442个,面积255公顷,规划缺口达35公顷。按现有公交场站面积154.4公顷计,仅满足53.3%的场站需求,包括企业自有、租赁场站在内,我市场站公交场站用地缺口仍高达46.7%。

根据《深圳市公共交通规划(2005)》、《龙岗区公共交通规划(2006)》、《宝安区公共交通规划(2006)》等专项规划，我市共规划各类公交场站442个；根据《深圳特区公交场站近期建设计划》、《深圳市特区外公交场站近期建设计划》、《深圳市轨道二期公交接驳场站建设实施方案》等建设计划，我市共计划建设各类公交场站303个。截至2012年年底，共建成69个、推进中40个、因用地难以推进的139个，尚未立项且用地存在问题的55个。总体而言，实质推进的规划场站仅达15.6%，绝大多数场站因缺乏用地、规划配套或用地难落实等原因难以推进。

二、既有模式检讨

1.场站分类

国家标准《城市公共汽车、无轨电车工程项目建设标准》(以下简称《建设标准》)将公交场站设施分为中途站、首末站、枢纽站、停车场、保养场五类，见表5-1。

既有场站功能分类表　　表5-1

设施名称	功能	设施名称	功能
枢纽站	线路到发、乘客上下	停车场	车辆夜间停车、低级保养
首末站	线路到发、部分停车	保养场	车辆保养
中途站	乘客上下车		

《建设标准》对公交场站的分类存在以下问题：场站分类仅依据场站的功能和作用进行，未按照客流量大小和线网组织需要进行功能等级划分。另外，在场站布局规划时，对首末站和枢纽站实行分离、单独布局，不利于充分发挥场站对城市公交发展的支撑作用，造成场站资源在一定程度上的浪费。

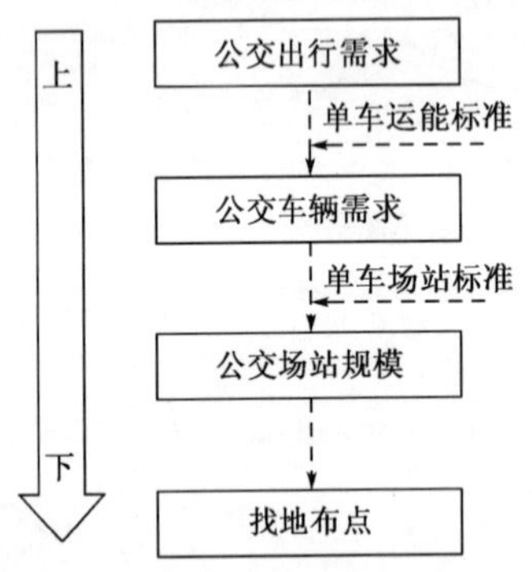

图5-2　场站规划流程图

2.建设模式[1]

目前，我国公交场站规划采用“规模控制、用地导向”模式。具体来说，首先根据公交出行需求及单车运能标准，确定公交车辆需求；然后结合单车场站标准，测算得到公交场站规模；最后才考虑场站用地落实的可能性，选址布点，见图5-2。

受土地资源限制、投资不足等因素的制约，传统场站建设模式已经不能适应城市发展及客流增长的需求。

(1)场站以独立占地为主，土地资源利用效率不高

随着城市开发强度不断增大，我国大城市用地资源日益紧缺，中心城区难以落实用地。仅城市边缘区一些用地资源较富余的地区，能够进行

[1] 深圳市交通运输委员会，《深圳市公交场站设施布局调整及近期实施规划》。

独立占地的公交场站建设。由于场站选址远离客流集散区,增加了车辆空驶里程,降低了运营效率。

我国城市独立占地的公交场站以低容积率建设为主,场站土地资源利用效率较低。对于部分场站,尤其是部分位于城市中心区、土地增值潜力较大的场站,缺乏与周边地块结合进行综合开发,造成高价值土地资源的浪费。

(2)场站建设资金短缺,需吸引社会资金配建场站

我国城市现状公交场站投资建设的主体仍然是政府。政府作为场站建设、管理的主体,能保障场站建设质量,但建设、管理和维护成本均较大。近年来,财政对城市常规公交建设投入不断加大,对公交运营企业补贴不断增多,但效果不佳,未来公交场站建设的可持续投资将面临极大的挑战。

由于缺乏相应的激励机制,开发商在配套公交场站建设时,基于投资成本高,缺乏经济效益,于是投资动力不足。大多数开发商均不愿意配建首末站,即使部分开发商愿意配建,但由于配建要求太高而导致场站难以落实。

3. 运营管理

当前,我国城市公交场站运营均采用“分散布局,独立运营”的管理模式,缺乏公交场站设施规划指引及规划用地保障,用地落实环节不顺,在选择场站布局时只能因地制宜,见图5-3。场站布局具有相当的局限性和自发性,除了部分公交场站按照公交线路的基本走向特点进行布置外,相当部分公交场站(尤其是综合车场)离运营线路较远,场站布局散乱,与城市总体规划和公交线网整体布局不符,无法起到支撑公交发展的作用。

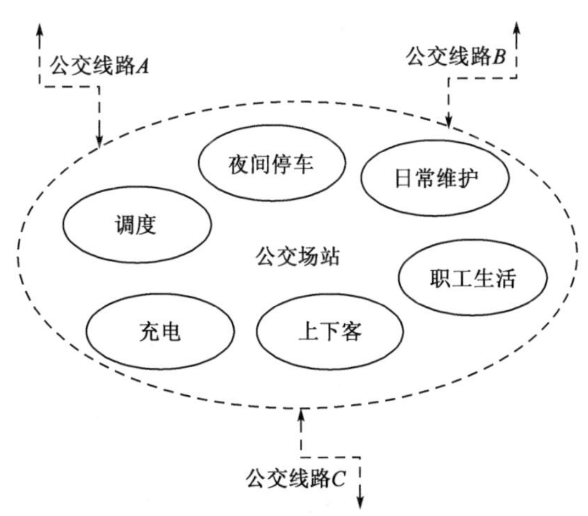

图5-3　场站运营管理模式图

这种模式存在以下几点问题:首末站(总站)功能不清,分散运营,不利于运营调度和管理水平的提高;稀缺的场站资源用做他途,资源浪费;没有进行综合开发,用地资源不够集约。

三、香港经验借鉴

1. 功能分类

香港公交场站主要分为公交首末站(客流集散)和综合车场(车辆服务)两大类,见表5-2。其中,公交首末站主要承担发车、乘客等候及上下车功能;综合车场主要承担车辆集中停放、保养和维护功能。

香港公交场站功能分类表　　表5-2

类　型	设施名称	功　能
公交首末站	服务终站	只提供掉头用的简单设施
	巴士总站	包括掉头、轮候、候车功能
	公共交通交汇处	包括各类交通方式换乘、泊车等功能
综合车场	综合车场	制造、修理及维修巴士及停放非使用中的巴士

2. 场站布局

香港场站规划布局特点:首末站布设星罗棋布,与客流需求点紧密结合;综合车场根据首末站布局分区布设,见图5-4。

(1)白天车辆运营于路上或停在巴士总站待发,夜间大部分停至综合车厂。

(2)300余个巴士总站星罗棋布,与客流需求点紧密结合,其中,配建场站107处,占港场站总数的38%。

(3)5个大型车厂和11个卫星车厂(围绕在大型车厂周边布局的中小型车厂),解决绝大多数车辆的夜间停放、维修、养护、清洗、加油等工作。

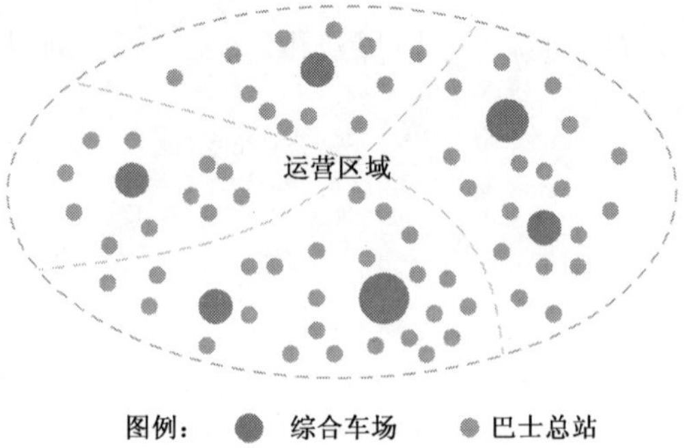

图5-4　香港公交场站规划建设模式

3. 建设形式

香港公交首末站建设包括两种形式:一种是与建筑物紧密结合,进行嵌入式建设;另一种是为物业服务,在其周边配套建设可独立占地的场站。

综合车场主要采用多层立体建设方式,充分发挥规模效应。

4. 运营管理

香港配建的公交首末站由开发商投资建设,并无偿交给公交公司使用。首末站维护费用由政府规定，或由开发商与公交公司协商解决。一般由公交公司负责日常的维护工作，运输署仅对首末站的运营行使监管权。

为了鼓励开发商进行首末站配建，香港采取“萝卜 + 大棒”政策：一方面，在居住小区、大型社会活动中心、交通枢纽、大型商业设施的开发过程中，政府批地给开发商时，强制性规定开发商无偿建设适当规模的公交首末站；另一方面，政府减免相应场站面积地价，或低价批出相当于场站面积 5 倍的楼面面积，对开发商进行补偿。

对于综合车场，政府提供适合的车场用地给专营公交公司，并收取象征式租金。公交公司建设具有规模效益的综合车场，负责日常运营和管理。运输署对综合车厂的运营行使监管权。

总体而言，香港通过配建和综合开发，有效解决了场站用地不足和资金紧缺等问题。同时，由于与客流紧密衔接，使场站功能得以充分发挥。具体表现在：

（1）首末站占地小、形式灵活，易于实施。

（2）与实际需求紧密结合，与公共空间紧密结合。

（3）对居民生活影响较小，容易落实。

（4）与商业开发互惠互利，良性循环。

（5）有利于提高土地资源集约、节约利用。

（6）能解决场站建设融资问题，减轻财政负担。

四、优化的枢纽场站规划方法

1. 场站分类

根据社会发展需求和公交线网规划，确定各种设施的主要功能，对场站设施综合分为两类；一为客流集散提供服务的客流集散中心；二为车辆提供服务的车辆服务中心。

新场站设施体系与传统场站设施体系的比较见表 5-3。

（1）客流集散中心

客流集散中心指城市中为客运交通服务的用地设施，主要功能是满足乘坐各种交通工具的客流集散和换乘需要，包括城市轨道、城市地面公共交通、小汽车、自行车、出租汽车、步行等多种交通方式的衔接。

①客流集散中心功能包括始发线路安排、多条线路换乘衔接、部分运营车辆运营组织等。

②客流集散中心承担传统首末站客流集散功能、必需的上下客停车服务功能、部分营运调度功能。

③客流集散中心承担中途站客流集散功能，必需的上下客停车服务功能。

④客流集散中心承担枢纽站客流集散功能、必需的上下客停车功能以及部分运营组

织调度功能。

新场站设施体系与传统场站设施体系的比较　表 5-3

<table>
<tr><th colspan="2">传统场站设施体系</th><th colspan="3">规划使用新场站设施体系</th></tr>
<tr><th>设施名称</th><th>功能</th><th colspan="2">设施名称</th><th>功能</th></tr>
<tr><td>枢纽站</td><td>线路到发、乘客上下车</td><td rowspan="3">客流集散中心</td><td>一级客流集散枢纽</td><td rowspan="3">承担客流集散、线路到发、线路经过</td></tr>
<tr><td>首末站</td><td>线路到发、部分停车</td><td>二级客流集散枢纽</td></tr>
<tr><td>中途站</td><td>乘客上下车</td><td>三级客流集散中心</td></tr>
<tr><td>停车场</td><td>车辆夜间停车、低级保养</td><td rowspan="2">车辆营运服务中心</td><td>停车场</td><td>承担车辆夜间停车、车辆保养</td></tr>
<tr><td>保养场</td><td>车辆保养</td><td>保养场</td><td>车辆保养</td></tr>
</table>

⑤取消传统首末站和枢纽站关于“必须满足运营车辆60%停车需求”的限制，将此功能的大部分转移到停车场，与客流集散功能相对分离。客流集散中心提供的停车面积仅满足运营车辆到发、乘客上下车所需停靠时间内的停车需要。

⑥在用地较宽阔的客流集散中心，可保留一部分停车功能，但应与乘客上下车的集散区分离。

(2)车辆营运服务中心

①包括停车场和保养场。

②停车场和保养场的功能与传统分类保持一致。

③不同的是停车场和保养场将承担营运车辆90%以上的夜间停车功能。

2. 客流集散中心分级

客流集散中心服务客流包括两部分：一部分为中心直接吸引的客流，一部分为中心吸引的换乘客流。直接吸引的客流来自多种交通方式，换乘客流也需多种交通方式服务。两部分客流的共同点是需要非常高的可达性。

客流集散中心以提供交通的方便程度作为划分标准。一级客流集散中心提供到城市各地区直接快速的交通；二级客流集散中心提供到周边地区和一级客流集散中心直接快速的联系；普通客流集散点则提供更小范围的直接方便联系以及到一、二级客流集散中心的交通。

(1)一级客流集散中心主要服务大型市级客流发生吸引源，其客流组织主要通过综合交通枢纽、大型公交换乘枢纽、公交中心站、大型公交首末站等实现。

(2)二级客流集散中心主要服务于地区级客流发生吸引源，其客流组织主要通过公交换乘枢纽、中心站、首末站、大型公交站点等实现。

(3)普通客流集散点以服务于小范围的客流集散和部分换乘客流为主，其客流组织主要通过首末站、普通公交站实现其功能。

3. 场站的特征分析(表5-4)

规划场站特征分析表 表5-4

场站分类	场站分级	功能特性	客流特征	适宜的公交接驳方式	场站布置形式	场站用地需求量
客流集散性场站	一级客流集散中心	大型对外枢纽、大型市内客运枢纽,具有很强的交通辐射功能	始发/终到/换乘客流量很大	大量的始发型线路	大型换乘枢纽站	大
	二级客流集散中心	组团内交通枢纽	有部分二次吸引客流	通过型线路+始发型线路	一般换乘枢纽站或首末站	较大
	客流集散点	服务站点周围区域	直接吸引客流较多,换乘客流较少	通过型线路为主	首末站或深港湾站	较小
车辆服务性场站	—	承担营运车辆90%以上的夜间停车功能	—	—	大型停放场和保养场	大

五、深圳公交场站规划实践

1. 车场服务中心

初步筛选了25个综合车场(含现状场站改扩建),总计面积超过45公顷;在具体选址时,尽可能选用地落实的综合车场。

2. 车辆服务中心

车辆服务中心布局规划见图5-5。

(1)客流集散性场站

客流集散性场站设置形式包括配建场站、深港湾式场站和独立设置场站三种,其中,配建站占地最小,深港湾次之,独立设置场站用地需求最大,见图5-6。

(2)近期方案

总规划面积约40公顷,原特区外基本满足每个街道建设两个场站,见图5-7。

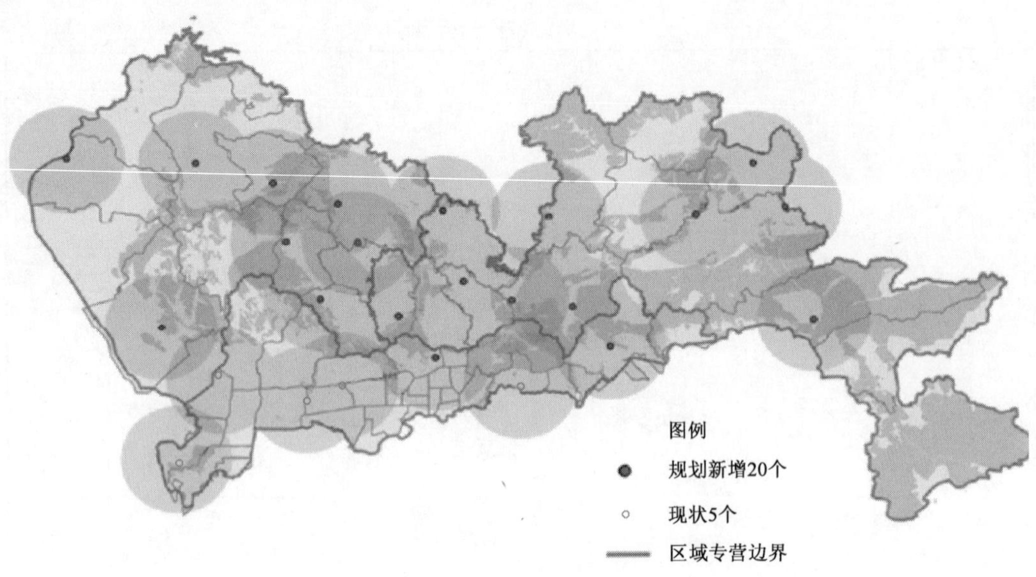

图 5-5　车辆服务中心布局规划

图 5-6　客流集散性场站设置形式

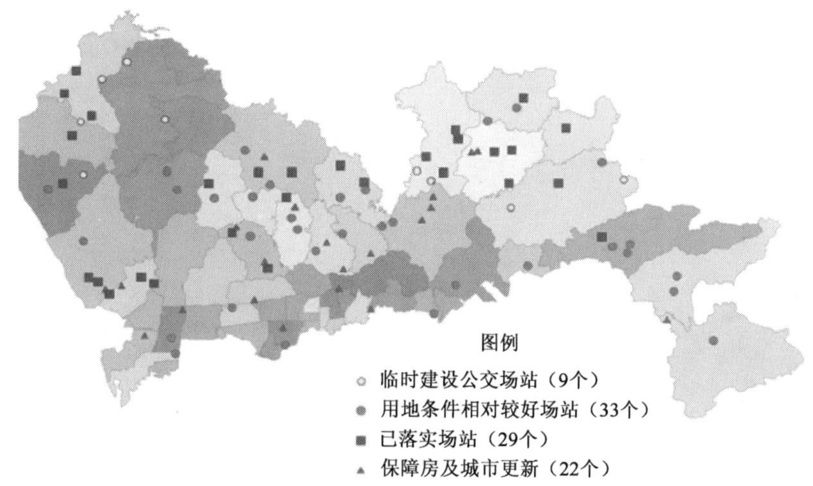

图 5-7　近期建设方案示意图

第二节　配建公交场站规划建设标准

深圳现状公交场站数量不足、分布不理想，常规公交发展长期面临场站条件制约，场站保障不力已成为制约常规公交发展的关键性因素。现有场站全面饱和、线网规划难以实施；租赁场站频繁变迁、线路服务难以稳定；场站分布郊区化，导致线路过长、大段空驶、运能浪费；核心地区缺乏场站支持，高峰始发运力不足、通过性线路运能有限（多数饱和）、诱发乘车难问题。

当前，在城市土地空间资源紧约束的背景下，由于可建设用地日益紧缺，核心地区基本开发完毕，仅靠发展独立占地场站，客观上难以解决场站规模不足与分布不理想的问题，破解场站困局急需寻找对土地利用更为集约的方式。

纵观香港、新加坡等公交都市，发展建筑物配建型场站，有效地破解了用地局限，成为建设公交都市的重要手段。通过场站与各类城市功能的有机融合，使得居民一般性出行需求更倾向于选择公共交通（门到门满足多种出行目的），同时，场站的聚客效应，更有利于支撑城市用地的集约化开发、支撑商业活动开展、实现交通减量、形成疏密有致的空间形态。

一、配建型场站

1. 发展概况

在深圳编制完成的法定图则中，共规划配套建设的公交场站19处，目前，已建成各类配建型场站12处，占规划配建场站数量的63%，占现状场站总数的3%，见图5-8。

由于现行民用建筑设计通则没有针对公交场站的相关设计内容，而现行场站规划设计标准，仅有独立占地场站和轨道接驳类场站的设计标准，导致建筑物配建型场站缺乏相适应规划、设计标准指引。

图 5-8　深圳市规划配建场站分布图

受此影响，配建型场站在规划与设计环节，往往难以充分考虑到公交车辆作业特点和场站运营组织需要，对于公交场站的功能、布局、交通流线以及层高、柱间距等要求不清楚，导致已建成的配建场站不同程度地存在使用问题。

(1)场站使用面积缩水

华强路地铁接驳公交场站设计之初，将北方大厦社会车辆出口与配建公交场站的车辆出口合并考虑，在实际使用中，社会车辆对公交进出干扰严重，安全隐患突出，为保障生产安全、便于管理，公交场站被迫隔离一条通道专用于社会车辆进出，导致场站使用面积由原 2000 平方米缩减至 1000 平方米，见图 5-9。

深圳北站公交场站，场站范围内大量空间不足，且被建筑柱网分割成多块不规则零散空间，导致场站空间使用率显著降低，见图 5-10。

(2)场站设计不符合公交车辆技术特点

由于配建公交场站的设计对公交车辆尺寸、高度、交通特性及作业要求等因素考虑欠缺，导致场站功能无法充分发挥，同时带来安全隐患。

如深业花园公交总站，层高设计 3.4 米，只能满足公交支线车辆使用高度要求，干线、快线车辆无法使用(车身最高高度为 3.8 米)；另外，场内道路连续设置 90°转弯，间距过短，导致车辆进出频繁擦碰，见图 5-11。再如科学馆站，进出口坡度过大，低地板公交车辆无法使用。

图 5-9 华强路地铁接驳公交场站使用情况图

图 5-10 深圳北站公交场站使用情况图

图 5-11 深业花园公交总站使用情况图

(3)缺少调度管理用房等运营配套设施

由于对公交场站运营特点认识不足,缺乏配套公交调度管理用房,导致现场管理保障设施欠缺。如深业花园公交总站,场站配套站房设施不足,企业为满足运营需要,不得不另外安排临时站房设施。

(4)人车交织,安全隐患严重

公交场站落客区,下车乘客与公交车共用道路,缺乏隔离护栏,人车混行,存在严重安全隐患。如三岛中心配建型场站(图 5-12),场站规划时,落客区与停车区未进行分离,后期也未设置护栏等人车分离设施,再加上管理措施缺乏,使得乘客随意进入停车区,造成人车交织,存在安全隐患。

图 5-12 三岛中心配建型场站使用情况图

2. *存在问题分析*

(1)问题一:城市规划对场站发展保障不足

常规公交行业,按照《深圳市公用事业特许经营条例》实施特许经营,属于公共服务产品,公交场站设施理应作为或参照公共设施进行规划考虑。现行《深圳市规划标准与准则(2007 版)》(以下简称《深标 2007 版》)中,对于公共设施的规划,多数采用强制性配套要求,而对于公交场站不仅没有强制性配套要求,甚至不属于原则上应考虑规划的设施类型。

根据《深标 2007 版》第 12.3.2.2 条表述:“新建大型居住区,可按每万人 1000 ~ 1200 平方米配备公交首末站用地”,(按照《深标 2007 版》相关用语解释,“必须”表示非这样做不可,“应”表示正常情况下均应这样做,“可”表示在条件许可时应这样做)按照上述解释,公交场站的规划并非正常情况下需要考虑的内容,所谓“条件许可应这样做”,亦可理解为“如果不具备条件,便可以不考虑”,这样,上述条文规定使场站设施在用地资源分配中,处于“可配可不配”的不利位置,在土地空间资源紧约束背景下,规划师开展用地规划面临的约束越来越多,对于可配可不配的设施,自然更倾向于少配或者不配,这是导致深圳市公交场站设施长期匮乏的根本原因。

(2)问题二:配建型场站发展缺乏规划引导

《深标 2007 版》及以前版本中均未提及配建型场站这类设施类型,更无配建型场站的用地配套标准和相关鼓励政策,配建型场站的发展长期处于被忽视的状态。

根据规划国土部门向社会已经公示的所有法定图则内容,现状在法定图则层面已落实的配建型场站共 19 处,占地面积 55720 平方米,其中,有 12 处(占地 33000 平方米)在 2009 年之后才纳入法定图则,由于城市可建用地所剩无几,而公交场站不足的问题日趋严峻,配建型场站的规划呈现典型的需求倒逼状态,见表 5-5。

2001 ~ 2009 年法定图则规划配建型场站数量对比表 表 5-5

年份(年)	数量(处)	配建面积(平方米)
2001	3	9720
2002	0	0
2003	0	0
2004	1	4000
2005	0	0
2006	1	3000
2007	0	0
2008	2	6000
2009	12	33000

依靠社会资源投入是配建型场站发展的一个主要特点。在当前政策下,开发商建设配建型场站,不仅没有明确的优惠政策(例如容积率奖励),而且场站建设还有可能要占用容积率指标(层高超过 2.2 米,纳入容积率考虑)。对于开发商而言,建设配建型场站不仅无利可图,而且有损既得利益。所以在实际操作中,要么尽可能以各种理由不配、少

配，要么将配建型场站安排在最不利的位置，或者以各种形式挤占场站面积，导致配建型场站难以发挥应有的作用。

长期以来配建型场站的发展既无规划引导又无政策保障，始终缺少成长的土壤和空间，客观上不具备发展壮大的基础。

（3）问题三：配建型场站设计技术标准缺位

目前，民用建筑方案设计主要参考《民用建筑设计通则》（GB 50352—2005），场站设计主要参考《城市道路公共交通站、场、厂工程设计规范》（CJJ/T 15—2011）、《深圳市独立场站公交总站建设标准指引（试行）》和《深圳市物业配建轨道接驳公交总站建设标准指引（试行）》。

按照《民用建筑设计通则》（GB 50352—2005），建筑物附设停车场站的相关技术指标应符合《汽车库建筑设计规范》（JGJ 100—98）的规定，但该规范仅侧重于车辆的后退停车平面、前进开出平面、环道平面、坡道、采暖通风、电气、给水排水等方面，对于配建型场站的建筑形式、公交车辆运营技术特点、站场内外人车衔接组织等，均没有提出任何要求。在站房配套指标上，也没有相应规定。这样简单的套用标准对具体的配建型场站建设无指导意义。

按照场站相关设计标准，由于主要针对平面、开敞形式的场站设施，没有包括建筑物架空或地下设置这两种场站建筑类型，相应的在层高、纵坡等指标上存在空缺，同时，在立柱、站务用房面积、发车位数量等方面的指标并不能指导建筑物配建场站的设计。在配建型轨道接驳站标准中，虽涉及建筑方案内容，但适用范围局限于考虑与轨道对接，在建筑形式、人流组织等方面通用性欠佳，不足以指导所有配建型场站的设计工作。

由于现状民用建筑设计通则与场站设计相关标准之间没有形成交集，对于配建型场站的设计，尚无一套标准或通则能够满足配建型场站的设计要求，即使综合现有相关标准，在部分设计内容上（建设面积、建设形式、站务用房面积、发车位数量、坡度等）仍存在不明确或矛盾的地方，不能形成互补关系，导致配建型场站在设计阶段缺乏相应的标准把关，场站功能难以保障。

（4）问题四：交通部门难以介入建筑项目审批

按照深圳市以往基建项目审批流程，从项目申报到竣工验收，所有审查、审批环节均在规划系统内部闭合完成，见图5-13。《建设用地规划许可证》《建设工程规划许可证》和《建设项目选址意见书》（两证一书）的取得，无须交通部门的介入。对于配建型场站这类设施，使用者的意见往往在项目竣工验收后才能得到表达，早已错过修改纠正设计缺陷的时机。在设计环节没有标准把关的情况下，审查、审批环节又缺乏使用者介入，导致配建型场站的设计缺陷无法提前

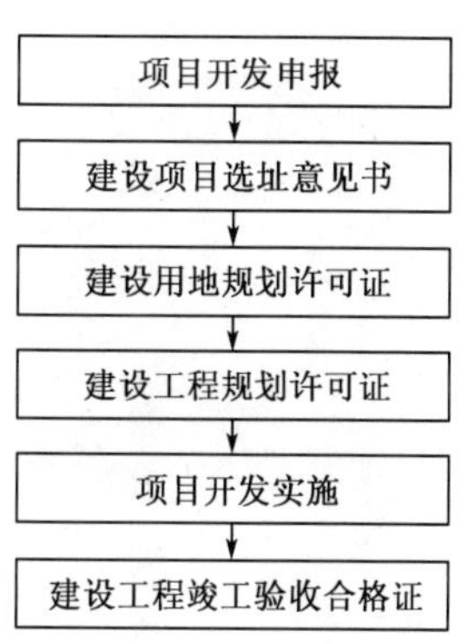

图5-13　规划部门的工程项目用地、报建、施工、验收流程图

修正。

以购物公园地铁公交接驳站为例，该项目在方案设计阶段无交通部门参与，项目建成后存在较为严重的设计缺陷，如车道纵坡不符合公交车辆的技术特点，给水排水、电气等场站运营配套设施没有接入等，且在项目竣工验收阶段仍无交通部门参与验收，未实现场站与项目主体绑定验收，使用者无法对场站的设施设置缺陷及施工缺陷进行弥补，导致场站在移交后一年多无法正常运作。

二、香港经验借鉴

1. 配建型场站基本概况

在香港，建筑物配建公交场站作为实现公共交通与各类城市功能有机融合的方法之一，其做法极具借鉴意义。由于香港长期面临土地空间资源的限制，TOD 开发模式已成为香港土地开发的共识。在全港 368 处公交场站中，物业配建 107 处(占总量的 38%)，见图 5-14。得益于此，城市高强度开发不仅得到轨道交通的支持，同时也得到了常规公交强有力的支持。

a)金钟（西）站（上盖物业：力宝中心）

b)金钟（东）站（上盖物业：统一中心）

图 5-14

c)上水站（上盖物业：上水广场）

d)中环（香港站）（上盖物业：国际金融中心）

图 5-14　香港配建型场站

香港配建型场站的普及，展示了公交都市理念的运用价值，不仅保障了公交场站用地需求、显著改善公交服务吸引力，而且形成公交与用地开发的良性互动，保障了城市的可持续发展。香港配建型场站突出特点及使用效果主要体现在以下几方面：

(1)改善公交吸引力和竞争力

配建型场站的建设提高了区域的可达性。对于市民而言，公交出行能够更加便利的完成一般性生活、生产活动。此外，民用建筑配套建设公交场站，使得常规公交相对于其他交通方式有更短的步行距离，实现门到门的服务，免去泊车过程，提高常规公交的竞争力。在此基础上，场站聚客效应的发挥，能够对各类线路的组织提供更加有利的客流支持，更有利于形成各层次线网一体化组织的网络形态，进一步改善公交换乘条件，优化公交系统整体运输效率，提高公交竞争力。

香港配建型场站使用情况见图 5-15，配建于人型居民点，人流通过过街天桥组织，与机动车分流。

图 5-15　香港配建型场站使用情况图

(2)促进公交和经济的互动开展

经济活动的效果,很大程度上取决于对人流的聚集吸引能力。在建筑物中配建公交场站,交通可达性、便利性提高,必然导致项目及周边经济要素发生一定变化。如流动人口增加、对交通便利条件依赖度较高的企业积聚等。以上变数的合力直接为经济活动开展提供更为有力的客流支持。反之,商业活动的开展又能够为配建型场站提供更多的客流支撑。综上所述,香港通过交通空间与经济活动的有机整合,实现了公共交通与经济互动支撑。

(3)解决核心区乘车难问题

公交总站与客流聚集区域的结合,不仅充分保障了始发运能,而且保障了高品质的服务(车等人、有座可选),有效缓解核心区乘车难问题。

(4)缓解片区道路交通压力

在没有配建型公交场站的情况下,建筑物内人流集散主要依靠路网来实现,通过路边公交站点消化客流。当客流量较大时,容易出现大量的人员排队现象,上车延误时间增加,诱发列车化等问题,影响区域交通运行效率。

配建型公交场站,使客流集散模式从“平面疏散”向“立体疏散”转变,从而形成配建型公交场站内部大量客流集中集散,周边中途停靠站无压力的客流集散模式,见图 5-16。

例如,香港上水公交总站(图5-17),其场站内大量客流集散,周边中途停靠站基本无压力(图5-18)。

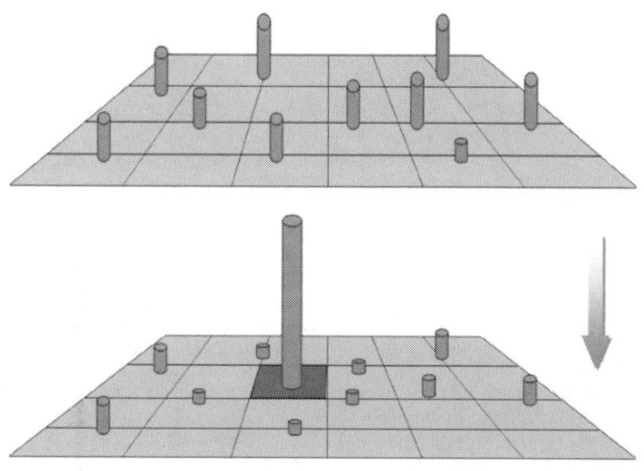

图5-16　客流集散模式示意图

图5-17　香港上水公交总站客流大量集散

图5-18　香港上水公交总站周边中途站无压力

2. 经验总结

香港配建型场站的发展,主要得益于完善的标准、规范体系;强有力的实施保障机制;市场化力量的推动三项因素。

(1)完善的标准、规范体系

在城市规划层面,香港出台了《香港规划标准与准则》,明确场站分类、功能、选址、用地面积及鼓励发展政策等,为场站发展指明了方向。

根据《香港规划标准与准则》的规定:

4.1.4 巴士总站或公共运输交汇处的用地需求由若干因素决定,其中,包括使用的巴士路线数目及其繁忙时间的班次、候车乘客数目、在非繁忙时间或车长用膳时间供巴士轮候的地点、兼作巴士终站及中途站的安排、超车空间以及站内车辆和乘客的流通情况。

4.1.6 巴士总站通常设于大型住宅发展区及各区的工商业集中地。通常最少设有4个停车湾,以便在非繁忙时间或车长用膳时间提供服务及让巴士轮候。其中,1个停车湾的宽度须足以让靠站的巴士驶越一辆停定的车辆。巴士总站必须设置站长室及其他附属设施。

香港政府在批地给开发商的同时,一般都会根据该地区市民的出行要求(或出行预测),强制性规定开发商无偿建造适当规模的公交站场设施,交给公交公司使用;同样,政府在兴建大型社会设施时,也会根据实际(或预测)的需求,配套建设公交站场设施。因此,在高度城市化的香港,公交基础设施基本满足了公交运营的需要。

在交通规划与设计层面,香港出台了《香港运输策划及设计手册》(表5-6),对各类场站位置、平面布局、设施设计、建筑结构等方面,都有具体设计规范,为场站设计提供技术指导。

《香港运输策划及设计手册》相关内容 表5-6

序号	设计内容	细分内容	设置要求
1	总站类型与功能	服务终站	应包括乘客等待设施,容纳大量公交线路
		巴士总站	设置在大型设施附近
		公共交通交汇处	设置在城镇中心或乘车聚集区,便于换乘
2	位置要求	—	根据总站类型与功能设计
3	平面布局	—	根据建筑类型设计
4	车辆运行设计要求	站台数量、容量和设计	根据总站的整体布局设计
		站台类型选择	结合站点适用性设置,包括直线型、锯齿型、中央岛式等
		总站进出口	具有可行性、灵活性,结合标准交叉点设计道路走向设计
		总站车道宽度	—
		总站弯曲车道	—
5	附属设施	—	结合设计需求来设置
6	乘客运行设计要求	候车设施	协调其他设施设置,保证合理性
		人行道	协调站内设施布局
		乘客排队和通道	由岛式平台将人行通道和排队人群分离
7	总站建造	结构网络系统	构建轨道与巴士接驳系统
		净空间隙	与配建型场站规模成正比
		通风、排气、照明系统	注重经济性、美观性

在建筑设计层面，香港出台了《香港交通影响评价(TIA)的准则和要求》，明确建设项目配建公交场站的启动条件，对部分项目开发类型实行强制性配建公交场站的要求，并在竣工后与主体项目绑定验收。

《香港交通影响评价(TIA)的准则和要求》中对于启动条件的要求为，居民住宅项目，无论大小，均应考虑公交设施，保证用地满足公交需求；其他比较大型的建设项目，必须考虑附近是否有公共交通服务设施，同时还须考虑是否可以提供公交场站。

(2)强有力的实施保障机制

为保障配建场站的设计和建设质量，提高公交服务品质，香港建立了三套机制，即规划机制、交通影响评估机制、验收机制，强有力的保障了配建型公交场站的落地，见图5-19。

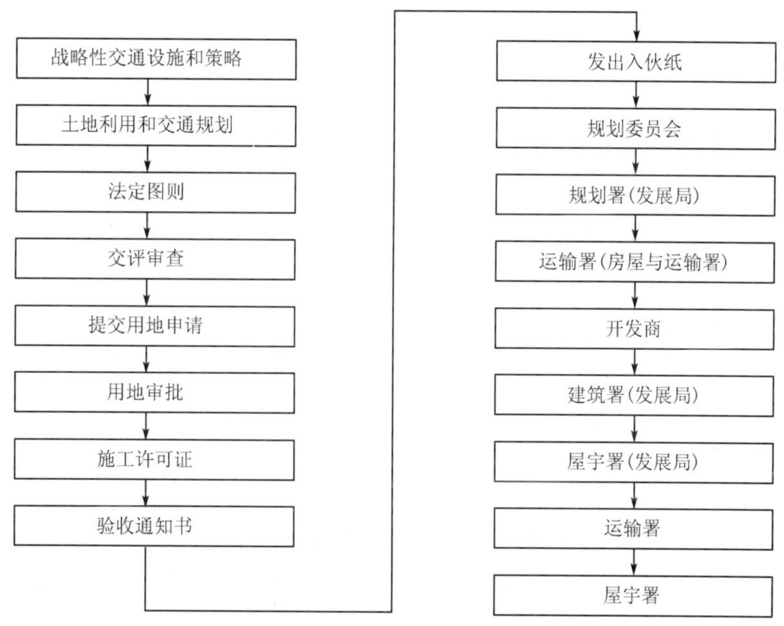

图5-19 实施机制流程图

①规划机制

城市规划和土地开发管理受到地区或地块交通容量严格限制，并在每一个法定图则中体现，保障场站的落实。

②交评机制

部分类型建设项目必须进行交通影响评估，并对配建场站进行专项研究，否则不能通过用地审批。

③验收机制

场站必须和主体建筑绑定验收，运输署对交通部分进行逐项检查，如不合格，不得发出入伙纸。

(3)市场化力量的推动

①第一,配建公交场站可使房地产商获取利益最大化

香港的规划容积率与内地城市不同,地块容积率上限值很高,甚至无上限约束。开发商需配套更多公交服务设施才可获得规划要求的容积率,并通过交评审查。开发商为获取最大利润,会主动配套公交设施,实现双赢。

配建公交场站有利于提高交通容量,利用交通容量与容积率的正反馈关系,提升物业价值,见图5-20。交通容量与地块容积率的关系,本质上是城市交通与土地利用互动关系在微观层面的具体体现。

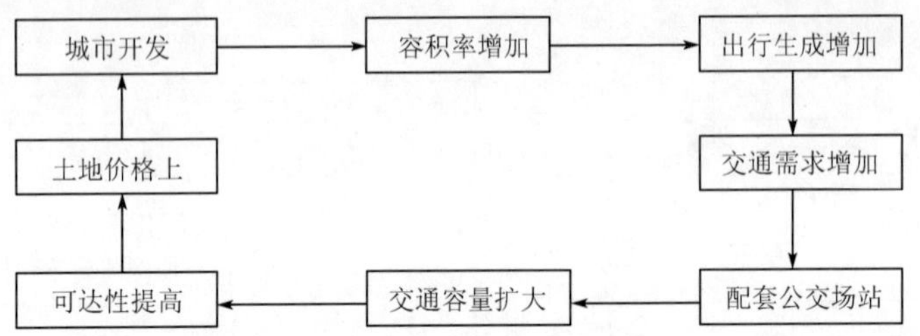

图5-20 交通容量与容积率的循环反馈关系

在图5-20的关系链中,任一环节的改变都将给其他环节带来影响。城市土地开发,无论是商业、工业还是居住,都会使该地区的容积率增加,引发大量的出行生成。随着交通需求的增加,需要更多的公交场站的支撑,地块交通可达性也随之提高,于是地价上升,又会吸引开发商做进一步开发。这样,交通容量与地块容积率进入良性循环状态。开发商利用交通容量与容积率的关系,配套更多的公交场站,以此提高物业价值,达到利益最大化。

②第二,配建公交场站是房地产商提升物业价值的重要手段

香港全部配建场站中,政府开发项目44处,房产商项目63处。房产商配建公交场站中,15处为公交企业所属股东建设,占24%,见表5-7。

公交股东背景调查情况 表5-7

公交企业名称	股　　东	是否有地产商背景
城巴	新创建集团、周大福	是
新世界第一巴士	新世界、新创建集团	是
九龙巴士	载通国际、新鸿基地产	是
新大屿山巴士	冠忠集团、新创建集团	是
龙运巴士	载通国际、新鸿基地产	是

三、深圳市配建公交场站规划建设标准

1. 适用对象

根据《民用建筑设计通则》(GB 50352—2005),民用建筑是供人们居住和进行公共活动的建筑的总称。按使用功能可分为居住建筑(住宅、宿舍、公寓等)和公共建筑(行政办公、商业、旅馆、观赏、园林等)两大类。根据不同类型的民用建筑出行规律,将适合配建公交场站的民用建筑分为居住类、商业办公类、体育展览及景区类三大类型共12个子项。三类适用建筑类型见表5-8。

三类适用建筑类型表 表5-8

分 类	建筑类型
居住类	住宅、宿舍及公寓建筑
商业办公类	行政办公建筑、商业建筑、旅馆建筑、娱乐建筑
体育展览及景区类	观赏建筑、体育建筑、展览建筑、园林建筑、纪念建筑

(1)居住类

住宅、公寓等民用建筑的居民出行特点表现为出行时间和空间规律性强,早高峰出行、晚高峰返回,平峰出行少;由于人员相对稳定,出行目的也相对稳定。

(2)商业办公类

商业建筑、娱乐建筑等人群出行特点为平峰时段交通需求较多,且人员出行不固定,交通发生吸引源的方向较多。

(3)体育展览及景区类

体育建筑、展览建筑人员出行主要是特定时间(节假日或相关活动期间)的出行需求,瞬间客流强度大,且出行方向较多,平峰时出行少。

文教、托幼、医疗、通信四类公共建筑,对环境、安全、防疫、保密等方面有特殊要求,不适合配建公交场站。

2. 配建场站规划标准

对于配建场站所处的片区,配建场站和其他场站(不含临时场站)的规模,应以满足片区整体场站配套要求为原则;在具体建设项目上,应保障项目及周边500米范围内居民的出行需求。如片区公交场站缺口较大,则配建场站应适当增加规模;如片区公交场站缺口较小,配建场站可在满足出行需求的基础上,适当减小规模。因此,对于配建场站的规模,应从片区层面和建筑项目层面分别对配建型公交场站的规模进行测算。

(1)片区场站配建规模测算

片区总体场站配套用地在折减现状场站(不含临时场站、租赁场站)用地、已落实独立场站用地、必需独立占地场站(综合车场、修理厂)用地后,即为片区公交场站所需的配

建规模。

$$S_{SC} = S_{AR} - S_{PR} - S_{IM} - S_{MU} \tag{5-1}$$

式中：S_{SC}——片区公交场站配建用地（平方米）；

S_{AR}——片区总体场站配套用地（平方米）；

S_{PR}——现状场站用地（平方米）；

S_{IM}——已落实独立场站用地（平方米）；

S_{MU}——必需独立占地的场站用地（平方米）。

其中，片区总体场站配套用地规模为片区规划人口与万人公交车辆拥有量、标车占地面积之积。

$$S_{AR} = N_{plan} \times \gamma \times S_{st} \tag{5-2}$$

式中：S_{AR}——片区总体场站配套用地（平方米）；

N_{plan}——片区规划人口（人）；

γ——万人公交车辆拥有量（标准车）；

S_{st}——标车占地面积（平方米）。

式(5-2)中控制参数建议取值如下：

①万人公交车辆拥有量

由于各片区土地利用开发强度、区位等因素不同，对应的公交保障要求（体现为公交分担率）不同，将城市用地的片区划分为六种类型，分别是：

a. 居住片区

居住用地占规划总用地面积比例远高于其他用地属性的片区。此类片区的商业用地主要为零售、餐饮等，政府社团用地以中小学居多，其商业与政府社团用地主要服务于居住片区内的人口。

b. 产业园片区

用地属性仅以工业和仓储为主的片区。相比之下，其他属性用地比例不太突出。

c. 市级中心区片区

除需综合考虑各种土地用途外，还要特别着重考虑该区商业份额及辐射能力，对全市范围的影响。商业占地比例是区别市级混合中心与区级混合中心的重要数据之一。

d. 区级中心片区

根据用地功能的混合类型（三种以上功能混合）及混合程度，通过该区的商业、政府社团、工业用地比例判定。

e. 交通枢纽片区

指土地功能主要用于城市对内或对外交通服务的片区，包括口岸枢纽、机场枢纽、铁路枢纽、公路客运枢纽以及轨道交通枢纽等。

f. 其他片区

指以绿地、水域、市政设施为主导的片区以及非中心地带的综合型片区。

不同片区万人公交车辆拥有量如表 5-9 所示。

不同片区万人公交车辆拥有量(单位:标准车/万人) 表 5-9

控制指标	居住片区	产业园片区	区级中心片区	市级中心片区	交通枢纽片区
万人公交车辆拥有量	16	12	15	18	18

注:研究结论源自《深圳市居住、商业及办公用地(建筑)公交场站配建标准语导则研究》。

②标车占地面积

参考独立占地公交总站、轨道接驳公交总站等相关标准规范,结合深圳实际经验,按照满足需求、经济节约的原则,确定配建型场站的单车占地指标为 95 ~ 105 平方米/标准车。

(2)建筑项目配建规模

配建场站规模测算应考虑拟测算建筑和周边 500 米范围内的建筑。以拟测算建筑为几何中心,周边 500 米范围内建筑包括新建、扩建项目及未配建场站的已建项目。

项目配建场站规模的测算即为配建场站的建筑规模,与周边 500 米范围内建筑所需配建规模之和。如周边 500 米范围内已有配建场站或独立占地场站,应相应扣除。

$$S_{PR} = I + Y - S_{IN} \tag{5-3}$$

式中:S_{PR}——建筑配建场站用地(平方米);

I——配建建筑场站用地(平方米);

Y——周边 500 米范围内建筑需配建规模用地(平方米);

S_{IN}——周边 500 米范围内已有配建场站或独立占地场站用地(平方米)。

为满足正常运转所需的场站规模,当 S_{PR} 值大于最低限面积要求时,按 S_{PR} 值配建,否则按最小规模配建。

综合考虑相关标准规定和现状场站使用情况,推荐配建场站占地面积不宜小于 3000 平方米。

3. 选址原则

配建型公交场站是车辆运营组织、驾乘人员工作休息、车辆夜间停放的场所,也是一条线路的始发点,若干线路交汇点;与乘客出行方便程度、社会经济效益、线路调整优化等息息相关,在整个公交线网中举足轻重。因此,配建型场站的布局要从这一基本属性出发,综合考虑以下要求:

(1)根据客流 OD 调查分析和预测,配建型场站应靠近主要客流通道。

(2)居住区配建型场站设置,应重点考虑场站 350 米半径范围内一般乘客的出行需求。

(3)场站宜与两条以上城市道路衔接,在道路拥堵等意外情况发生时,公交车能顺利进出公交场站。

具体的场站选址,应遵循以下原则:

(1)宜位于片区中心地带、主要居住区或主要工商业集中区,方便市民步行往返,从事工商业活动。

(2)充分考虑周边道路交通条件,宜布置在有利于多条公交线路集中到达和快速疏解的地方,尽量缩短公交车辆进、出场距离。

(3)应保证居民步行能方便到达场站,兼顾临近建筑的乘客到达场站的便利性,最大限度提升场站吸引力和服务水平。

(4)在满足乘车便利的前提下,居住区配建场站宜设在小区边缘、靠近小区出入口处,尽量降低对居民生活的影响。

(5)商业办公区配建场站宜设在背街面,尽量减少对整体商业活动的影响。

(6)优先在大型建设项目中配建场站。存在缺口时,需考虑其他类型的建筑,包括特级、一级建筑、国家或地方政府规定的重要地区或重要风景区的主体建筑以及保障性住房项目。❶

(7)新选址配建场站的建设项目周边如存在已经有公交场站或已规划配建场站的建设项目,要求两者之间的中心距离不应小于350 米;当350 米半径范围内同时存在两个及以上新建设项目时,宜选择开发强度更大、客流需求更多的建设项目,并合并考虑配建场站的建设规模。

4. 总体布局

(1)布局要求

配建型场站的平面布局要综合考虑以下要求:

①车辆出入、运营顺畅(与周边路网的衔接、与建设项目内部其他机动车的交通组织等)。

②减少噪声、污染对主体建筑的影响。

③场站周边道路状况(道路等级、断面、最小转弯半径等)。

④在采用通道式布局的配建型场站内,发车位与停车位总量可按不低于 0.7 的系数进行折算。原因是通道式布局对场内道路面积占用较多,难以按照停车规模确定的方法严格执行。

(2)场站平面布局

平面布局包括采用环绕式(乘客上下车区布置在场站内部的四周)和通道式(乘客上下车区呈通道形式布置在场站内部)两种,见图 5-21 和图 5-22。场站四周的总长能布置

❶特级项目为单体建筑面积8 万平方米或建筑高度100 米以上的公共建筑;一级项目为单体建筑面积2 万 ~8 万平方米或建筑高度 50 ~100 米的公共建筑、层数为20 层以上的住宅楼、总建筑面积10 万平方米以上的居住区。

所需发车位时，建议采用环绕式；场站四周的总长不能满足布置所有的发车位或场站受柱网限制时，建议选取通道式布置形式。

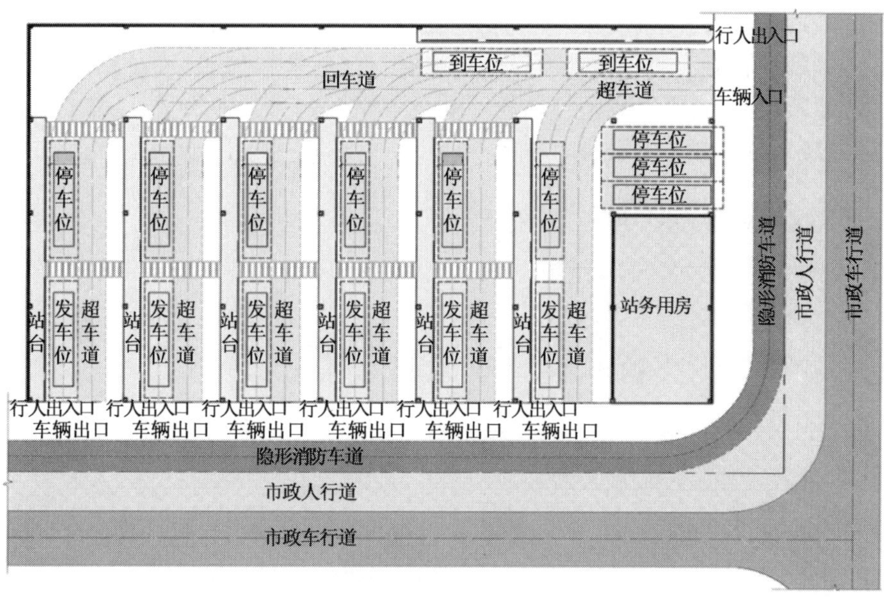

图 5-21　通道式布局图

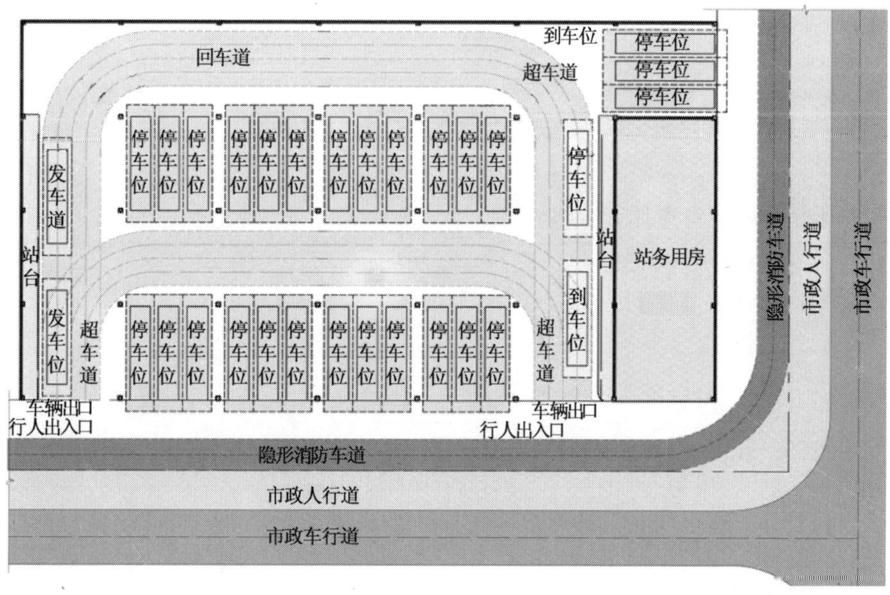

图 5-22　环绕式布局图

第三节 公交停靠站规划建设

公交停靠站作为公交系统实现服务必不可少的公交设施，是乘客与公交运输服务之间最基本的联系纽带：公交车辆必须停靠车站实现服务乘客功能，乘客必须在站台上下车实现其出行目的。公交停靠站规划设计的合理性对公交服务质量、居民的日常出行、城市交通系统运行效率产生重要的影响。

一、公交停靠站布局规划

1. 规划方法

公交停靠站规划采用分区域、差异化布局。根据土地利用性质、开发强度和交通运行需求，可将规划区划分为四类。规划过程如图 5-23 所示。

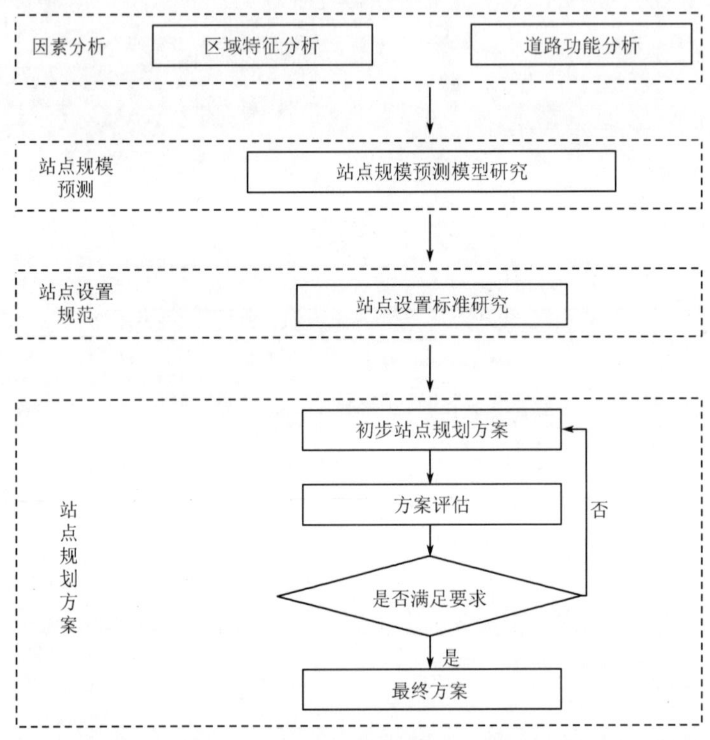

图 5-23 公交停靠站布局规划流程图

2. 区域公交停靠站规模测算

(1)区域特征分析

城市不同区域发展差异明显，未来规划发展方向也各有侧重。为结合各片区发展特点，实施差别化布局策略，使停靠站的空间布局更加合理，应按照土地开发强度、区域交通运行状况、用地功能特征参考标准，将城市进行区域划分。针对各类区域特征进行深入分析，为停靠站规划提供依据。

①开发强度特征分析

根据土地开发强度及区域交通运行状况进行综合分析，可将城市划分为A类、B类、C类三类不同的区域，见表5-10。

土地开发强度分区表　　表5-10

域类别	A类	B类	C类
土地开发强度(总规)	高密度开发区	中高密度开发区	中低密度开发区
交通运行状况	交通运行状况差，拥堵严重	交通运行状况尚可，部分区域拥挤	交通运行状况良好
公交可达性要求	极高	高	高

②用地功能特征分析

根据城市用地功能特征，按照各区域用地功能特征，将城市划分为商业办公、居住生活、工业仓储、绿色休闲四类不同区域，见表5-11。

用地功能特征分区表　　表5-11

区域类别	功能特征	停靠站布局策略
商业办公	行政、商贸、办公、文化娱乐等综合服务区	公交站点布局在保证平均站距的情况下，适当加密站点密度，采用较高设置标准
居住生活	以居住生活为主的片区	与客流集散点紧密结合，按照规范要求上限标准进行设置
工业仓储	工业用地和交通物流用地为主	与客流集散点紧密结合，按照规范要求上限标准进行设置
绿色休闲	农业、旅游业等综合区域	公交站点布局采用较低设置标准，结合未来发展状况实施升级

③区域特征综合分析

根据开发强度特征及用地功能特征分析，将两类区域进行叠加整理，通过对各类区域特征综合分析，按用地功能、开发强度、停靠站建设规划要求，将城市分为四大综合区域，见表5-12。

(2)最优站距测算

在城市公共交通系统中，公交停靠站数目过多或过少，都会使居民出行时间增加，导致出行总费用增大。停靠站过多时，乘客在线路旅行会因为中间停车较多，导致总出行费用增大；当停靠站很少时，乘客从出发地到最近一个站的平均时间加长，导致总出行时间增加。可见，线路存在最优停靠站数目，能使乘客总的出行费用最小。

为求得最优的停靠站数目，首先应确定使乘客总出行费用最小的最优站间距。

区域特征综合分区表　　表 5-12

区域类别	区域特征	布局策略	覆盖区域
一类区	以商贸办公为主，开发强度高，出行需求大	要求公交停靠站密度高，站距小	老城区、成熟片区
二类区	城市城区，出行强度较高，公交有一定竞争力	停靠站设置保证平均站距的情况下，对局部适当加密站点，站距采用较低设置标准	新区、新城
三类区	工业用地和交通物流用地为主	停靠站应与客流集散点紧密结合，站距按照规范要求上限标准进行设置	外围工业区
四类区	主要以生态功能用地为主	应结合客流集散点设置停靠站，对站距没有要求	区域覆盖范围为除一、二、三类区外的其余地区

目标函数为：

$$\min C = \sum_i C_i$$

式中：C——线路上所有乘客的总出行费用（元）。

公交乘客的总出行时间表达如下：

$$\begin{aligned} C &= C_1 + C_2 \\ &= \lambda_1 \cdot (t_1 + t_2 + t_3) + \lambda_2 \cdot (t_4 + t_5) \\ &= \lambda_1 \cdot \left[\frac{L_b \cdot Q}{l \cdot v_w} \left(\frac{v_b^2 + v_w^2}{2 v_b^2} \cdot l^2 + \frac{v_w^2 \cdot t_{sd}}{v_b} \cdot l + \frac{v_w^2 \cdot t_{sd}^2}{2} \right) + L_b \cdot Q \cdot \left(\frac{2L_p}{v_w} + \frac{h_0}{2} \right) \right] + \\ &\quad \lambda_2 \cdot L_b \cdot Q \cdot \frac{L_c}{l} \cdot \left(\frac{l}{v_b} + t_{sd} \right) \end{aligned}$$

为求最佳站距 l_0，使得乘客总出行时间 T 最小，将上式对 l 求偏微分，并令其为零：

$$\frac{\partial C}{\partial l} = \lambda_1 \cdot L_b \cdot Q \cdot \left(\frac{v_b^2 + v_w^2}{2v_w \cdot v_b^2} - \frac{v_w \cdot t_{sd}^2}{2l^2} \right) - \lambda_2 \cdot \frac{L_b \cdot Q \cdot L_c \cdot t_{sd}}{l^2} = 0$$

$$\Rightarrow l_0 = v_b \cdot \sqrt{\frac{\lambda_1 \cdot v_w^2 \cdot t_{sd}^2 + 2 \cdot \lambda_2 \cdot v_w \cdot L_c \cdot t_{sd}}{\lambda_1 \cdot (v_b^2 + v_w^2)}}$$

式中：v_b——公交车在路段的平均运行速度（米/秒）；

v_w——乘客步行速度（1.67 米/秒 ）；

t_{sd}——公交车站点停靠产生的延误时间（秒），等于加减速延误与停靠时间之和；

L_c——公交乘客的平均乘距；

λ_1——车外时间价值；

λ_2——车内时间价值。

然而，在实际需求中，公交站点的预测数量一般比实际值偏大，需设置修正系数，对理论值进行修正。为适应各城市的实际情况，经济繁荣的区域可采用 $\beta = 0.8 \sim 1.0$ 的市区标准，欠发达区域可采用 $\beta = 0.6 \sim 0.8$ 的郊区标准。

(3)停靠站规模测算方法

采用最优站距法对停靠站规模进行预测时,具体预测流程如图5-24所示。

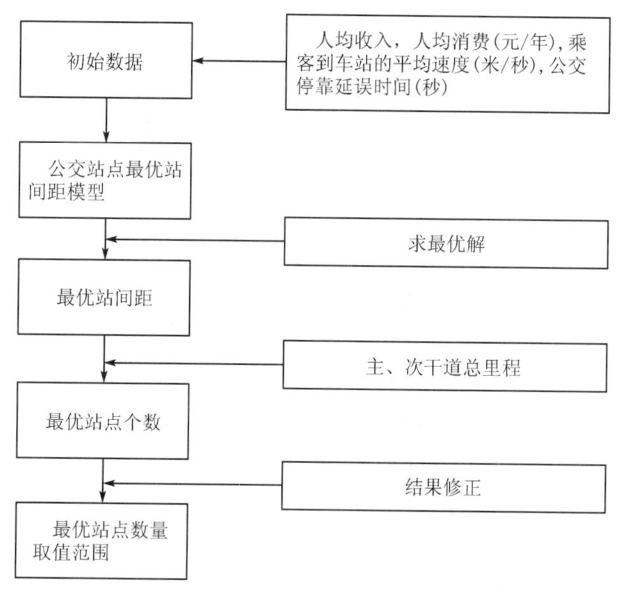

图5-24　站点数量预测流程图

二、停靠站站点形式

公交停靠站按站台形式。分为非港湾式和港湾式两大类,其中,非港湾式公交停靠站包括直线型和外凸型两种,港湾式停靠站包括浅港湾型和深港湾型两种,见图5-25。此外,公交停靠站按其设置位置,又可以分为沿机非分隔带设置和沿人行道设置两大类,如图5-26所示。

根据不同区域自身特点,站点布设需求,对比各类停靠站实施难易程度以及道路兼容性,选择合适的停靠站设置形式。

三、深圳宝安区公交停靠站规划实践

宝安区位于深圳市西北部,经济特区管理线以北,是深圳市六大行政区之一。其东邻深圳市龙岗区,南接深圳经济特区,西临珠江口,北与东莞市相邻,全区面积712.95平方公里,是未来深圳市的工业基地和西部中心。

1. 规划方法

对宝安区的公交停靠站规划,采用了分区域、差异化布局的方法。根据土地利用特征将规划区划分为不同类型区域,结合道路等级和公交走廊分布情况,针对不同类型区域采取差异化布局策略。其特点是：

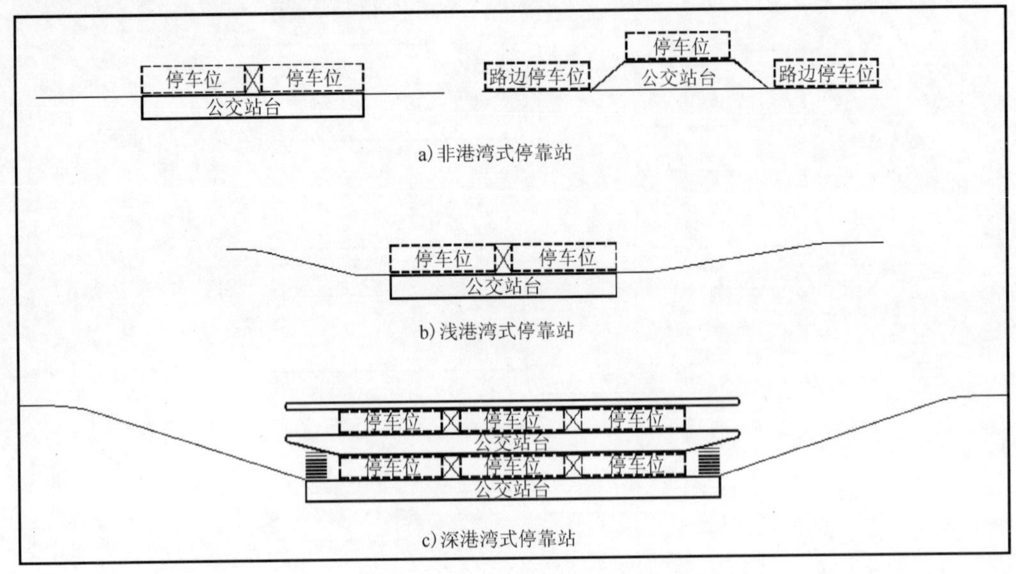

图 5-25　公交停靠站设置形式

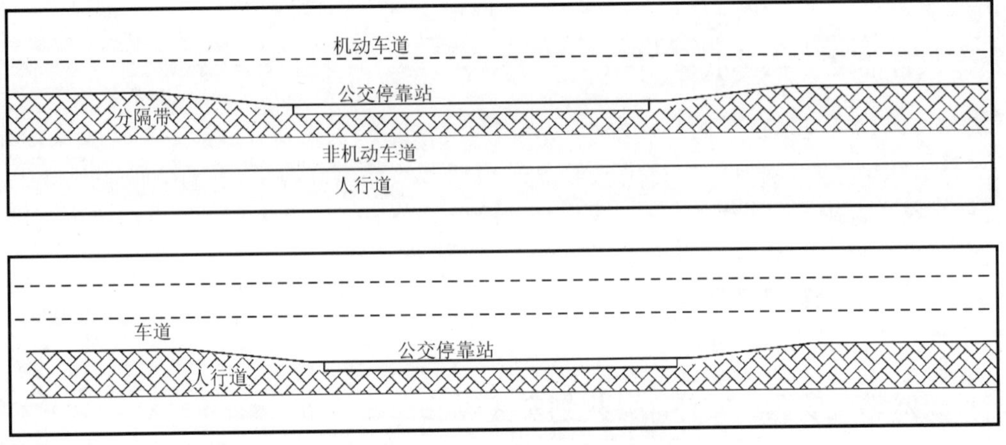

图 5-26　沿机非分隔带和沿人行道设置的公交停靠站示意图

(1)以土地利用特征为基础，将规划区划分为三类区域，不同区域采用不同的设置标准和布局策略。

(2)结合道路功能和公交走廊分析，对不同等级的道路及公交走廊上站点布设间距采用不同的折算系数，确保各公交站点的合理覆盖。

规划过程如图 5-27 所示。

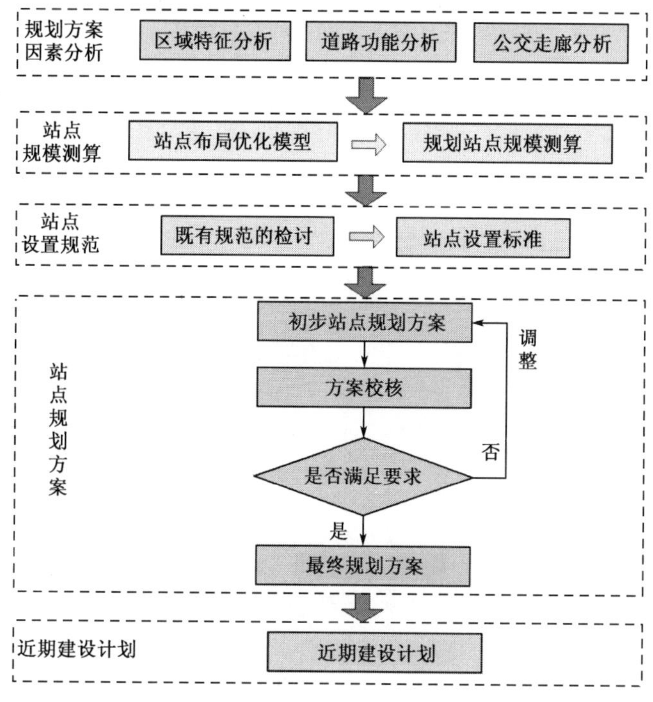

图 5-27 公交停靠站布局规划过程示意图

(1)区域特征分析

目前,宝安区不同类型区域间发展差异较为明显,且未来规划发展方向也各有侧重。为结合各片区的发展特点,实施差别化布局策略,使停靠站的空间布局更加合理,根据各片区的功能特征和 体化程度,将规划区划分为三类区域。

规划区各类区域特点及相应的布局策略见表 5-13。

各类区域特点及相应的布局策略一览表 表 5-13

区域分类	功能特征	布局策略
一类生活商贸功能区	行政、商贸、居住、文化娱乐等综合服务区	公交站点布局在保证平均站距的情况下,适当加密站点密度,采用较高设置标准
二类先进高新工业及传统工业功能区	高新技术工业、现代制造业、现代物流业园区	与客流集散点紧密结合,按照规范要求上限标准进行设置
三类远景发展功能区	未来发展预留土地,城市远期重点发展项目的后备空间	公交站点布局采用较低设置标准,结合未来发展状况实施升级

(2)道路功能分析

根据全市统一的道路功能分级体系,未来宝安区将形成 5 级路网,分别为高快速路、干线性主干路、普通主干路、次干路及支路。其中，干线性主干路与上层次的高速公路、快速路一起，构成了骨干道路网，承担组团之间中长距离以上的交通需求，普通主干路与次干路主要承担组团内部交通需求。

根据道路功能分级，除高速公路（高速公路禁止普通公交车辆通行）外，对道路公交停靠站设置标准进行研究。

(3)公交走廊分析

根据宝安区公共交通规划，未来宝安区将形成七条主要公交走廊，如图5-28所示。

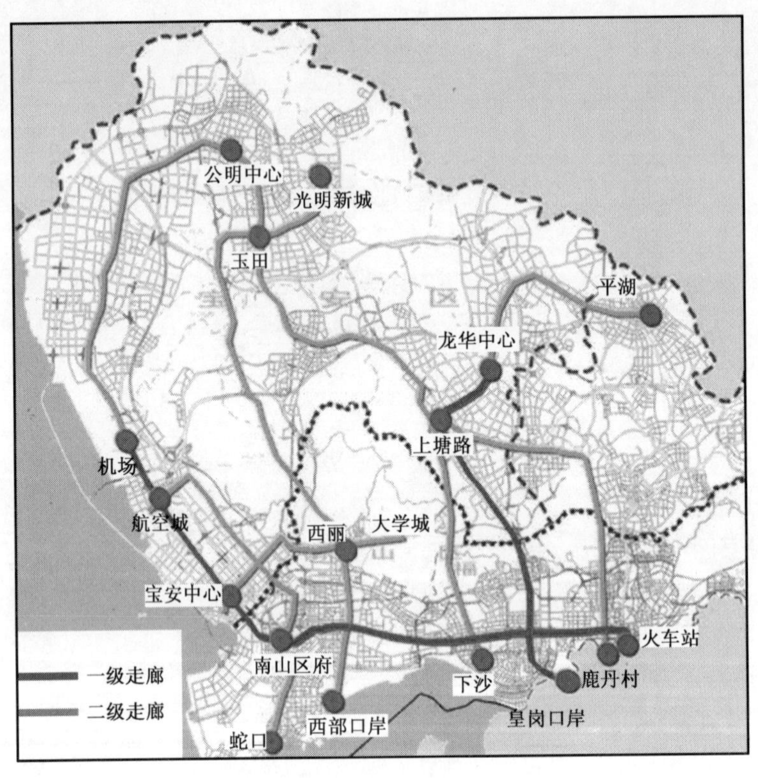

图5-28　宝安区公交走廊划分示意图

一级走廊为：

①自宝安航空城、桃源居，沿宝安前进一路、前进二路，经南山建工村，沿南山大道、南海大道至南山蛇口。

②自龙华地铁上塘路站，经布龙路、清平快速路，沿红岭路至特区。

二级走廊为：

①自深圳机场，经宝安大道、松白路至公明中心广场。

②自公明中心，经松白路、宝石路、布龙路、福龙路、香蜜湖路至特区。

③自宝安新中心区，沿宝安创业路向东，接西丽留仙大道至大学城。

④自光明新城，沿塘明路、南光路、沙河西路至西部口岸。

⑤自地铁4号线终点站清湖站，经龙观路、观澜大道、观平路至平湖街道中心。

2. 公交停靠站发展规模分期测算

实地调查显示，宝安区公交停靠站建设相对滞后，制约了宝安区公交服务水平的提高。公交停靠站不足，市民乘车候车极为不便。乘客没地方候车，步行距离过远，不知道乘哪路车或者在哪里乘车，导致乘客路边候车，公交车随意停车上下客等现象非常普遍，给乘客带来很大安全隐患，也影响交通安全及道路通畅。

根据宝安区10个街道办的人口、经济发展、土地利用和道路发展情况，依据深圳市公共交通规划，预测未来10个街道办停靠站的规模，使宝安区的公交停靠站的配备与社会经济发展相适应，为市民提供更好的服务。

为提高预测准确度，对宝安区停靠站发展规模，采用乘客总出行费用最小模型与站点覆盖率模型相结合的方法进行预测。分别采用两种不同方法计算后，再综合预测结果，取其平均值，得到最终宝安区停靠站发展规模数据，见表5-14。

2010年和2020年各街道公交停靠站规模预测结果　　表5-14

街道名称	2010年公交停靠站规模平均预测结果(个)	2020年公交停靠站规模平均预测结果(个)
新安	244	492
西乡	303	536
福永	256	542
沙井	296	698
松岗	232	474
石岩	214	450
龙华	122	204
大浪	130	268
民治	117	266
观澜	224	478
宝安区合计	2138	4408

第四节　公交专用道系统建设

公交专用道指在城市道路通过特定的交通标志、标线或物理隔离等手段，划出供公交车辆专用的通道。在公交专用道上，只允许公共汽车以及部分特殊车辆在规定时间内使用，禁止其他车辆通行，以此提供给公交车辆道路优先通行权。

公交专用道的通行能力由路段通行能力、交叉口通行能力和站点通行能力共同决定。公交车辆通行量受限于专用道上车站的最低通行能力和道路空间的专用程度。车站通行能力越大,道路空间受其他交通干扰小,专用道通行能力就越强。

一、功能定位

公交专用道是轨道、中运量快速公交的延伸和补充,能有效提升公交路权专用网络的密度,有助于常规公交对轨道、中运量公交等骨干公交进行客流喂给;公交专用道也是轨道、中运量快速公交的联络线,能够有效连接轨道及中运量快速公交网络,强化专用路权网络的整体协调。公交专用道空间定位见图 5-29。

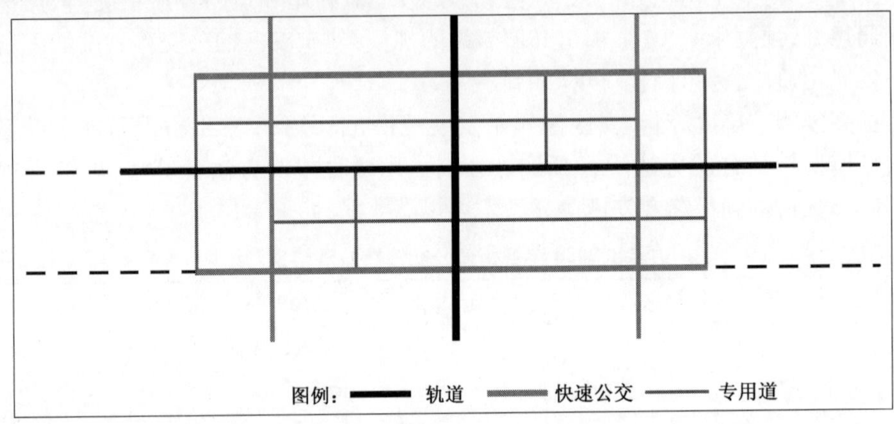

图 5-29　公交专用道空间定位示意图

公交专用道建设周期短、投资省、建设方便,能够在较短时间内形成系统化、规模化的公交专用道系统。

在当前机动车保有量迅速增长的背景下,路权分配日益困难,专用道能够在轨道、中运量交通建设时机尚未成熟时,提前进行路权控制,整体路网提升公交路权保障水平,可为后续中运量快速公交系统的建设提供路权空间。

二、深圳公交通道模式选择

根据专用通道的设置形式及线路的运营方式,快速公交专用通道一般可分为以下三种模式(图 5-30):

(1)封闭式通道 + 固定线路:在该模式下,快速公交使用的通道为封闭式专用通道,仅供固定线路的快速公交线路车辆使用,社会车辆及其他公交车辆不能使用。

(2)开放式通道 + 固定线路:在该模式下,快速公交使用的通道为开放式,即没有设置物理的隔离设施将其与其他社会车道相隔离,也仅供快速公交线路车辆使用,特殊情况下可供个别车辆使用。

(3)开放式通道 + 灵活线路:在该模式下,开放性的通道可供通过通道的所有公交线路使用。根据实际情况,通道上可开设各类直达线路,减少乘客换乘,节省出行时间;同时,在保障公交运行速度的前提下,提高了通道的使用效率,实现了道路交通资源的合理的配置。

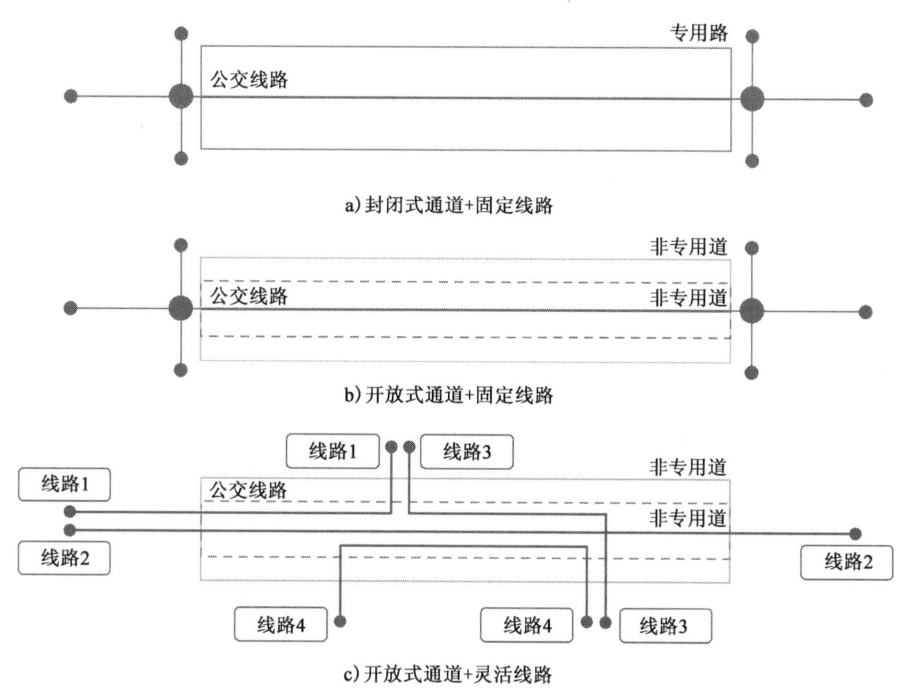

图 5-30 快速公交系统三种主要模式

(1)封闭式通道与开放式通道比较:

封闭式通道将快速公交车辆与其他车辆完全隔离,使其不受外部车辆干扰,保障了快速公交运行的速度;但是,隔离设施的存在,同时也限制了通道使用的灵活性,降低了道路资源的使用效率,对于道路条件有限的城市来说很难实现。

开放式通道仅需在道路标识标线上进行体现,易于实施;同时,与道路监控设施配合,可起到监视作用,保障公交优先;易于处理突发事件等特殊情况,灵活性高;非高峰时段可供其他车辆使用,提高了道路资源的使用效率。

(2)固定线路与灵活线路比较:

固定线路模式适用于轴向交通比较明显的通道,即客流 OD 点都在通道上的情况,否则必然带来大量换乘,除了需要建设若干换乘枢纽站外,乘客换乘时间损失较大。这里需要强调的是,公交走廊并不一定就适合作为专用通道,因为客流走廊仅代表客流集中,有可能是通过性交通量很大但客流 OD 量并不大。

其次，固定线路模式还将带来公交内部路权分配不公平。因为只有乘坐固定线路的公交乘客才享用专有路权，乘坐普通公交的公交乘客无专有路权。

灵活线路(直达线路)模式下，快速公交线路可以从其他道路指定位置进入专用走廊，根据线路安排，在固定地点提前驶离专用走廊，大幅减少了乘客换乘需求，不需要建设换乘站或枢纽站。

综上所述，采用"专用通道＋灵活线路"模式，不但可以保障公交的运行速度、减少乘客换乘，为乘客提供快速便捷的公交出行服务，而且可以实现道路资源的合理利用，产生良好的社会效益。

三、公交专用道设置形式

公交专用道通常分为四种形式，分别为：

(1)路中式公交专用道(路中式1)见图5-31。即公交专用道设置在道路主线最内侧车道，一般利用中央分隔带设置站台。

图5-31　主路路中式公交专用道示意图

路中式公交专用道设计车速较高，运送能力大，适用于较高客流需求的通道。对道路条件有如下要求：道路红线较宽(60米以上)，双向8～10车道以上，站点处有足够空间设置宽度3米以上站台。建设路中式公交专用道通常要求进行大规模改造，包括车道迁移、站台设置、路面拓宽、绿化等，工程量大，周期长，投资高。

(2)主路侧式公交专用道(路中式2)见图5-32。公交专用道的位置设置在主路最右侧车道，公交站台一般利用主辅分隔带设置。

主路侧式公交专用道设计车速较低，运送能力较小，适用于较低客流需求的通道。对道路条件有如下要求：双向6～8车道以上，一般城市主干路均可设置。建设主路侧式公交专用道工程量小，投资较少，只需进行站台设置和标线施划等小规模工程。

(3)外侧式公交专用道见图5-33。目前，最常见的公交专用道，即将公交专用道设置在道路的最外侧。

图 5-32　主路侧式公交专用道示意图

图 5-33　外侧式公交专用道示意图

(4)内侧第二条公交专用道见图 5-34。传统的公交专用道从外侧移至内侧第二车道,使用原有公交站台,重新施划交通标线,新设或改造部分交通标志。适用于没有设置辅道、沿途开口较多的道路。

a)上海

b)广州东风路

c)烟台

图 5-34　内侧第二条公交专用道示意图

与外侧公交专用道相比，内侧第二条公交专用道有如下优势：

①外侧第一车道通行能力最低，专用道路权优先困难。实践表明，从内到外，车道通行能力和优先权依次递减，外侧第一车道的通行能力比内侧第二车道约小20%。

②外侧第一条车道进出性交通干扰大，专用道运行效率低。尤其是沿线居住区密集，出入口多，进出交通对公交运行干扰很大。设置内侧第二条车道，可减少出入性交通的影响，提高专用道通行能力，减少公交车进出站延误，公交提速效果明显，且投资少，易实施。一般城市主干路均可设置。

但是这种公交专用道存在一个弊端，即公交车进出站在交通量大时，会受到较大影响，降低公交运行效率。

主道上的三种设置方式见表5-15。

主道上的三种设置方式对比 表5-15

专用道位置	路中式	主道最右侧车道（有主辅分隔带）	右侧第二条车道（无主辅分隔带）
提速效果	显著	不显著	一般
对社会交通的影响程度	占用通行能力最高的内侧车道； 对社会交通影响较大	占用通行能力最低的右侧车道； 对社会交通影响较小	占用通行能力较低的右侧第二条车道； 对社会交通有一定程度的影响，介于路中式和最右侧车道之间
路口交通组织	难度大	较容易	容易
行人过街交通	难度大，需新建行人过街设施	容易	容易
工程量及投资	需对中央分隔带及车道进行较大改造，以新建站台及超车道，工程量大，投资高	需改造路侧分隔带或人行道作为站台，工程量较小，投资较低	仅需重新施划地面标线，工程量最小，投资最低
实施难易度	难	较为容易	容易
改造风险	较高	较低	较低
适用性	城市重要干线客流走廊； 道路资源充足； 现状或未来客流充足	城市重要客流走廊； 现状未设置公交专用道或专用道设在辅道； 由于道路条件或其他原因不能或不宜设置路中式专用道	城市重要客流走廊； 现有道路不宜进行大规模改造的； 现有站点设置成熟，客流稳定，有提速需求的

四、设置原则及标准

1.规划原则

公交专用道规划应遵循以下基本原则：

(1)公交专用道设置要以公交客流需求为基础,以公交出行 OD 的主流期望线为依据,以供需平衡为原则,既要满足公交车对道路的需求,又要兼顾非公交车的通行顺畅。

(2)公交专用道布置必须考虑道路供给条件。设置公交专用道的路段单向至少两条车道。否则,只能设置公交专用路。

(3)公交专用道的设置要兼顾公平性。设置公交专用道的路段上,其他车道的通行能力要能够达到可接受的服务水平。否则,应有相近的平行替代道路来适应其他车辆的通行需求。

(4)公交专用道设置应充分考虑专用道网络的系统性、整体性,发挥网络效益。公交专用道应直接与公交枢纽相连,或通达无公交专用道的非拥挤路段。同一道路上的两段公交专用道之间,不能存在短距离的非公交专用道,否则会大大降低公交专用道的整体效益。

(5)公交专用道的设置应与公交停靠站协调,与交叉口控制与管理协调,取得最大化社会效益。

(6)公交专用道的设置要与公交线路规划相协调。公交线路的设置是公交专用道设置的条件,要以道路公交需求为基础。

(7)公交专用道规划要与公交规划、轨道交通规划和城市道路规划协调。

(8)公交专用道设置要考虑由于公交供给的改善,诱增和转移的交通需求。

(9)公交专用道的布局要考虑非机动车、行人交通及出租汽车停靠站的影响。

2. 专用道设置标准

(1)公交专用道设置依据

①满足人的移动需求

城市客运交通的基本任务是满足人的移动需求,对应这一准则,路权分配的出发点应体现对高效运输方式的鼓励和倾斜。以城市客运交通的基本任务为出发点,明确路权分配的必要性,体现公交路权优先分配权利。

公交专用道设置依据如表 5-16 所示。

公交专用道设置依据——满足人的移动需求考虑 表 5-16

<table>
<tr><th colspan="2" rowspan="2">项目</th><th colspan="2">内　容</th><th rowspan="2">备　注</th></tr>
<tr><th>客流条件</th><th>设置情况</th></tr>
<tr><td rowspan="4">依据</td><td>1</td><td>公交载客量≥通道客流的 50%</td><td>须设置</td><td>保障多数人权益</td></tr>
<tr><td>2</td><td>公交载客量 < 通道客流的 50%,但通道交通不饱和</td><td>双向四车道以上,宜设置</td><td rowspan="2">风险可控,未来预留</td></tr>
<tr><td>3</td><td>新建/改建城市道路</td><td>双向四车道以上,宜设置</td></tr>
<tr><td>4</td><td>公交载客量 < 通道客流的 50%,但通道交通已饱和</td><td>暂缓设置</td><td>多数人受损</td></tr>
</table>

②公交客流量要求

为避免专用道上的公交车流量过少,影响道路资源的整体使用效率,设置公交专用道需考虑公交客流量绝对值大小,一般要求断面公交客流大于 1000 人次/小时。

③与轨道交通网络衔接

从整个公共交通体系合理衔接角度，有必要对轨道交通进行补充和延伸，提高走廊通道通过能力，弥补轨道等骨干公交的服务不足，为轨道交通输送充足的客流，提高大运量交通的运营效益，增强整个系统的吸引力和扩大系统覆盖面。公交专用道目前的重点目标是尽快成网，作为轨道交通的补充，专用道的设置应优先选择缺乏轨道交通支持或轨道交通运力不足的交通走廊；优先选择与轨道交通网络相衔接的交通走廊；优先选择与重要集散点相衔接的道路。

(2)专用道设置条件

通常专用道的布设要占用原有机动车道，使原有道路通行状况发生较大变化。因此，公交专用道的开通必须慎重，应经过周密的调查和规划。根据道路、社会交通和公共交通的关系，分类型对公交专用车道设置进行条件分析。

路况1：道路服务水平较高，有富余通行能力，且公交车流量较小。

该路况条件下设置公交专用道，公交出行提速，但节时效益较低。从交通引导城市发展考虑，则有必要设置公交专用道，为公交优先通行提供优质路权保障，体现对高效运输方式的鼓励和倾斜。同时，道路交通不饱和，设置公交专用道风险可控。

路况2：道路交通已接近饱和，但公交车流量所占比重不高。

该路况条件下，道路车辆构成以社会车辆为主，通道客流分担以社会交通为主，客流未达到设置公交专用车道的条件，如设置公交专用车道，可能导致公交车道利用率低，而其他车道则经常处于拥堵状态，导致通道多数人受损，建议暂缓设置公交专用车道。

路况3：道路已趋于饱和且公交车流量大，这是城市主要交通走廊中最常见到的一种情况。

该路况条件下设置公交专用车道，有利于改善客运结构，提高公交运营效率和道路利用率，但同时也可能损害其他社会车辆对道路的使用权，因此，公交优先实施阻力较大，需政府在法律和政策上予以保障和支持，保障多数人的权益。

路况4：道路饱和度较低，但通道客流较大，有较大的公交需求，公交客流分担比例高。

此时设置公交专用车道，可提高通道客运效率，且对其他社会交通影响较小。

除了以上交通条件外，道路自身条件对专用道的设置也至关重要。因公交专用道的设置至少要占用一条车道，在为公交车辆提供车道的同时，也要考虑到其他机动车辆通行的需要。因此，实施公交专用道的道路，单向应具备两条以上的机动车道，一条作为公交专用车道，其余车道供社会车辆使用。

3.路中式专用道的站点设置标准

(1)路口站

考虑对路口的空间、交通影响，选取错式站台，设在路口上游，见图5-35。与过街设施相连,最小长度130m。

形式	错式站台	对式站台(在错式站台基础上，路口再拉宽6m)
位置	设在路口上游、下游	设在路口同侧(排队进站公交可能会阻塞路口)
换乘	主要通过既有地面过街设施位于地铁站上方，难以实现通道直连，需通过平面绕行	
交通组织	左转公交提前驶出专用道，与社会车辆共用左转道和信号相位	
适用对象	以直行交通为主、转向交通量不大的路口	

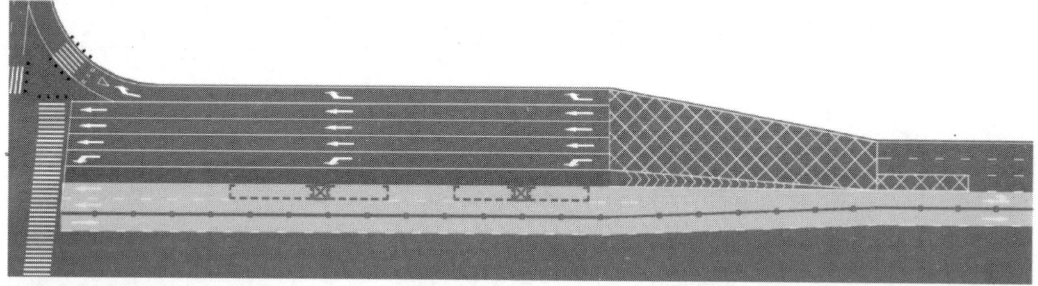

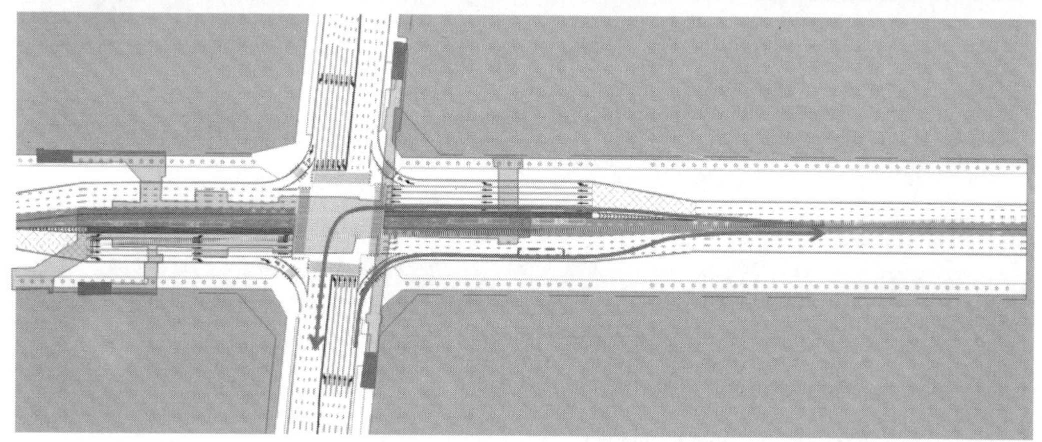

图5-35　路口站设计示意图

(2)路段站

考虑路口间距、道路横向拓宽条件,选取对式站台,长约100m,见图5-36。

(3)换乘接驳

①倡导“M+B”模式,与地铁实现一体化换乘,无缝接驳。

②完善站点周边慢行接驳系统。

形式	错式站台（受制于路口间距，450m以上为宜） 对式站台（受制于道路横向拓宽条件）
位置	车站中心点距路口最小距离200m
换乘	需增设立体过街设施； 与地铁站错位布设，可以实现通道直连
交通组织	可在通道内设公交专用左转车道，与社会左转交通相互干扰少
适用对象	左转量较大的路口

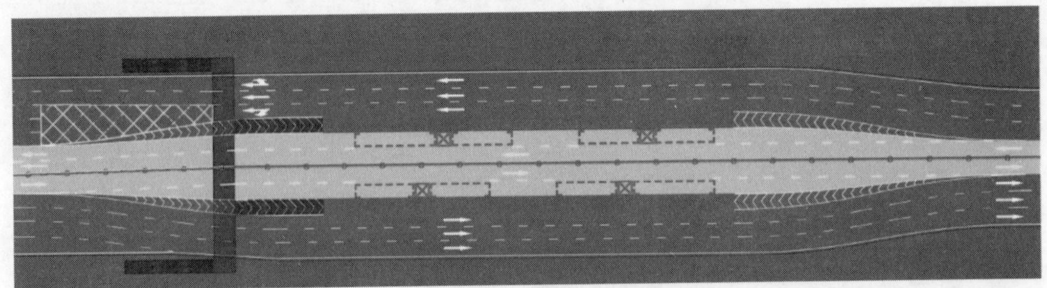

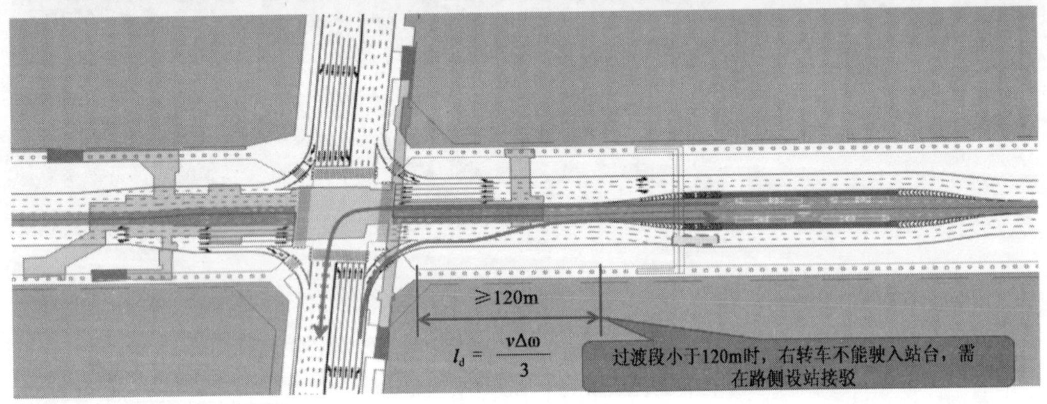

图 5-36　路段站设计示意图

五、深圳市公交专用道规划实践

1. 公交专用道规划思路

(1) 思路一：重点保障客流走廊，确保规划实施效果

在小汽车保有量持续增长、道路交通日趋饱和的背景下，路权分配工作没有中间路线可寻。影响公交运行效率的道路同样也是社会交通严重拥堵区域，避重就轻，只会导致专用道规划目标落空。

因此，专用道规划将重点保障客流走廊、确保规划实施效果。重点聚焦公交流量大、线路运力密集、交通拥堵严重的路段和节点，力求提速效果显著、受益乘客众多。

（2）思路二：充分结合外部契机

①结合轨道沿线道路恢复工程

轨道施工占用道路多数为公交客流和线路较为集中的道路，轨道施工阶段、道路资源减少、社会交通量被抑制。道路恢复后，交通量不会立即饱和，路权分配压力小，有条件结合道路恢复工程同步设置公交专用道，提前抢占路权资源。

②结合现有道路改扩建工程

道路改扩建工程在施工阶段，道路资源减少，社会交通量被抑制。在道路改扩建工程完工，道路通行条件改善的基础上，交通量不会立即饱和，路权分配压力小，有条件结合道路改扩建工作同步设置公交专用道。

（3）思路三：分步实施，缓和不利影响

对于公交专用道的设置，应采取分阶段、分批次、滚动实施模式，确保各批次实施规模可控、影响范围有限，避免矫枉过正，影响整体方案的全面实施。

（4）思路四：建管同步，确保专用道使用效果

①路权建设与监管系统建设同步进行

改变以往专用道规划重建设、轻监管的发展模式，将监管系统作为专用道的组成部分，实施一体化规划和一体化建设，避免管理缺位影响专用道使用效果。

②提升监管手段科技含量，加强专用道监管力度

大力发展路段探头、车载探头等自动化监控系统，克服人为监管覆盖面小、频率低、难以长期坚持的缺陷，以高科技装备，保障专用道监管的普及化、高频率、常态化，达到违者必究的管理效果。

2. 总体方案

针对现状公交走廊“不够快、未成网、不够广”的问题，通过打造路中式快速公交走廊、路侧式干线公交走廊、路侧式局域公交走廊，形成三级公交专用网。

（1）路中式快速公交专用网

总体规划“二横七纵”路中式快速公交专用网。联系 19 个城市中心及重点策略片区、12 个交通枢纽及口岸，大幅提升公交运行速度，缩短主要组团之间大运量公交走廊公交出行时间，见图 5-37。

（2）路侧式干线公交专用网

规划“七横四纵”路侧式公交干线走廊。其中，“六横三纵”覆盖中心城区东西方向，中心城区与二三圈层组团间的次级走廊；深南大道、南海大道两条大客运量走廊受景观或路幅宽度限制，以路侧专用道提升为主，整体改造，见图 5-38。

（3）路侧式局域公交专用网

规划“16 片”路侧式公交局域走廊。覆盖近期重点开发的策略发展区（未含坝光）以

及福田罗湖等组团中心区，承担接驳轨道、干线延伸、网络衔接功能，见图 5-39。

图 5-37　路中式快速公交专用网规划方案图

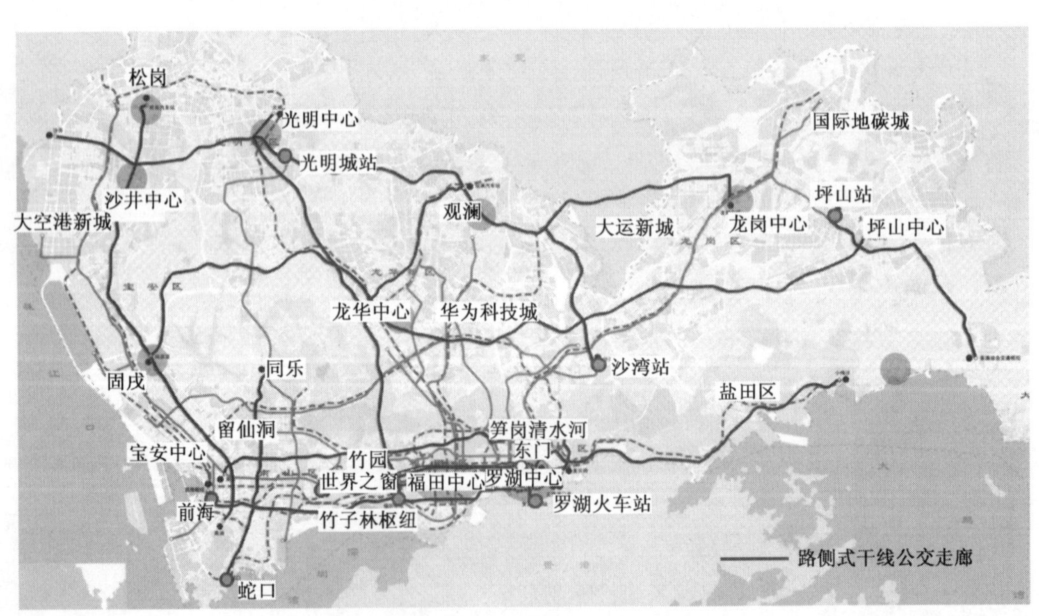

图 5-38　路侧式干线公交专用网规划方案图

三层次公交专用道网络建成后，深圳市公交专用网总规模达 2030 车道公里。其中，“二横七纵”路中式快速公交专用网 500 车道公里；“七横四纵” 路侧式公交干线公交专用网650车道公里;“16片区”路侧式局域公交专用网880车道公里,共新增1204车道公里的公交专用道。

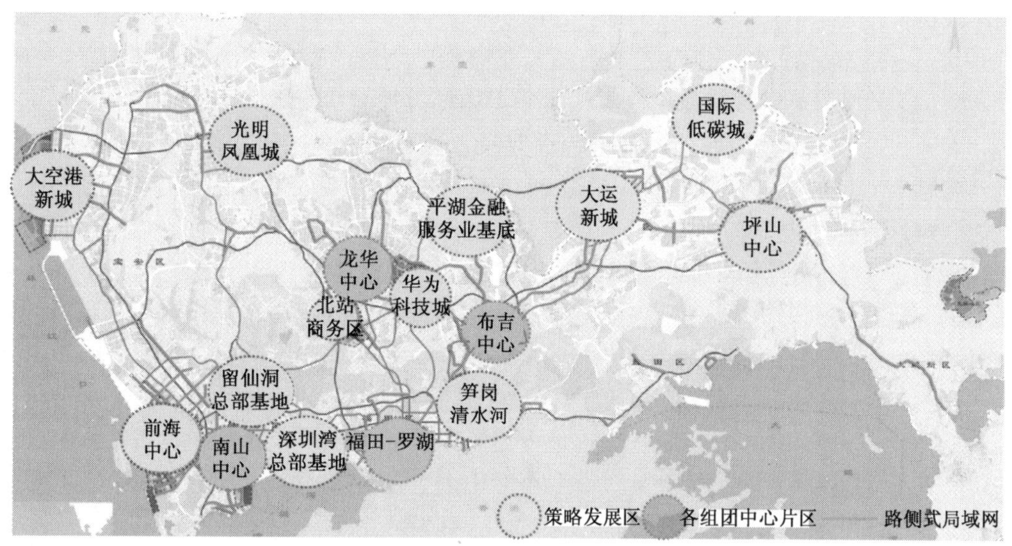

图5-39　路侧式局域公交专用网规划方案图

第五节　枢纽场站综合开发

一、枢纽场站综合开发的意义和功能

目前,大多数城市缺乏对客运枢纽场站建设的投入,主要原因在于客运枢纽站运营具有一定的公益性,经营收益不足以补贴建设及运营管理的投入。

在城市化和机动化的发展浪潮中,城市应转变思路,积极推动枢纽场站建设与发展,进行枢纽场站综合开发利用,以增加枢纽建设资金来源,增强枢纽的自我完善能力,确保枢纽的可持续发展。对枢纽场站实施综合开发,不但能更好地发挥枢纽的交通作用,还能促进城市功能的开发。主要体现在以下几个方面:

(1)发展和完善客运枢纽的综合运输功能,搭接各种交通方式于一体。

(2)改变枢纽内部土地利用单一现状,配建多种业态,增强枢纽服务功能,提高容积率,体现土地价值。

(3)综合上盖开发,利用空间资源,缓解枢纽周边用地紧张局面。

(4)提供完善的枢纽配套接驳设施,组织高效快捷的交通换乘,提高接驳换乘效率。

(5)完善枢纽周边配套服务设施,形成良好商业气氛,防止周边商业设施受枢纽割裂,加强枢纽对客流的吸引。

(6)美化枢纽建筑,丰富城市景观,打造交通节点,展示城市窗口形象。

二、综合开发的制约因素

目前,枢纽场站的综合开发主要存在以下方面的制约因素:

(1)我国现行土地政策尚不能支持单一主体统筹枢纽综合开发。枢纽开发空间主要包括交通设施空间、公用事业设施空间、商业经营性空间。我国实行严格的土地政策,凡是经营性空间,均须通过"招拍挂"方式出让。若上述三个部分的责任主体各自为政,相互之间难以有效协调。

(2)交通枢纽综合开发的行政协调管理机制不完善。目前,政府部门尚未形成有效成套的综合开发管理机制,各部门缺乏有效参与,利益诉求难以完全协调,影响综合开发质量和进度。

(3)客运枢纽场站工程建设单位进行综合开发策划的动力和能力不足,无法充分调动和有效整合设计力量。目前,我国内地枢纽场站工程建设单位普遍不具备高水平的枢纽综合开发策划能力,对综合开发没有一个明确的方向和要求,不知整合设计资源,不会对设计单位提出具体要求,导致设计单位对综合开发考虑不足。

三、综合开发实施对策

1. 强化整体策划

在综合开发项目实施之初,引入经营城市理念,加强公交枢纽项目综合开发的前期整体策划。一方面,不同地块按照统一规划设计进行开发,统筹协调、综合开发;另一方面,实现项目建设和运营的盈亏平衡,形成公交枢纽"投资—建设—再投资"良性循环,培育持续建设能力。

2. 引入战略合作者,强化项目实施能力

通过战略合作,引入资金和经验,以解决项目开发前期资金不足的问题;通过引入具有丰富项目开发经验的战略合作伙伴,能加速推进项目综合开发的实施。借助战略投资者的雄厚资金、先进管理模式、市场运作经验和战略资源来确保项目的成功。通过与战略合作者的紧密合作,为本地企业后续综合开发项目的顺利实施积累经验。

3. 突破政策障碍,建立适合国情的操作模式

(1)推进用地规划调整

在规划设计阶段改变土地使用性质,变"交通用地"为"市政综合用地",明确该用地为枢纽设施,可与其他可经营性设施混合使用,从规划政策层面肯定枢纽地区进行综合开发的合法性。同时,依照法定程序,适当提高枢纽用地的规划容积率,使其不低

于枢纽地区商业服务业用地的平均容积率，从操作层面保证枢纽地区进行综合开发的可行性。

(2)完善土地供应政策

传统概念上的交通建设用地为土地划拨，意味着仅仅进行交通设施建设、运营，而不能进行其他性质的开发、建设。如果要进行综合开发，就需要打破这种传统的观点，建立适合国情的操作模式。

首先，建立土地分层供应制度，创新土地转让方式。《中华人民共和国物权法》第136 条规定：建设用地使用权可以在土地的地表、地上或者地下分别设立。新设立的建设用地使用权，不得损害已设立的用益物权❶。这一规定为土地分层出让奠定了基础，各地陆续开展了土地分层利用的实践探索。土地部门可结合枢纽的实际，按照鼓励集约利用的原则，完善土地分层供应的相关政策，为交通枢纽的综合利用扫清障碍。支持单一主体统筹开发，增强建设、规划、开发之间的协调能力，使场站建设与综合开发切实融为有机整体。

其次，建立枢纽周围地区土地储备制度。参考上海虹桥枢纽的经验，通过土地整理储备中心的介入，保障枢纽周围地区可经营性土地的供应。按照“统一规划、分期建设”的原则，形成与枢纽设施一体化开发的综合功能区。

(3)建立综合开发总体协调工作模式

枢纽场站综合开发涉及交通设施的建设与运营、城市规划、投资等多个方面，是一项关系到政府部门、运营企业、施工单位与物业开发商的系统项目。在对项目通盘综合化的规划设计基础之上，建立总体协调工作模式(图 5-40)，统筹各专业，确保综合开发项目的整体性、协调性、可行性。形成多方合作和利益分享的联合开发机制，在项目实施过程中，将枢纽场站的建设与物业开发当成一个整体来考虑，并对其进行综合规划设计与建设，通过联合可以使整体利益大于任何一个单一规划与建设的利益。

四、枢纽综合开发模式及开发控制建议

1. 枢纽综合开发模式

目前，枢纽综合开发的模式主要分为政府保管模式与企业主导模式两种，见表 5-17。

根据国外成功经验，建议以企业主导模式作为客运场站综合开发模式的优先选择模式。

2. 枢纽综合开发控制建议

公交枢纽站综合开发模式能充分释放场站用地的土地价值，实现较高的价值回报；建设资金不必完全依赖政府，改变单纯交通功能的枢纽站建设现状。然而，开发企业往往

---

❶用益物权是指他物权，包括土地承包经营权和宅基地使用权与地役权。

只追求综合开发的经济利益最大化，忽视枢纽站的交通功能，因此，必须对综合开发的公交枢纽站进行有效的规划控制，实现交通效益与开发效益的双赢。在确定合理开发规模的过程中，交通影响评价结论最为重要。要严格依据交通影响评价结论对开发规模进行控制，明确开发容积率，避免开发企业片面追求经济利益最大化，忽视开发项目对城市交通的不利影响。

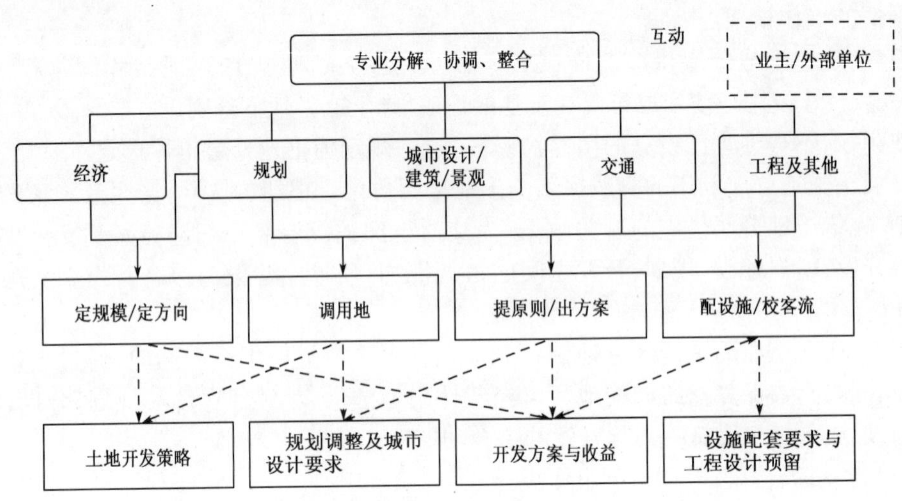

图 5-40　总体协调工作模式示意图

枢纽综合开发实施策略分析表　　表 5-17

模式	政府保管模式	企业主导模式
特点	政府出资建设枢纽场站（包括周边的环境建设）	企业筹资建设交通综合体（包括周边的环境建设）
核心价值主张	提升城市交通便利，缓解交通压力；通过综合开发利用，美化城市形象，提升城市功能，为周围居民提供更多机遇，并提高生活水平	

五、深圳市枢纽场站综合开发实例

深圳安托山综合车场在规划设计过程中，考虑了综合开发。地块用地性质为交通设施用地，占地面积 25196 平方米，地块周边以居住用地、绿地、工业用地为主。

项目进行综合开发的目的是通过对综合车场周边空间的综合开发，产生商业效益，弥补车场建设资金缺口，实现公交车场的可持续发展。项目片区定位为市级生态廊道，为塘朗山以南居住地区提供文体、商业、医疗、市政等配套设施服务的综合社区。

根据功能复合化，节约资源，聚合效应，最大化土地使用效率等规划理念，对项目进行功能分析：地块适宜以居住为主 + 商业类型进行开发，可创造较高的价值。交通楼与公寓用绿化分隔,减少其对居住的负面影响,如图 5-41 所示。

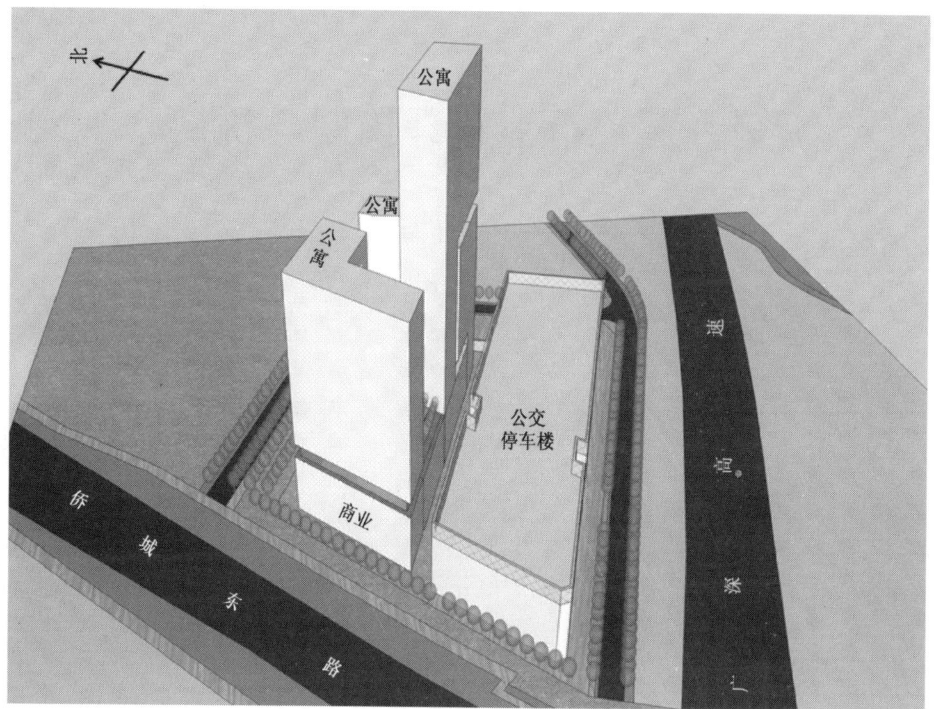

图 5-41　安托山综合车场综合开发方案示意图

第六章　行业管理体制与机制

第一节　管 理 体 制

一、大交通管理体制

“大交通管理体制”概念建立在两个理念基础上：一是“大交通”理念，二是“大部制”理念。

1.“大交通”理念

所谓“大交通”，可理解为综合运输。综合运输是交通运输系统各组成部分之间以及与外部环境一体化协调发展的协作运输模式。综合运输体系是实现一体化交通运输的设施、技术、经济、制度系统，主要内容包括五大层面。

(1)功能与服务层面：社会经济对交通系统运行要求方便、快捷、安全、经济、门到门服务、适时(Just－in－time)、无缝连接、零距离换乘等。

(2)载运工具、技术与标准层面：各种大型、高速、集装化、标准化运输技术硬件，各种智能交通、无纸贸易、电子收费、企业运行控制系统等高性能软件系统以及各种相关设施、设备、服务和信息的设计标准与规范。

(3)基础设施层面：通过综合枢纽和大型换乘中心的规划与建设，解决综合交通网络中点与线、城市对外交通与内部交通的协调与衔接，包括铁路在城市的地下化或立体化。

(4)运输组织与市场层面：运输企业与组织从传统的单一运输方式运营商，转向更高水平的多式联运、快递、物流企业、跨运输行业的企业联盟和供应链集成商。

(5)体制与政策层面：综合运输的发展要求改变传统的分方式运输管理体制，建立相应级别的综合性运输系统，实施国土、建设、能源、环境共同管理体制，推行综合性运输政策、法规与规划。

2.“大部制”理念

“大交通管理体制”主要针对我国“传统交通管理体制”而言。我国传统交通管理体制是在计划经济体制下逐步形成的，基本做法是对交通要素进行人为分割，将交通行政管理权分配给规划国土、建设、交通、公安等不同部门。在传统交通管理体制中，交通部门负责公路运输(货运、长途客运、郊区出租汽车)、公路和场站规划建设以及水路交通运输的行业管理;规划国土部门负责仓储物流的用地规划;市政部门负责城市公交和城市客运出租汽车的管理;建设部门负责城区道路的规划、建设;公安部门负责城市道路交通安全管理与控制。

随着社会经济发展形势的变化,体制性障碍日益凸显,具体表现在交通管理领域政出多门、部门分割、职能交叉、缺乏协调、管理效率低下,严重影响了我国交通运输体系总体效益的发挥。

纵观国外,第二次世界大战之后,欧美及亚洲一些先进国家的城市,开始逐步采用科学的现代化城市交通管理体制来管理城市交通,主要内容是明确政策制定、执行、设施建设三大职能分工,职能部门权责清晰、高度协调。比如,城市交通运输及交通安全的立法、政策制定、交通规划(道路、车站、人行天桥、停车场)、交通组织、信号控制等,统一由运输主管部门负责;城市道路、交通设施的建设与维护,统一由城市道路主管部门负责;路面执法(交通秩序及营运行为)统一由警务部门负责。这一行之有效的管理模式,给我国交通管理体制改革与发展指出了宏观发展的方向。

2008 年年初,以“大部制”理念为突破口的新一轮中央政府机构改革开始启动。所谓“大部制”,即为推进政府事务综合管理与协调,根据政府职能业务的雷同性、共性和重合性,合并一些部门,或者扩大一个部门所管理的业务范围,最大限度地避免政府职能交叉、多头管理。在大部制改革过程中,交通运输行业改革的基本做法是,成立交通运输部,并作为交通行业的主管部门,国家民用航空局和国家邮政局由交通运输部管理。2009 年,针对交通管理领域中大量存在的根深蒂固的体制性障碍,交通运输部向各地印发了《地方交通运输大部门体制改革研究》和《深化中心城市交通行政管理体制改革研究》两个研究报告。报告提出了各地深化交通运输行政管理体制改革的原则和目标以及优化交通运输行政管理组织结构的基本模式,为各地交通部门指明“大部门、大管理、大统筹、大协调”的改革思路。

“大交通管理体制”的特征包括四个方面:

第一,将交通运输系统作为一个有机整体进行统一的规划与管理。除了将铁路、公路、水运、民航和管道五种现代交通方式的主管部门整合为一以外,还将城市交通、邮政、物流纳入交通主管部门统一集中管理。在此基础上,通过功能整合和专业统筹,进一步将一些业务范围趋同、职能相近的事项进行统筹协调管理。

第二,对交通行业进行横向整合,理顺综合部门与专业部门之间的关系,保障综合部门与专业部门各定其位、各司其职、职能错开、权责对等。交通部门的职能包括政策制定、规划、设计、投资、建设、运营、管理、服务,提出交通问题解决方案和提供交通公共服务;城市综合部门主要是负责资源横向统筹职能,分别从土地、空间、资金、环境等方面对公共资源进行统筹分配,确保各行业与城市发展、各行业间协调一致,统筹发展。

第三,对交通行业内部纵向整合,保障交通管理的持续性和科学性。为了确保交通行业纵向运行规律的专业性、完整性,对交通系统从政策、规划、设计、投资、建设、管理、服务等各个纵向环节的职责进行一体化整合,实现交通管理的持续性、科学性。

第四,实行决策、执行、监督既相互协调又适度分离的行政运行机制。在交通主管组织内部分设不同机构,分别行使决策权、执行权、监督权,实现决策层进行科学决策,执行层进行专业管理,监督层对决策及执行层进行相应的监督。

二、大交通管理体制改革的作用

1. 大交通管理体制的整体效果

(1)明确统筹城市交通管理的责任主体,形成“交通部门统筹,其他部门配合”的大交通工作格局。

(2)理顺城市发展与交通建设的关系,城市规划与交通规划有机衔接,综合交通运输规划体系基本建立。

(3)构建城市交通运行承载网络,完成全市公路、城市道路的双网合一,形成一体化规划、建设、管养的路网体系。

2. 把握交通管理体制改革方向

(1)形成一体化交通发展理念,建设城市综合交通运输体系

一体化交通要求交通管理职能的系统整合,遵循整体最优化原则,最大限度发挥体系的集成优势和组合效率,达到多种交通要素的相互匹配,多种交通方式的无缝衔接,多个运营主体的默契协同,交通资源的充分共享。

(2)明确保障交通畅通的责任主体

交通行业的核心价值是“出行者第一,用户为本”。交通发展中的一切问题,都必须围绕上述核心价值来进行思考、分析。交通事业发展水平,要用满足人的交通需求来评判,以服务质量来评价。

(3)树立公共道路理念,构建城市交通网络

公共道路(Public Road)是指在所有的道路、街道中,政府拥有管辖权、进行维护、向公众开放的道路。公共道路是重要的公共基础设施,直接为经济社会发展和人们的生产生活提供无差别的普遍性公共服务,是组织国家、地区、城市经济社会循环,综合交通运输体系运营的基础性、保障性、先导性交通公共资源。

(4)体现广义公交理念,构建公交都市低碳交通模式

广义公交范畴包括公共交通、小汽车交通、慢行交通等各类交通,统称为广义公共交通,统一纳入交通部门的管理范畴。一体化城市交通运行管理,在于打破传统公共交通与私人交通对立竞争的思维模式,强调公、私交通间的系统平衡、有效衔接、和谐共生;充分依托政策和技术,以合理方式满足交通出行需求,减少小汽车使用,构建公交都市,实

现低碳交通。

3. 保障交通运输体系稳步发展

(1)机构职能设置实现拓展

任何行政管理体制的建立、改革与完善，都是围绕行政职权的划分或分配进行的，所以，交通管理职能划分和设置是构成交通管理体制的基本要素，交通管理职能的划分或分配在交通管理体制中占有重要地位。

①交通行政主管职能定位

科学设置交通部门职能定位，依法科学规范职能和权限，是交通行政管理机构设置的前提和基础。交通系统与外部横向关系决定了交通行政主管部门职能定位在于解决部门之间职能划分不明确，职责相互交叉问题，通过改革，理顺综合部门与交通专业部门之间的关系，保障综合部门与专业部门权责一致、相互协作；交通系统内部主要是实现交通工作各环节的一体化管理，实现交通行业内部纵向整合，从政策、规划、设计、投资、建设、管理、服务等各个纵向环节的职责进行一体化整合，保证交通系统从决策到运行的持续性和科学性。

②合理划分交通与其他部门的职责

交通部门实施大交通管理体制，原则上坚持交通工作由交通部门负责。确需多个部门负责的，要明确牵头部门，分清主次责任。经过改革，明确了交通部门与规划国土部门关于交通规划的职责划分，与公安交警部门关于道路交通安全、道路交通配套设施的建设管理、道路开挖、城市道路交通畅通等方面的职责划分，与城管部门关于道路照明、绿化、道路执法以及户外广告等方面的职责划分。

③建立交通与其他部门沟通协调机制

虽然实行了“大部门制”，交通事项由交通部门负责，但由于交通管理工作“点多、线长、面广、体大、事杂”，更需与各综合部门和相关专业部门建立科学、高效的协调机制，保障综合交通工作的扎实有序开展。改革实施后，交通主管部门与交警部门、规划部门、城管部门、各区政府之间按照“逐级、动态、过程型”的模式，就道路设施、交通管理及执法、交通规划、道路建设管养、公共交通、运输市场、交通综治等方面形成无缝衔接与综合联动的协调机制。

④合理配置交通部门内部机构职能

在探索实行职能有机统一的大部门体制基础上，按照决策权、执行权、监督权既相互制约又相互协调的要求，交通部门内部机构划分为“决策—执行”两个层级，其中，决策层职能定位体现综合性、宏观性和监管性，主要承担制定政策、规划、标准等职能并监督执行；执行层职能定位体现事务性、具体性和服务性，主要承担交通决策的执行和服务职能等。

⑤积极推进交通行政管理职能转变

经过多年的实践探索，我国政府职能转变的目标和内容已经明确，即与社会主义市场经济相适应，切实把政府职能转变到经济调节、市场监管、社会管理和公共服务上来。《深圳市政府机构改革方案》(2009 年)鲜明地提出了坚定社会主义市场经济改革方向，实现政府职能的根本转变，旨在创造良好发展环境、提供优质公共服务、维护社会公平正义。从城市政府直接服务企业和市民的实际出发，在加强经济调节的同时，更加注重市场监管、社会管理、公共服务。

(2)组织结构优化

交通行政管理机构改革的任务是科学规范职能，合理设置机构，优化人员结构，实现机构和编制的法定化，切实解决层次过多、职能交叉、机构臃肿、权责脱节和多头执法等问题。

优化组织结构。合理设置交通行政组织结构是交通行政管理体制改革的重要内容。

适度控制规模。政府要发挥应有的作用，需要适度控制政府规模。适度的政府规模要求政府职能定位、行政权力范围与城市经济社会发展相适应，与社会对公共产品和公共服务的需求相适应。政府的机构设置、人员配置数量、行政成本需与城市经济社会发展水平相匹配。

(3)制度法规建设

①制度建设

制度建设是抓好交通工作的根本。交通行业制度建设是深化交通行政管理体制改革的重要保证。具体表现为：

建立健全决策、执行、监督既相互协调又相互制约的运行机制。实行科学民主决策制度，依法规定各类行政决策程序，健全行政决策责任制度，努力实现决策的科学化、民主化、法制化；健全行政决策制度，特别是健全重大的调查研究制度、重大事项的集体决策制度、重大决策事项的听证和公示制度、专家咨询和评估制度、决策的责任制和责任追究制度。

推行政府绩效管理和评估制度。按照科学发展观要求，明确交通部门政府绩效管理指导思想、基本原则和总体目标以及绩效评估的主体、内容、方法与程序；建立科学合理的绩效评估指标体系和评估机制，努力提高绩效评估的公正性、准确性和有效性。

健全政府责任体系，推行行政问责制度。坚持权责统一、依法有序、民主公开、客观公正、有错必究的原则，规定交通行政问责的主体、客体、方式和内容，明确有关人员的政治责任、行政责任和法律责任，规范行政问责的程序；建立行政责任追究制度，对决策失误和行政不作为、乱作为造成严重后果的要追究责任；建立健全行政问责机制，将行政问责与行政监察、审计监督、绩效评估有机结合。

完善交通行政监察制度，加大行政权力监督，规范行政许可行为。交通行政行为依法接受纪检监察机构的监督，接受人大代表、政协委员的监督，同时接受新闻舆论和市民监督,形成了系统内部监督、专门机构监督、新闻舆论监督、人民群众监督相结合的监督体系。

②法规建设

大交通制度有利于交通行业按照合法行政、合理行政、程序正当、权责统一、高效便民的要求,加快建设法治政府和服务型政府,加强和改进政府立法,特别是加强社会管理和公共服务方面的政府立法。

进一步严格执法,强化行政执法责任制,建立健全权责任明确、行为规范、监督高效、保障有力的行政执法体制,完善执法程序。

进一步完善行政复议、行政赔偿和补偿制度,规范行政复议程序、提高行政复议效能,建立健全行政复议的激励机制、保障机制和责任追究机制。

加强对法律、法规、规范实施情况的评价,及时修订、调整、完善交通行业有关法律、法规和规范。

三、深圳大交通管理体制改革实践

1.深圳大交通管理体制的职能设置

(1)划入的职能

①划入原市交通局、原市公路局、原市城市交通综合治理领导小组办公室(市轨道交通建设指挥部办公室)的职责。

②划入原市城市管理局(市城市管理行政执法局)的市政道路、桥梁的管理、维护及市政道路执法职责。

③划入原市规划局的组织编制交通专项规划及市政府投资新建市政道路立项主体的职责。

④划入市公安局交通警察局的交通标牌、标识、标线、护栏等交通设施的设置、管理和维护以及新建、改建道路上的交通信号灯、诱导屏及其他监控设施的设置职责。

(2)取消和调整的职能

①取消公路养路费、航道养护费、公路运输管理费、公路客货运附加费、水路运输管理费、水运客货运附加费这六项交通规费的管理职责。

②取消城市中小型客车线路经营权、从事机动车驾驶员培训业务、水运工程开工行政许可以及香港、澳门入境车辆资料变更登记、港口岸线的使用(初审),机场内实行特许经营项目的范围、收费标准和特许经营项目授予方式的审核这六项行政审批事项。

③调整出租小汽车营运牌照质押登记、重点物流企业认定、现代物流项目认定、现代物流业发展专项资金资助申请初审、深圳航空业财政奖励初审这五项行政审批事项为一般服务事项。

(3)加强的职能

①加强交通规划、建设、管养的有机衔接,优化交通运输布局,促进各种交通运输方式相互衔接,发挥整合优势和组织效率,加快形成便捷、通畅、高效、安全的综合交通运输体系。

②为适应深圳城市化发展需要,加强全市一体化路网体系建设,优化路网结构,强化全市道路(含城市道路、公路,下同)的规划设计、建设、管养、运营等统一管理职责。

③加强统筹特区内外交通建设和运输协调职责,大力发展特区外公共交通,加快特区内外交通建设和运输一体化进程。

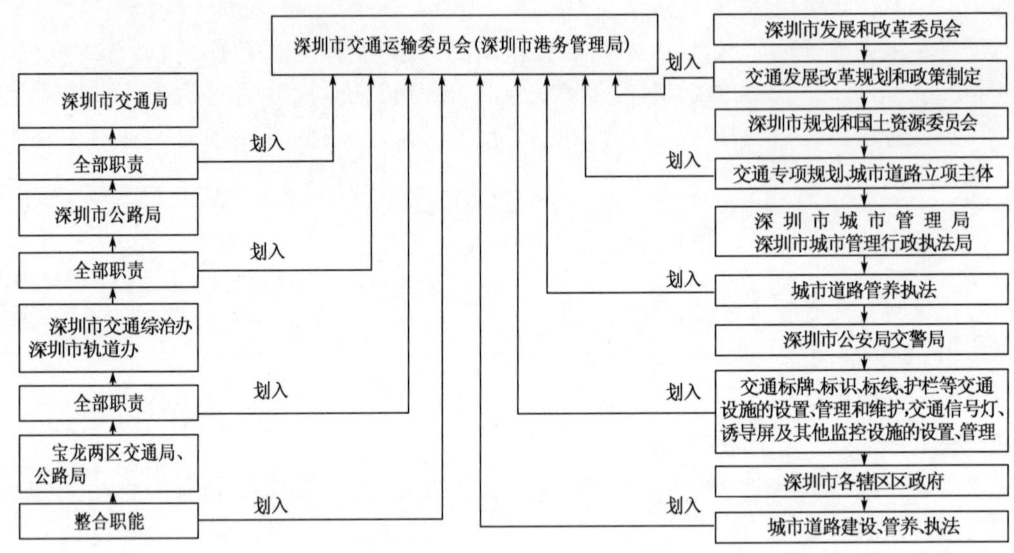

图 6-1　深圳市交通运输委员会职能调整图

2. 深圳大交通管理体制改革的八大突破

(1)城市交通管理职责全面纳入大交通管理体系

交通部门的核心价值在于保障城市交通畅通,提供高品质的交通服务,保持城市机体正常高效运转,使城市更加具有活力和动力。此次改革明确由交通部门负责预测总需求、制定总政策、提出总方案、提供总供给,实现总需求和总供给的动态平衡,保障城市交通畅通。包括:建立并实施交通影响评估制度,组织开展交通需求管理;汇总、发布城市交通信息,分析、评估城市交通状况,制订和组织实施城市交通组织、管理和改善方案。

(2)一级统筹管理全市交通运输工作

改革后由交通运输委员会统筹管理全市交通运输工作,打破了原特区内外交通运输发展城乡二元结构的体制藩篱,精简了行政层级、缩短了管理链条,见图 6-2。

(3)统一城市道路、公路管理主体,构建一体化公共道路体系

建立公共道路的理念,构建城市交通运行承载网络。打破城市道路、公路"二元分

治、多头管理"体制藩篱,融合两套路网,见图 6-3。按照城市道路、公路均为公共道路(Public Roads)的根本属性,统一了全市城市道路和公路管理主体,建立了层次清晰、功能明确、干支协调,并符合城市化进程发展需要的一体化公共道路网络体系,实现"六个统一",即统一政策、统一标准、统一规划、统一设计、统一建设、统一管养。

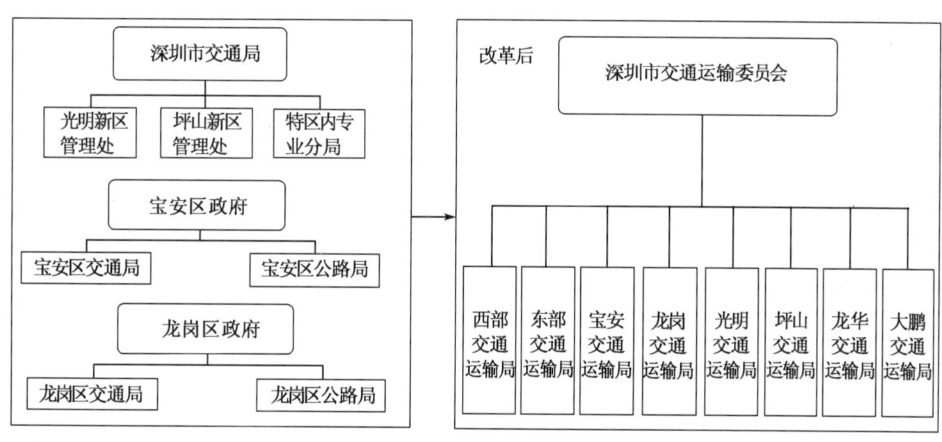

图 6-2 一级统筹全市交通运输管理

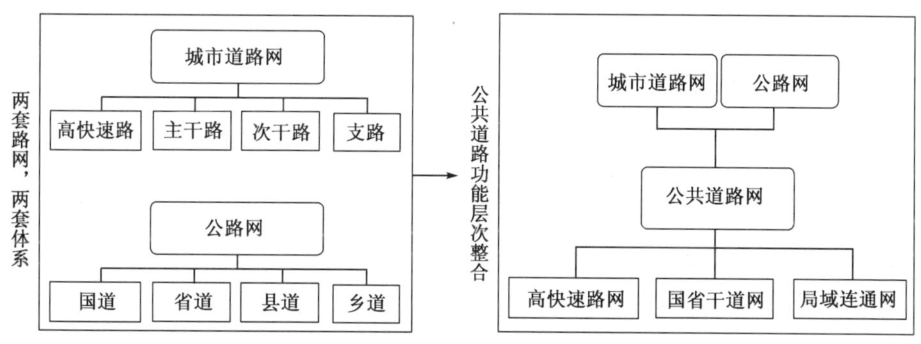

图 6-3 构建一体化公共道路体系

(4)全面集成交通运输纵向运行职能

此次改革分别将规划部门、城管部门、交警部门、分散在市以及各区相应部门的有关职能整合到交通运输委员会。实现了全市交通运输"政策—规划—设计—建设—运营—管理—服务—应急"等纵向职能的一体化综合集成,实现了大交通纵向管理链条的贯通和完整,见图 6-4。

(5)城市交通动态资源和静态资源有机整合

改革后由交通运输委员会统筹管理全市动态交通、静态交通资源,实现城市交通资源配置动静结合、软硬并举,交通资源从数量规模型转向质量效能型,见图 6-5。

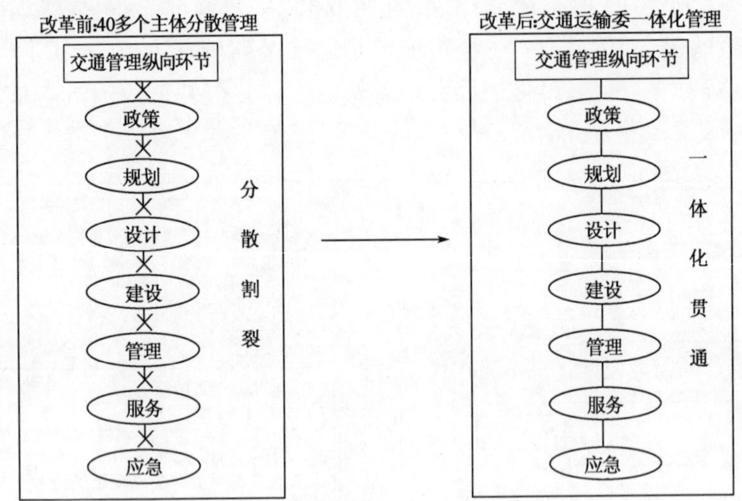

图6-4 交通运输职能的纵向一体化

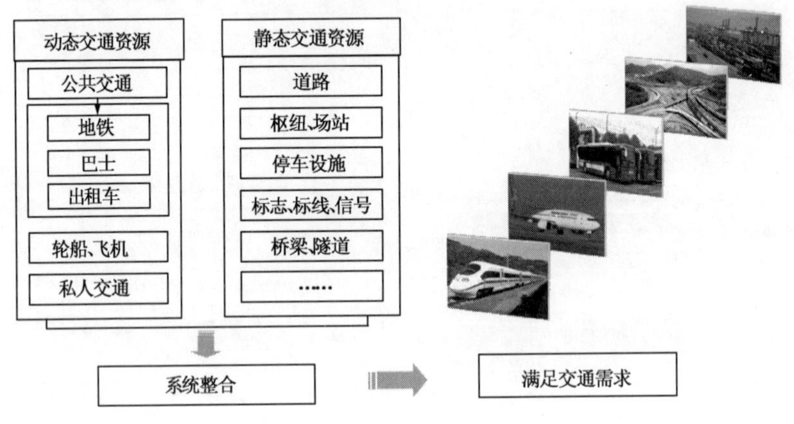

图6-5 有机整合城市交通动、静态资源

(6)全市智能交通工作集中统一管理

改变原来全市智能交通战略、政策、策略、计划主体多元的局面,解决智能交通资源多、小、散、乱的问题,发挥全市各类型智能交通资源的集成优势和组合效率,加强智能交通公共服务产品的优质供给。由市交通委统一负责全市智能交通工作,率先组建智能交通处,充分发挥交通主管部门在构建全市一体化智能交通体系上的主体作用,见图6-6。

(7)形成"一体化、三层次、网格化、民生型"的交通管理单元

对日常性、民生型的事务,采用"平面网格型模式",形成"一体化、三层次、纵向到底、横向到边"和"网格化、有机性、民生型"的管理体制。设置市交通运输委西部、东部、宝安、龙岗、光明、坪山、龙华、大鹏交通运输局以及下属58个街道交通管理所(交通服务

站）。提出交通管理开门七件事：道路养护管理、交通设施管理、公交设施管理、慢行交通管理、路政执法管理、停车拥堵管理、交通诉求服务。

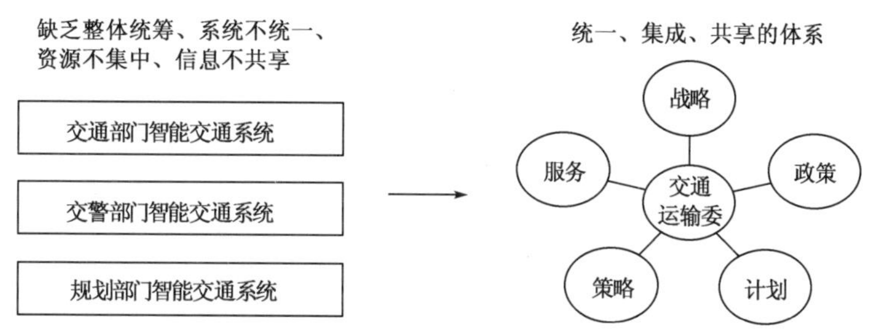

图 6-6 统一管理全市智能交通

(8)建立交通部门统筹、多方联动的工作机制

①理顺专业部门和综合部门关系(图 6-7)

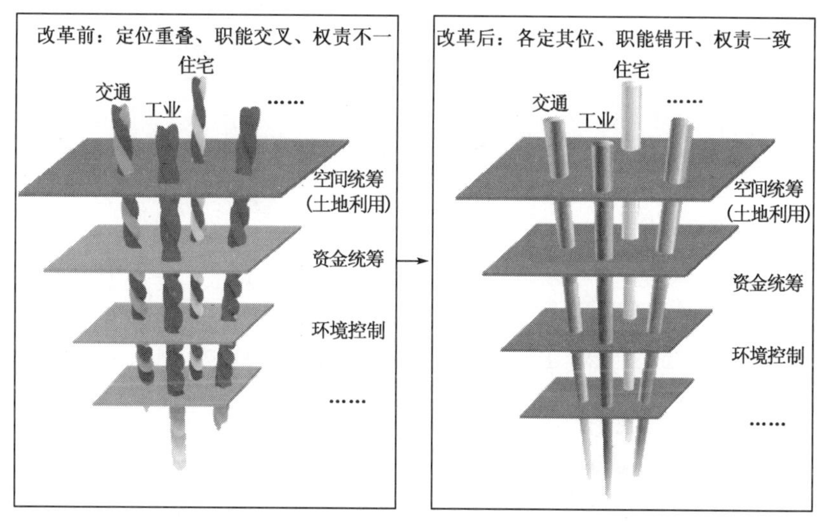

图 6-7 专业部门与综合部门职能配置示意图

在交通部门与规划部门间形成了“各定其位、职能错开、权责一致”的分工协作机制，形成闭环责任链条(图 6-8)。

②理顺交通部门和交警部门的关系

在交通部门与交警部门之间建立“逐级、动态、过程型”的沟通协调机制，见图 6-9。

③建立市交通运输委与区政府交通发展管理联席会议制度

2012 年，为实现交通运输委与各区在交通发展管理上的无缝对接和快速联动机制，交通运输委与各区政府(管委会)建立了“辖区交通发展管理联席会议制度”。根据这一制度，市交通运输委主要领导划分对口衔接的区政府，而各个区级政府都有指定的主要领导人担任会议召集人。交通运输委参会部门包括:综合法规处、规划设计处、发展计划处、建设管理处、公共管理处和辖区交通运输,名区政府参会部门包括:发展改革部门、财政部门、建设部门和相关街道。

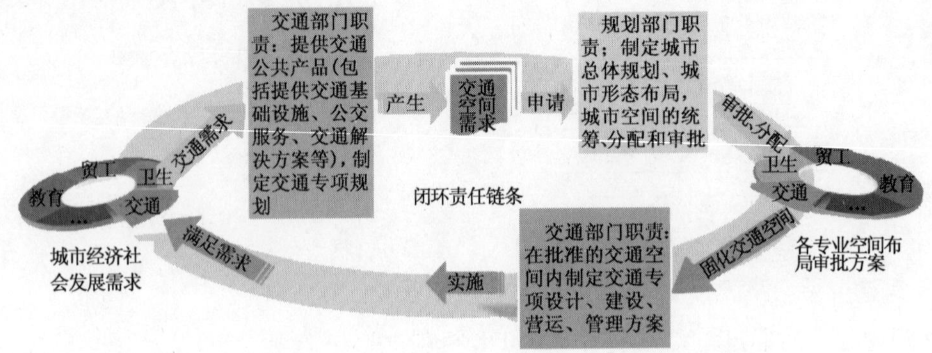

图 6-8　专业部门与综合部门协调机制示意图

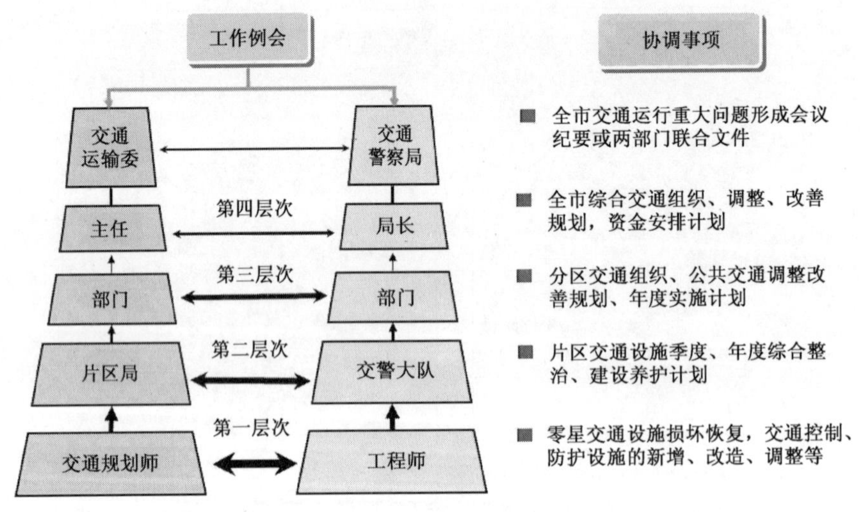

图 6-9　深圳市交通部门与交警部门协调机制及协调事项示意图

第二节　公交行业规制

一、理论基础与经验效果[1]

从产业政策角度,公交行业发展模式可分为公共垄断、放松管制与竞争性招标三类。

[1]深圳市交通运输委员会,《深化公交体制机制改革总体方案研究》。

1. 公共垄断

公共垄断指一个城市的公共交通服务，主要由国家或地方政府开办的公共交通公司提供。公共交通领域实行公共垄断的理论依据可归结为三个方面：第一，公共交通具有规模经济特征；第二，有效率的公交系统应该是一个整合的系统，自由竞争无法实现这种整合；第三，公共部门提供公交服务，可以更好地体现社会公平。

第二次世界大战结束至 20 世纪 80 年代，公共垄断模式在发达国家十分盛行。这些国家的实践表明，公共垄断的运营模式有助于建立一个高度协调的城市交通网络，能够对公交网络结构、常规公交与其他交通方式（轻轨与地铁）的衔接、票价收入系统以及各种服务信息进行有效整合，并通过对票价的控制来提升社会公平度。

公共垄断模式的缺陷主要体现在以下三个方面。

首先，较之自由竞争企业，垄断企业效率较低。传统理论认为，存在规模经济产业，单一企业比多个企业生产成本更低。然而，事实并非如此。存在两方面原因：一是垄断企业，或者由于缺少竞争刺激，或者由于能较容易将成本转嫁给消费者，一般不会有竞争企业那样强烈提高效率、减少成本的动机；二是由于垄断企业规模较大，企业内部组织复杂，管理成本相对较高。

第二，公共交通并非必然具有规模经济特征。规模经济是采用公共垄断模式的一个重要依据，但通过对公共交通更为细致的分析，发现有关规模经济的结论过于武断。公共交通在实际营运中，可能无法获取规模经济。首先，交通需求具有明显的波动性。如果公交公司在低谷时间（如周末或夜间）配置过多的车辆营运班次，运送乘客人次虽会增加，但运送每位乘客的平均成本也可能增加；其次，人口密度不宜过低。人口密度过低的城市不易获得公交的规模经济，乘客流量稀少时，公交运行次数越多，平均运送每位乘客的成本就可能越高，公交服务的平均成本有可能随着产出的增加而增加。

第三，政府政策限制。出于社会公平等方面考虑，政府通常会在人口低密度区设置一些必然亏损的公交线路。显然，这种补贴的做法有可能弱化、甚至消除公交服务技术上的规模经济特征。

例如，英国在 1972～1982 年间，政府财政补贴由 1000 万英镑上升至 5.2 亿英镑，剔除通货膨胀率，政府补贴增长了 13 倍。对于发展中国家，由于资金短缺和城市人口迅速膨胀，公共交通服务的政府供给和需求之间普遍存在较大缺口，造成政府资金压力巨大。

2. 放松管制

放松管制指政府对原先管制的领域解除管制，通常包括解除进入管制和价格管制，强调“市场竞争”。放松管制的理论依据是可竞争的市场理论，具体可归结为两点：

（1）公交运营商的固定资产主要由车辆（尤其是尺寸较小的客运汽车）构成，这些车辆若干年内会耗尽价值，或虽未耗尽价值但转作他用，基本不具有沉淀成本的功能。

（2）当运营商将票价定入平均成本中时，想进入公交行业的其他潜在运营商将失去进入行业的动力。

与公共垄断相反,放松管制能明显提高公交运营效率。但同时也会带来了一系列的负面效应。具体体现在:容易导致因争抢客源而引起的恶性竞争;不利于线网结构和票款系统的整合;票价的公益性难以体现,票价上涨幅度明显;公交服务水平和服务的公平性难以保证。总体来说,放松管制下公交整体服务质量差,社会效益较低。英国放松管制的效果见表 6-1。

英国放松管制的效果(1985 ~ 1998 年)

表 6-1

区域	规制模式	政府补贴	运营成本	乘客数量	票价
除伦敦以外的都会地区	放松管制	-56%	-53%	-40%	62%
伦敦	竞争性招标	-85%	-46%	12%	38%

注:表中数据均与 1982 年实行公共垄断时相对比。

目前,在公共交通领域采用放松管制的国家或城市较少。以英国为例,政府于 1986 ~ 1999 年间对伦敦以外的区域实行放松管制。期间,公交公司每公里的平均成本下降 54.0%,总支出减少 41.8%,总运营里程增长 26.7%,增加了城市中心地带交通高峰期间的服务数量。但同时,原有的网络结构与票款收入的协调系统被破坏,票价上涨,郊区、周末及晚间的交通服务减少,运营时刻表被频繁更改,繁忙的市区线路车辆进入过多,旧车充斥市场,最终导致了乘客数量的下降。

3. 竞争性招标

竞争性招标指公交运营公司(公共的或者私营的)必须按照政府交通管理机构制定的标准,通过竞争性招标,在一定时期内获得提供交通服务的权利。竞争性招标强调的是"为市场而竞争",即公共交通服务提供者只对经营权竞争,而不是市场中的直接竞争者。

竞争性招标的基础是特许权投标理论,即将事前竞争与事后垄断分离,提倡事后垄断的事前竞争。其中,事前竞争是指潜在的公交运营商对独家经营权的竞争。经过事前竞争与事后垄断的分离,竞争性招标可以将竞争效率与独家生产的规模经济有机地结合起来,从而消除垄断利润。

国内外城市公交发展经验表明,竞争性招标将竞争和管制有机地结合起来,在一定程度上克服了公共垄断和放松管制带来的缺陷。具体表现在:通过经营权的竞争可刺激公交服务的效率,降低成本;竞标在政府管制的框架内进行,政府既可根据当地交通市场的具体情况制定合理票价、统筹规划公共交通线路设置、网络经济与网络效率,对票款收入系统进行有效整合,又可通过竞标性合约限制和监管公交运营公司的进入及其运营行为。所以,在服务水准维持原有水平或略有提高的情况下,竞争性招标可以显著地节省公交运营成本。

二、不同管制政策下的行业特征分析

根据公共交通产品属性分析,公交行业具有准公共性,这就意味着公交行业具有公共产品和私人产品的复合特性，必然具有公益性和经营性。

公益性要求企业以合理的价格、较为充足的数量向社会优质、可靠地提供产品或服务。经营性要求企业可维持生存，发展壮大，并获取一定的回报。为兼顾这两方面，政府需对企业的经营实施严格管制，在保障企业可经营性的前提下，应避免企业追求利益最大优而损害公共利益和社会效率，最终实现社会经济效益的最大化。下面从经济效益、社会效益两个维度，对不同管制政策下的公交行业进行分析：

（1）公共垄断管制政策下，公交行业发展形成垄断市场结构，公交行业初期具有较高的社会效益，随着垄断进一步发展，由于企业运营积极性的降低和政府监管力度的不足，社会效益和经济效益都将降低。

（2）放松管制政策下，公交行业发展形成充分竞争市场结构，公交行业处于发展—竞争—恶意竞争—淘汰—发展的循环周期中，整个过程经济效益此消彼长，公交运营企业供给不稳定，社会效益一直处于较低的状态。

（3）竞争性招标政策下，公交行业容易形成有效竞争的市场结构。在整个发展过程中，公交行业发展兼顾了规模经济与竞争活力，最终实现社会经济效益的最大化，为公交行业发展提供了一个良好的市场环境。

综上分析，竞争性招标管制政策可有效地解决公交企业“公益性”和“经营性”之间的矛盾，通过从市场外部对企业行为进行经济和社会的规制，实现社会经济效益的最大化，见图6-10。

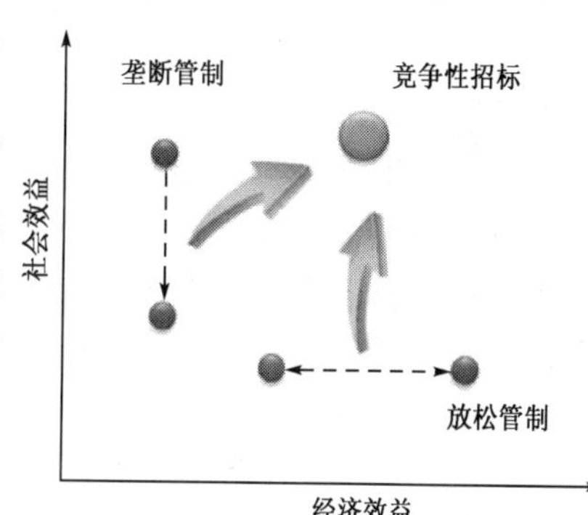

图6-10　不同管制政策下公交行业经济效益与社会效益的分析

三、竞争性招标研究

1. 竞争性招标的分类与特征

竞争性招标的合约类型分为管理合约、总成本合约、净成本合约、特许、授权、数量许可和质量许可，其中，使用较成熟的为总成本合约、净成本合约、特许经营，从政策角度看，分别称为总成本公交规制模式、净成本公交规制模式、特许经营公交规制模式。

1）总成本公交规制模式（总成本合约）

（1）内涵

总成本合约是一种主要面向私营公交公司的竞标合约，政府交通管理部门按最低的总费用报价选择运营商。在这种合约下，票价收入全部归属政府交通管理机构，运营商提供服务的总费用由政府根据竞标报价支付，运营商仅承担成本风险，收入风险由政府交通管理机构承担。

(2)责权划分

在总成本合约中,政府交通管理机构除了负责线路及站点规划、制订运营计划、组织招标与签订合约、监管运营服务质量、分析调整票价水平及设定财政目标外,还负责票款收取监管和审查、运营服务的核算以及根据乘客需求调整运营计划改善公交服务质量。

运营商仅按交通管理机构规定的服务标准提供运营服务。

(3)特征

总成本合约的核心特征是运营者承担成本风险,政府或公共交通管理机构承担票款收入风险,所以政府或公共交通管理机构对运营商的服务监管和财务核算两项职能必须分开,由不同机构独立运作。

①政府交通管理机构的监管部门设立若干独立运营小组,以保证整个公交系统的监管工作富有实效。

②政府交通管理机构的财务核算部门设立若干独立运营小组,以保证整个公交系统的财务核算工作顺利进行。

(4)优缺点

总成本合约的优点主要体现在:

①避免运营商在路面上为争夺客流产生恶性竞争,有利于保证乘客利益、提高整个公交行业服务质量、规范城市交通秩序。

②更容易实现公交票价、设施、服务等方面整合,如实行换乘优惠或免费换乘等。

③有利于提升公共交通整体服务水平,克服热线过多,冷线无人问津现象。

总成本合约的缺点主要体现在:

①运营商不关心收入,对市场需求变化缺乏及时反应,没有根据需求变动进行创新的动力。

②弱化运营商查收票款的动力(不关心逃票),增加政府的收入风险。

③对政府监管能力、组织运营能力要求很高,必须设置独立的监管机构和财务核算机构,以降低政府收入风险;必须不间断的对运营服务进行监督和审查,以确保服务的可靠性和有效性;同时,还必须对市场需求反应灵敏,以确保运营计划能满足出行需求的变化。

④需要政府有较高的财政支付能力。

2)净成本公交规制模式(净成本合约)

(1)内涵

净成本合约与总成本合约类似,公共交通管理机构也对运行线路、票价和服务质量做出标定,但净成本合约通常只按线路进行招标,政府交通管理机构在盈利线路上,按上缴额的最高报价选择运营商,在亏损线路上,按政府补贴额的最低报价选择运营商。

(2)责权划分

在净成本合约中,政府部门主要负责线路及站点规划、制订运营计划、组织招标与签订合约、监管运营服务质量、分析调整票价水平及设定财政目标、并与运营商共同调整运营计划。

公交运营商除了按交通管理机构规定的服务标准提供运营服务外,还负责票款收取及核算,根据客流需求变化与管理机构共同调整运营计划。

(3)特征

净成本合约下票价收入全部归运营商所有,运营商不仅要承担成本风险,而且还要承担收入风险。

(4)优缺点

净成本合约的优点主要体现在:

①能有效激励运营商提高效率、降低运营成本。

②使政府从收入风险中解放出来,票款收入状况较好。

③运营商对市场需求变化敏感,有利于市场调整运营计划,从而提高公交服务质量。

④政府可预先知道合约中提供公交服务的全部成本,并进行合理预算,在竞价过程中,可以更容易的比较不同的投标价格。

净成本合约的缺点主要体现在两个方面:

①由于票款收入全部归属运营商,运营商承担收入风险而带来的弊端主要体现在:一方面,在多个运营商提供服务的道路上,可能引起运营商之间争抢客源的恶性竞争;另一方面,管理机构对服务做出改变的能力受到限制,公交系统的整合更加困难;除此之外,愿意参与净成本合同招标的运营商较少,运营商之间的竞争能力相对较低。

②由于净成本合约按线路进行招标,因此,不利于管理部门对设施、服务、票价系统进行整合,不易实现网络效益和规模经济。

3)特许经营公交规制模式(特许经营)

(1)内涵

特许经营与净成本合约类似,票价收入全部归运营商所有,运营商不仅要承担成本风险,而且还要承担收入风险。不同的是特许经营可对一条线路、一组线路或者城市内的一个区域进行招标,在赢利线路/区域,管理机构按上缴额的最高报价选择运营商,在亏损线路区域,管理机构按补贴额的最低报价选择运营商。

(2)责权划分

在特许经营下,政府交通管理机构主要负责制订运营计划、组织招标与签订合约、监管运营服务质量、分析调整票价水平及设定财政目标、并与运营商共同调整运营计划。与净成本合约不一样的是管理部门负责全部/部分线路及站点规划。

运营商按交通管理机构规定的服务质量提供运营服务,负责票款收取监管及核算,并根据客流需求变化与管理机构共同调整运营计划,同时参与部分线路及站点规划。

(3)特征

特许经营与净成本合约类似,只是特许经营竞标方式更加灵活,竞标条件以服务质量为主,且给予运营商更多的自主权。

(4)优缺点

特许经营的优点主要体现在:

①排他性的特许,尤其是一个地区的特许,有利于运营商进行公交网络整合。

②增强了市场需求变化敏感度,有利于运营效率和服务质量的提升。运营商参与运营计划、网络规划的调整,能够及时掌握需求变化,并根据需要使公交需求与服务供给更好的匹配。

③能有效减少政府的财政支出。

特许经营的缺点主要体现在:

①不利于潜在竞争者的进入。由于特许经营合约区域比较大,周期比较长,在位运营商在新一轮竞标过程中占有市场信息优势,不易被潜在进入者取代。

②容易形成垄断,不利于服务质量的改善。由于运营商拥有更多的自主权,在区域特许下,如果政府监管能力欠缺、运营市场产业格局不尽合理,容易形成区域垄断,不利于公交服务质量的提升 。

③对政府行政监管能力要求较高。

2. 各类模式的比选与适用性分析

1)模式的比选

模式的选择必须能够满足政府、运营商、乘客三者的利益。具体来说:

(1)从政府的角度来看,为确保公交行业公益性和服务质量的可靠性,模式选择应主要考虑政府监管力度、公共财政支出、运营效率、系统整合能力、服务质量等因素。

(2)从公交运营商的角度来看,为确保企业经营的盈利性和可持续性,模式的选择主要考虑成本收益、经营风险、市场竞争等因素。

(3)从乘客的角度来看,为获得安全、便捷、可靠的公交服务,模式的选择主要考虑票价水平、服务质量等因素。

基于以上考虑,应从管制强度、市场竞争、公共支出、运营效率、系统整合、合理票价六个方面对总成本合约、净成本合约、特许经营三类典型公交规制模式进行比较,具体如表6-2 所示。

2)模式的适用性分析

由于对政府监管水平及财政支出水平等的要求不同,不同规制模式的使用条件各不相同,具体如表6-3 所示。

综上分析,总成本合约、净成本合约、特许经营三种规制模式没有本质的区别,各城市可以根据实际需求和期望达到的效果,选择适合的规制模式。

典型公交规制模式的比较 表 6-2

公交规制模式	管制强度	市场竞争	公共支出	运营效率	系统整合	合理票价
总成本合约	高	低	高	高	高	高
净成本合约	高	高	高	高	低	高
特许经营	低	高	低	高	高	高

典型公交规制模式的适用条件 表 6-3

公交规制模式	适 用 条 件	代表城市
总成本合约	政府希望对公交系统进行强势管制及有效地系统整合; 政府管理机构及专业人员配置到位、监管能力极强; 政府财政有能力承担公交收入风险; 公交系统智能化水平较高,可实现全面、实时公交运营数据采集	首尔、伦敦
净成本合约	政府希望对公交系统实行一般管制,对系统整合没有特别要求; 政府希望从公交收入风险中解放出来; 公交产业结构中运营企业规模较小、数量较多	曼彻斯特
特许经营	政府希望通过市场竞争加强对运营企业的约束,实行较低管制; 政府希望从公交收入风险中解放出来; 公交产业结构中存在数量相当的(两家以上)规模较大、规划管理能力较强的运营企业	香港、新加坡、深圳(要求加国内)

第三节 公交票价与补贴

一、国内公交票价面临的形势和困境

在过去十年内,由于燃油、人工等成本的快速攀升以及国内持续多年高达 13% ~ 16% 的通胀(数据来源:《中国实际通胀率》),导致公交运营成本快速上涨。同时,全国各城市公交行业均未依据消费者价格指数[1]的变动对公交票价进行调整,甚至部分城市对公交票价进行下调。成本快速上涨,而公交票价不变,使得价格传导机制失灵,公交行业处于前所未有的困难时期,受到极为剧烈的冲击。

同时,随着各地公交服务质量的提升(如公交覆盖率增加)和交通拥堵的加剧,单车日均客运量呈现下降趋势,单车收入不断下降。单车收入下降,成本提高,"一升一降"使公交全行业全面亏损。大多数城市靠政府提供补贴维持运营。但是,"低票价 + 补贴"的状况导致政府财政压力猛增,无法长期持续,政府对行业的规制手段失灵。如果公交行

[1] 即 CPI,反映居民家庭一般所购买的消费商品和服务价格水平变动情况的宏观经济指标。

业盈利,则公交线路是可盈利的市场资源,以线路资源配置为手段,可调动公交企业落实公益性任务、解决市民乘车难等问题,提高企业的主动性和积极性。但由于目前公交行业全面亏损,公交线路失去市场资源价值,企业对线路资源失去兴趣,市场调控之手失灵。

目前,北京、深圳、贵阳等城市已实施或正在酝酿对公交票价进行调整。以北京为例,北京现行的公交票价始于2007年,轨道交通的票价为2元(机场线除外),常规公交一票制线路每人次1元、计程票制12公里1元起价,每增加5公里加价0.5元,刷卡还可享受优惠。随着交通新线路的增加,客流量的成倍增长,每年政府补贴的负担也在增加。根据北京市发改委调查数据,2013年,轨道交通(不含机场线和14号线)每人次平均运距15公里左右,票款收入每人次1.87元,完全成本每人次8.56元。地面公交每人次平均运距8公里左右,票款收入每人次0.54元,完全成本每人次3.46元。2007~2013年,北京市累计投资2429.5亿元,投入补贴958.6亿元。巨额的建设资本和补贴,已严重影响到北京公交行业的可持续性发展。

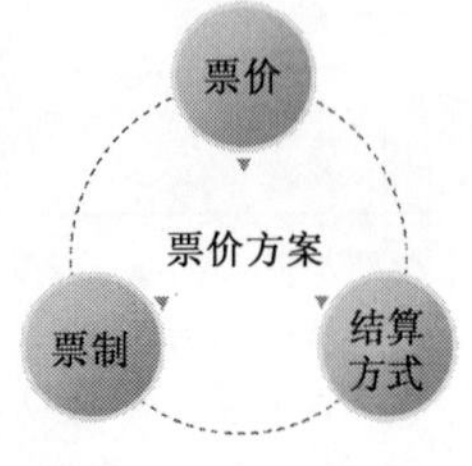

图6-11　公交票价方案构成

二、公交票价定价策略

"票价—票制—结算方式",三者三位一体,不可分割,其中票务政策决定票价取向,结算方式决定票制结构,见图6-11。

1.票务政策

票价是公交行业规制政策的基础。行业是否盈利,规制手段完全不同。具体来说,公交行业可以分为两种类型,一种为微利票价行业,代表城市有香港、新加坡;另一种为低票价行业,代表城市有北京。

(1)盈利的公交行业,代表城市香港、新加坡

香港和新加坡均为国际水准公交都市,是世界公交服务水平最高的城市,其宗旨在于让市民享受有尊严的出行。

香港、新加坡公交企业按照自主经营、自负盈亏原则,实施微利票价。新加坡实行"用者自付"的公共交通定价原则,即票价应被低收入阶层所承受,同时票价应覆盖全成本,不应通过人为降低票价而降低公交服务质量。香港公交实行"实质无增长"票价机制,即实行随通货膨胀和社会工资变动而联动的票价机制,允许巴士公司按照既定规则调整票价。

①定价原则:"用者自负",票价覆盖成本,公交全行业盈利。

②调价原则:按照"实质无增长"的原则,建立依据"通胀率""人工指数"和"生产力指数"为核心的票价调节机制。

③兼顾低收入阶层:对于低收入者,由政府给予交通津贴,体现社会公平。

由于执行盈利票价(票价高于成本),企业承担公益性任务和实现自身经济目标两者

是统一的。这种条件下,企业吸引更多客流可以增加利润,有动力、有意愿提供更多更好的公共交通服务;政府也无须补贴,财务负担小。同时,由于线路和运力资源具备市场资源属性,政府可以通过其实现对企业的调控,更易于对企业实施监管,所以公交行业欣欣向荣,健康有序。

(2)低票价的公交行业,代表城市北京

北京公交票价低廉,多年未变。单一票制线路每乘次 1 元,持普通卡 0.4 元、学生卡 0.2 元。计程票价分两种,一种为 12 公里内买票 1 元,每增加 5 公里增加 0.5 元;另一种为 10 公里内买票 2 元,每增加 10 公里增加 1 元。北京公交低票价导致了如下结果:

①票价低于成本,企业丧失自我造血机能,企业“事业单位”化,主要依靠政府财政输血维持运转。

②多劳多损,企业缺乏提升公交服务的动力和意愿,政府部门缺乏有效的监管手段。

③政府财政负担沉重,年补贴超过 200 亿元。

由于执行的是亏损票价(票价低于成本),企业承担公益性任务和实现自身经济目标两者是对立和矛盾的。行业亏损,企业将丧失造血机能,逐渐演变成依赖财政输血的“事业单位”,同时,陷入了“多劳多损—经营困难—补贴剧增”的恶性循环,经营难以为继。在此背景下,政府原有的行业规制手段失效,行业主管部门越来越缺乏调控手段。

通过对比,可以得出结论:一个健康的、欣欣向荣的公交行业必须是盈利的。

2. 票制

票制分一票制、分段票制和计程票制等方式。其优缺点对比如表 6-4 所示。

各种票制定义及优缺点对比　　表 6-4

票制	定　义	优点	缺　点
单一票制	全程票价统一	操作简单,所需人工及设备成本最小	1. 社会的公平性与企业的经济性不佳。票价过高,则对短途乘客缺乏吸引力,过低,则对长途乘客的收费低于相应的成本; 2. 收益的损失足以超过所节省的设备费用和管理费用等
分段票制	每相邻两站之间为一个区间,多个连续区间构成一段,根据所乘坐的区间段个数计费	比单一票制精确	较计程票制粗糙
计程票制	根据乘距长短计费,计算公式为: $F = P + R \times D$ 式中:F——票价; P——起步价; R——费率; D——乘距。	计费准确,公平合理	对计费系统和设备要求比较高,由于计算费用的过程较为复杂烦琐,对于现金购票乘客存在一定的结算麻烦,难以实施

票制结构主要决定于结算方式：

(1)在完全实现电子支付、乘客上下车辆分别刷卡时，公交收费系统自动进行计程扣费，此时选择计程票制最为精确、公平。

(2)在国内城市，现金付费目前仍是主要付费方式之一，刷卡付费也存在仅刷一次的情况。采取计程票制造成费用计算复杂烦琐，仅靠售票员计算无法胜任，此时，应采用单一票制或者分段票制。

3. 盈利票价

(1)客流—票价—收入的关系

公交的经济效益与社会效益最终都要依靠客流来实现。“客流—票价—收入”三者之间存在着相互依存、相互制约的关系。

公交的总收入主要为票款收入，用 S 表示，P 表示票价，N 表示客流量。则有如下关系：

$$S = P \times N \tag{6-1}$$

而客流 N 又是票价 P 的函数，即：

$$N = f(P) \tag{6-2}$$

一般而言 P 与 N 存在此消彼长的关系：P 提高、N 将减少，P 降低、N 将增加。已有研究表明票价每提高 10%，客流量则减少 3%。

由式(6-1)和式(6-2)可导出：

$$S = P \times f(P) \tag{6-3}$$

如果提高票价，即 P 增加，则 $f(P)$ 减小，$S = P \times f(P)$ 不一定增大。因此，提高票价并不一定带来收入的增加。

研究表明，对于票款收入而言，票价—客流关系并不是平滑曲线关系，而是存在两个突变点 P_1、P_2，即当票价超过某一价位(P_2)时，客流(N_2)将出现骤减，公交收入将锐减，表示大于该点的票价对于乘客来说是不可接受的。同样，当票价低于某一价位(P_1)时，客流(N_1)的变化将出现钝化，表示继续降低票价不能吸引更多的客流，只能带来客票收入的纯损失，如图 6-12 所示。

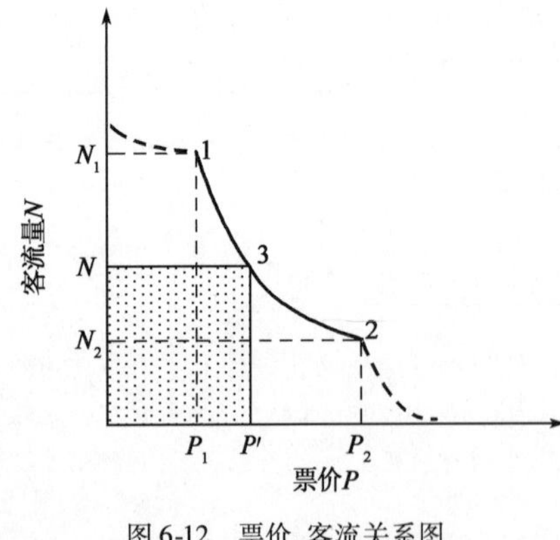

图 6-12　票价、客流关系图

综合上述分析可知，公交的票价有一个合理的范围(P_1，P_2)，大于 P_2 或小于 P_1 的票价水平，都将使公交收入减少。因此，公交的调价范围是有限的，从票价与客流的关系来看，在 P_1、P_2 之间必然存在一个最佳平衡点 P'，使得票款收入最大，P' 即为使票款收入最大的最优票价。当 $P = P'$时,公交的票款 S 最大。

(2)盈亏平衡点确定

盈亏平衡点(Break Even Point,简称 BEP)又称零利润点、保本点、盈亏临界点。公交票价盈亏平衡点是指当票款收入等于运营成本时,收入线与总成本线的交点。以盈亏平衡点为界限,当票价收入高于盈亏平衡点时,企业盈利,反之,企业就亏损。

通常来说,客流量会随着票价的变化而变化,此时收入与票价的关系为一条曲线。为便于测算,假定年度客流不随票价变化而波动,则收入与票价的关系为一条直线。

在公交服务不变的情况下,企业的收入与成本曲线关系如图 6-13 所示。

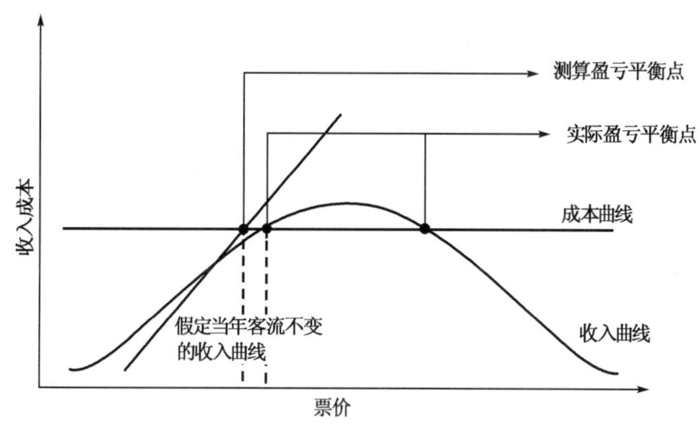

图 6-13　盈亏平衡点概念分析图

为便于测算,假定当年客流不随票价变化而拨动,测算的盈亏平衡点较实际盈亏平衡点低。

三、公交补贴策略

如无法实施推荐的微利票价方案,则按照受益者支付费用的原则,政府作为市民利益的集中代表,理所应当支付享受社会效益产品所需的费用。因此,亏损票价下政府应对企业亏损给予补贴,补贴政策和票价方案是“互为表里、相互决定、不可分割”的整体。

1. 补贴的基本形式

1)基本分类

近年来,我国城市公交因燃料费用、劳动力成本提高等因素,运营成本不断加大,亏损日益严重;同时城市化进程的加快,各种诸如交通拥堵、环境污染等城市诟病日益严重,各省市地方财政普遍增加了公交的政策性补贴。

目前,我国城市公交实施的财政补贴与票价政策主要有两种:

(1)财政基本不补贴或者补贴很少,同时对票价进行控制,实行低票价政策。主要在经济欠发达地区,由于城市财政收入较低,票价较低,政府基本上不给补贴,公交企业只好降低服务质量换企业生存。

(2)高额财政补贴,并对票价进行严格控制,实行低票价政策。例如,北京市财政高达100多亿的巨额公交补贴,北京市的公交票价全国最低。深圳政府控制票价,实行较低票价,再通过政府财政补贴保证公司获取6%的利润。三是少量补贴,允许公交企业实行较高的票价政策。例如,珠海政府仅给公交企业少量补贴,公交企业通过高票价维持企业正常运营,并有一定的利润。

在我国,各大城市的公交行业大多数都是执行公益性运输服务而出现亏损,政府对这种政策性亏损给予补贴,公交企业运营性亏损理论上由企业自己承担。

根据补贴对象的不同,财政补贴分为对公交企业的补贴和对乘客的补贴。对公交企业的补贴根据线路经营权的分配方式不同,分为直接授权经营补贴和招投标经营补贴,如图6-14所示。

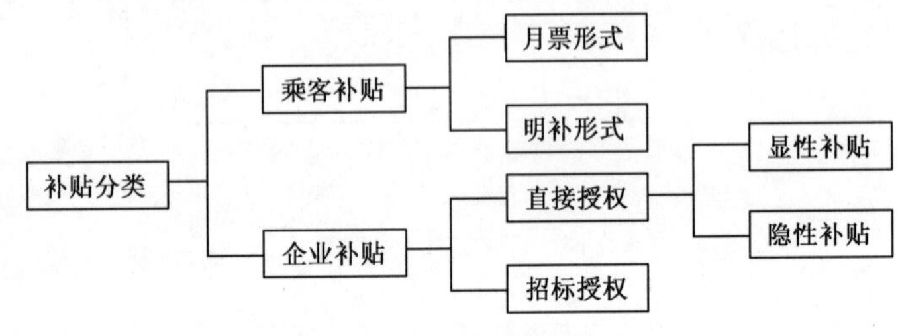

图6-14 财政补贴分类图

①乘客补贴。过去我国各大城市对乘客的补贴以月票形式实现,但月票制度不利于核算公交行业运营成本,逐渐被取消;政府对困难群众发放交通补助,对学生、老人、残疾人等群体乘车实施优惠政策,单位为员工发放交通补贴等。

②企业补贴。由于我国目前公交企业存在不同形式的经营方式,政府无法统一对各经营方式的政策性亏损进行认定,因此,对各种经营方式采取的补贴方式不尽相同。目前,我国城市公交线路经营权的分配方式主要是直接授权经营与招投标授权经营两种。

a. 招投标授权经营

随着我国城市公交市场化的发展,政府以招投标形式吸引社会资本,以独资、合作、特许经营等方式,参与公交建设与运营。公交线路经营权由以前直接授予向现在招投标方式转变,反映了政府部门对公交市场提升竞争力、合理分配资源的认识。

政府通过公开招投标的方式把公交经营权授予那些有资格的,并且方案最优秀的单位。原则上在满足政府部门提出的要求前提下,财政补贴额度低、经营效率高的企业单位会中标。获得资格的企业在政府规范约束下,以企业自身运营为主,政府只负责考察实际票价是否合理、监管服务效果等,不直接参与实际运营。政府希望通过招投标授权经营方式减少财政补贴、提高公交企业运营效率,提升服务质量。这种授权经营模式应是未来总体发展趋势。

b. 直接授权经营

直接授权经营是我国大部分城市公交采用的经营方式，经营主体均是国有独资公交企业。

2）补贴类型

政府授权公交企业经营管理公交线路，主要通过显性补贴和隐性补贴来弥补公交企业政策性亏损，见图6-15。

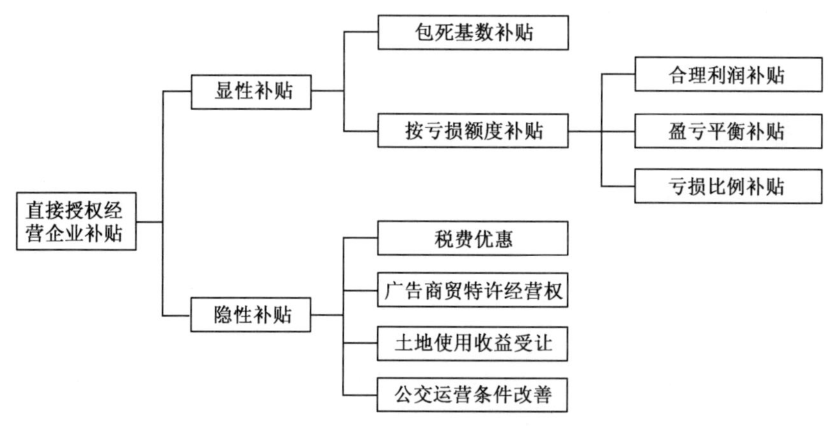

图6-15　直接授权经营企业补贴分类图

（1）显性财政补贴

显性补贴即政府直接以财政拨款维持公交企业发展，包括"包死基数"补贴、按亏损额度补贴两种方式。

"包死基数"补贴。政府对公交企业采取固定补贴额度若干年不变。如一个企业在年限内亏损增加，但政府并不追加补贴；同时，若该企业以更高效的运营管理使亏损减少，也不用退缴多得的补贴资金。这种补贴方式能鼓励企业为了减少亏损而提高生产效率，被目前许多城市采用。但现在很多城市对补贴基数的确定，仅由公交企业上一年亏损额度来计算，并不能体现补贴依据的科学性。

按亏损额度补贴。指政府按照企业的实际亏损情况进行补贴，包括合理利润补贴、盈亏平衡补贴、亏损比例补贴等。

（2）隐性补贴

隐性补贴即政府通过非现金手段，在税费、规划、政策等方面支持公交行业持续经营并提高竞争力。主要包括：

第一，税费优惠。公交企业营业税率为3%，低于大多数企业5%～20%的税率。在土地使用税、车辆购置税、城市维护建设税、客运附加费、运管费等税费方面给予减免或优惠。

第二，广告商贸特许经营。诸如在公交场站及车辆部位相关的出入口、乘客座位套、移动电视、门窗等地方宣传的广告收益，均为公交企业所用。

第三，土地使用收益受让。目前，公交停车场、保养场、首末站、换乘枢纽等设施用地由政府无偿划拨，该类土地可进行综合开发，出让为商业综合用地后，出让金按收支两条线原则，计提政策性收取部分之后，剩余部分注入公交企业。公交设施周边土地划拨给投资方后，土地营收反补公交亏损。

第四，公交运营条件改善。政府通过直接间接手段使公交行业运营有良好的政策环境、市场环境。直接手段包括制定政策法规法令、公交网络场站规划等措施。间接手段包括对私人小汽车的限制等提高公交分担率的措施。

3）计算方式

补贴的具体计算方式主要分为：按客流量计算、按车公里计算、按客流量与车公里的一定比例同时计算等。

按客流量进行补贴。政府根据公交企业在一定经营时期营运里程数和客运量来确定补贴金额。此种方式虽然能够激励运营企业依靠提升服务质量吸引更多的客流，但由于冷僻线路客流量较少，可能导致部分公交企业放弃对这些冷僻线路的开发，从而使不同区域的人享受不一样的待遇。

按车公里进行补贴。政府根据公交企业在一定经营时期运营车辆数和运营里程数来确定补贴数额。这种方法往往致使公交企业为了获得更多的补贴，盲目增加车辆行驶里程而不关注客流量及服务质量，无法满足居民正常出行需求。

按客流量和车公里的一定比例同时进行补贴。政府综合考虑客流量和车公里数，并按一定比例来确定补贴数额。这种补贴方式综合考虑成本和效益，兼顾覆盖率和公交出行率，但操作较为复杂。

各种补贴方式分析表如表6-5所示。

各种补贴方式对比分析表 表6-5

序号	补贴计算方式	政策导向	支撑条件	优劣分析	效果
1	按客流量补贴	扩大服务乘客数量，提高公交出行比重	1. 测算微利票价率； 2. 监控乘客数量	易于操作，但容易致使企业热衷于热线而忽略冷线	“多拉不快跑”
2	按车公里进行补贴	增加公交出车数量，提高公交覆盖比率	1. 测算车公里数量； 2. 审核车公里成本	相对复杂，可提高覆盖率，但忽视服务乘车的根本目标	“快跑不多拉”
3	按客流量和车公里的一定比例同时进行补贴	兼顾扩大服务乘客量和增加公交出车量	1. 测算人/车/公里微利票价； 2. 同时规制成本和收入	较为复杂，综合考虑成本和效益，兼顾覆盖率和公交出行率	“多拉快跑”

4）支付方式

（1）年终一次性拨付

由于年度成本核算十分庞杂，工作量大以及政府和企业对规制项目理解存在分歧，年度成本规制补贴监审和结算周期长，易造成企业现金流断裂、员工工资不能按时发放等问题。

（2）预拨

公交财政补贴纳入财政预算，按照"年前预算、季初预拨、年终清算"模式，强化公交补贴预算、决算和过程监管，确保公交企业节约高效使用补贴资金，发挥补贴资金的最大效能。

（3）ACC 票务清分，实时结算

ACC 的全称是 AFC Clearing Center，即自动售检票系统的清分中心。其中，AFC 的全称是 Automatic Fare Collection System，即自动售检票系统，是一种由计算机集中控制的自动售票（包括半自动售票）、自动检票以及自动收费和统计的封闭式自动化网络系统。ACC 负责对各联网线路"一票通"收益作清算、对账、系统安全管理及有关数据处理等，各联网线路与 IC 卡公司之间的"一卡通"清算、对账等业务，实现实时结算。比如北京地铁 ACC，就是联网收费后，为各条线路按实际工作量进行收益分配的机构。

2. 深圳补贴情况介绍

2008 年，深圳市财政局和交通局发布公交补贴试行方案，提出了"公交财政补贴总额 = 单项补贴之和 + 投资回报调节 + 服务质量调节"的补贴制度，并提出了成本规制方法。平均票价在 2000 年的基础上降低 25%，运营收入与运营成本出现倒挂，全行业出现亏损，政府实行成本规制的兜底补贴。

企业利润 = 政府核定的规制成本 × 保底利润率（6 %）

该方式的缺点为，利润与营收无关，与规制成本总量相关，规制成本越大，利润越大。客观上形成企业"不关注营收，却做大做足规制成本"的负向激励，从而导致"节约成本，无利可图；做大成本，有利可图；扩大营收，与利无关；增收节支，缺乏动力"的企业经营观念。

同时，由于年度成本核算十分庞杂，工作量大以及政府和企业对规制项目理解存在分歧，造成年度成本规制补贴监审和结算周期长。尽管市财政委主动实施了补贴预拨机制，但企业仍多次发生现金流面临断裂、员工工资不能按时发放等问题，企业经营风险和社会维稳压力巨大，见表 6-6。

2013 年开始，深圳市开始实施"定额补贴 + 专项补贴"的模式。

（1）公共交通财政定额补贴：以 2012 年度公交成本规制财政补贴数据为基础，结合客运量，确定规制成本亏损补贴和成本利润补贴作为财政定额补贴额度。其中，亏损补贴的核定须剔除刷卡、燃油补贴和其他专项补贴。

深圳历年公交补贴情况（单位：亿元） 表6-6

类　别	2008 年	2009 年	2010 年	2011 年	2012 年
刷卡补贴	4.16	5.14	5.83	6.92	6.91
燃油补贴	4.61	4.25	7.28	12.76	16.69
规制补贴	4.29	8.14	8.52	12.50	23.18
三项基本补贴合计	13.06	17.53	21.63	32.18	46.78
其他补贴情况	公交改革一次性补贴、新能源公交车补贴、贷款利息补贴等补贴共 10.08 亿元				
总计	141.26				

(2)专项补贴：包含深圳通优惠折扣、燃油价格上升、场站资源的使用、新能源车推广等。

(3)补贴拨付：定额补贴根据客运量、运营里程、服务质量考核等进行调整。

补贴拨付：每年年初，市财政委将核定的定额补贴列入年度财政预算，定额补贴在一定程度上避免了企业为追求补贴而做大成本；市财政委按季进行预拨，市交通委按季度对公交专营企业进行考核，年末根据企业全年运营考核情况结算补贴。

深圳历年公交基本补贴变化见图 6-16。

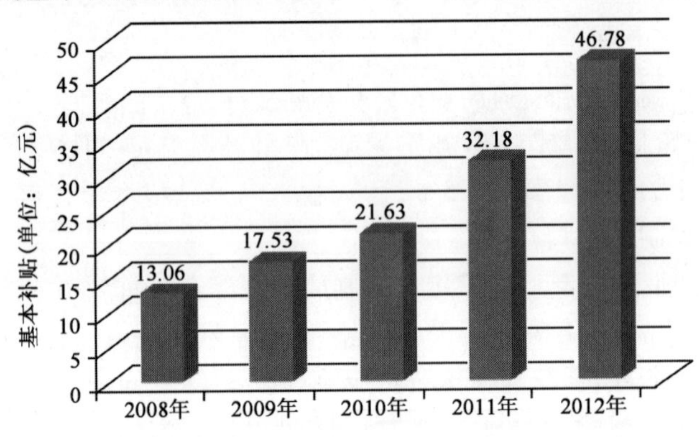

图 6-16　深圳历年公交基本补贴变化图

第四节　公交服务指数

一、发布公交服务指数的必要性

1. 既有考核评价体系的缺陷

深圳对客运服务进行了多种类型的考核评价，但效果一直不理想，主要存在以下问题。

(1)缺乏以用户体验为核心的考评体系

现状相关标准评估体系,主要面向运营行为监管、安全监管、行政许可监管及工作绩效考评等应用领域,从评价的视角、维度、方式来看,都没有以乘客的视角、感受作为评估指标选取和权重标定的出发点。

尽管多数指标体系包含了乘客对服务感受的考察项目,但不能完整涵盖影响乘客体验的主要内容。此外,考评的视角偏差,也使得服务体验性指标在重要程度上与乘客的实际关注度有所差异,或者被其他非体验性指标冲淡,使得乘客关切的问题被弱化。

(2)自上而下的评估机制,缺少用户的直接参与

现状相关标准评估体系的评估模式,均由管理者直接承担或者委托第三方承担,评估过程没有用户参与,乘客对于涉及自身利益的考评项目,很难获得话语权。尽管相关考评的方法流程设计体现改善公交服务的考核目的,但如果直接用来表征乘客的切身感受,很难具有说服力。

2. 公共交通服务指数的定义

公共交通服务指数,是测定城市公共交通实际服务水平与乘客期望之间契合程度的综合数值。它是基于用户视角,以公交乘客关注点作为评判维度、以用户体验作为评估依据。

指数体系既包括用来反映大公交体系总体发展水平的宏观指数,也包括反映中、微观问题的分项指标,对宏观决策制定和微观问题解决发挥参考与指引作用。

二、构建原则

1. 用户体验作为指数构建的基础

乘客是公交服务的对象,也是公交服务的参与者,离开了乘客就无所谓公交的服务和质量的好坏。以用户体验作为指数构建基础,从人的角度而非车的角度构建公交服务指数,通过建立公开发布机制,将公交服务直接交给百姓检验,让民生诉求直接指导行业发展。

2. 覆盖公交服务全方式

从出行方式来讲,所选指标应能覆盖轨道交通、常规公交、出租汽车三种出行方式。对常规公交、轨道交通、出租汽车三种出行方式选取合理的评价指标,进行权重标定和指标量化,得出各种出行方式单项得分和指数综合得分,准确反映行业发展的短板与瓶颈,鞭策、激励企业持续改善服务水平。

3. 覆盖公交出行的全过程

出行是指乘客从出发点到目的地的唯一活动全过程,包含步行、候车、乘车、换乘

四个环节。按照全过程覆盖的方式构建公交服务指数,可以全面反映市民公交出行的真实感受,有利于政府和行业针对不同环节提出相应的改善措施,见图6-17。

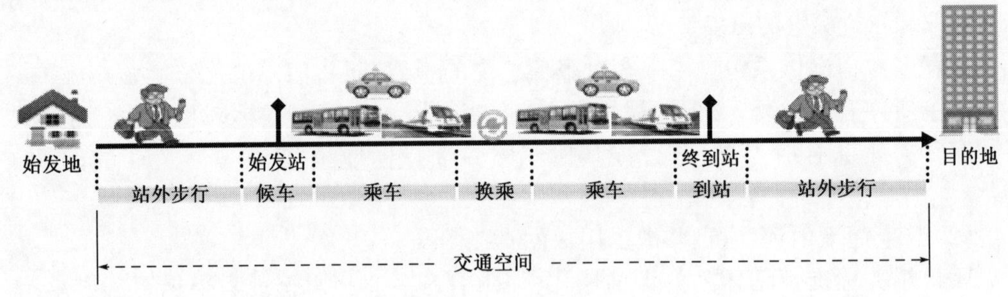

图6-17 过程覆盖图

三、指数体系构建方法

按照出行方式和过程,指数总体结构围绕三种出行方式和四大出行环节构建。具体构建可以分为六个工作步骤:确定对象、划分环节、指标确定、评分标准、权重标定、形成指数,见图6-18。

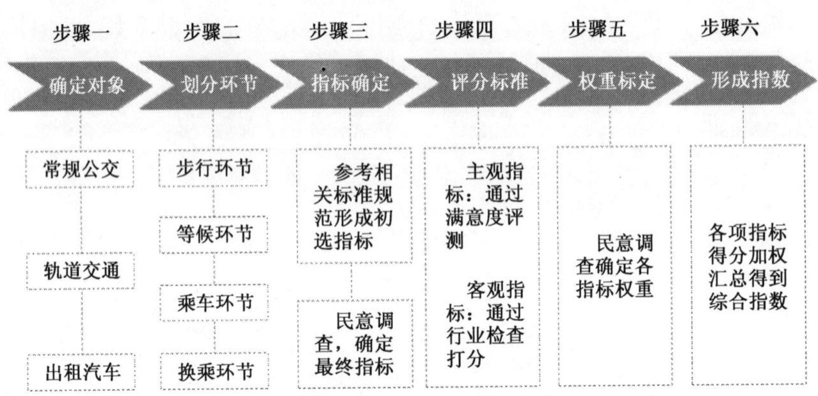

图6-18 指数构建工作步骤

1. 确定对象

根据"全方式覆盖"的指数构建原则,公共交通服务指数体系构建对象主要是针对三种公共交通出行方式:常规公交、轨道交通、出租汽车。

2. 划分环节

基于乘客出行全过程覆盖的构建原则,乘客公交出行全过程应主要划分为四个出行环节“步行环节、候车环节、乘车环节、换乘环节”，见图6-19。

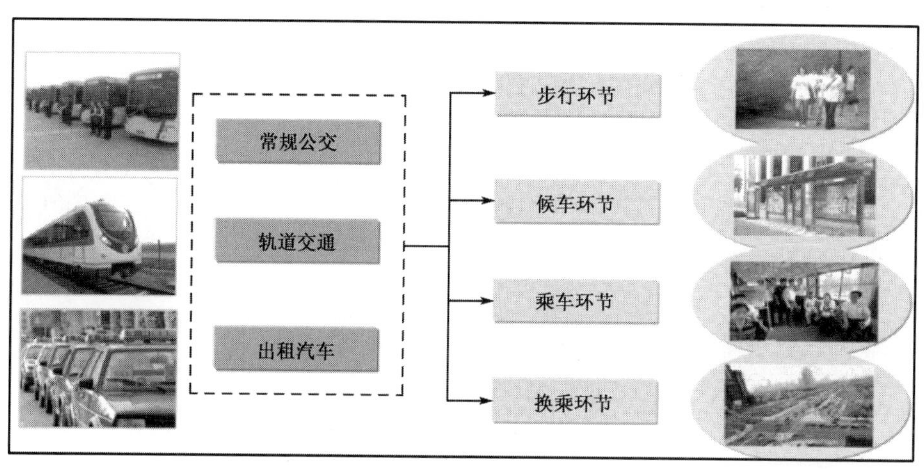

图6-19 乘客公交出行环节划分

结合三种方式现状情况，在具体出行环节考察上进行综合考量（表6-7），具体如下：

（1）轨道交通：由于轨道站规划建成后，无法再行更改，步行环境与距离无法改变，因此，轨道交通不能将步行环节列入考察范围，仅对候车、乘车、换乘三大环节进行。

（2）常规公交：由于常规公交线路布设与公交站点设置的易实施性，具备服务改善提升的实施条件，因此，常规公交应考察乘客出行全过程四个出行环节。

（3）出租汽车：由于出租汽车行业市场化运作，相关服务感受取决于市场供求关系，政府难以对步行、换乘环节服务环节进行承诺，且出租汽车提供的是门到门服务，因此，出租汽车步行、换乘环节不列入考查环节，仅对候车、乘车环节进行考察。

各调查方式调查时间安排建议

表6-7

出行方式	考察出行环节
轨道交通	候车环节、乘车环节、换乘环节(3个)
常规公交	步行环节、候车环节、乘车环节、换乘环节(4个)
出租汽车	候车环节、乘车环节(2个)

3. 指标确定

目前，针对公交行业的各类指标评估体系纷繁复杂，尽管各类指标体系均符合科学合理的原则,但评估的视角不同,决定了各类指标体系所反映的关注点和侧重点大相径庭,如何保障指数体系构建如实反映市民感受,关键在于以百姓视角来构建指数体系,由广大乘客来确定指数具体指标的构成,具体方法有以下三个步骤。

(1)建立完整的备选指标集,供乘客选择

本书参考《城市公共交通经济技术指标计算方法地铁》(CJ/T 8—1999)、《城市轨道交通客运服务》(GB/T 22486—2008)、《城市公共交通经济技术指标计算方法公共汽车、电车》(CJ/T 5—1999)、《城市公共交通经济技术指标计算方法出租汽车》(CJ/6—1999)等公共交通行业标准、规范,根据指数构建原则,选取71项备用指标。

①常规公交方面:参考规范标准,初步选取了32项备用指标,见表6-8。

常规公交备用指标 表6-8

出行环节	评估项目	出行环节	评估项目
步行环节	1. 过街设施	乘车环节	17. 车厢内空调设施完好
	2. 到/离站步行时间		18. 车厢内信息标识标牌齐全
	3. 有盖连廊或雨棚		19. 深圳通刷卡设备完好
候车环节	4. 乘客候车时间		20. 车厢内执行定期消杀制度
	5. 公交站设施完备无破损		21. 自动语音报站器完好并按规范使用
	6. 公交站站容环境		22. 设置"六种人"专用优先座位
	7. 公交站牌线路信息齐全		23. 配置线路运行图、站点票价表
	8. 公交站牌线路信息准确		24. 按规定佩戴工作证或上岗证
	9. 公交站配备周边地图标识		25. 配备垃圾篓、塑胶垃圾袋
乘车环节	10. 配置必备安全消防设施		26. 驾乘人员正确使用文明服务用语
	11. 座椅、扶手等扶握设施齐全、牢靠		27. 车身广告符合规范要求
	12. 驾驶员安全文明驾驶行为		28. 驾乘人员热情服务,着装统一整洁
	13. 乘客乘车时间		29. 驾乘人员引导乘客文明让座
	14. 公交车辆运行速度	换乘环节	30. 换乘次数
	15. 车厢拥挤程度		31. 换乘步行时间
	16. 车厢整洁、干净,无异味		32. 换乘服务信息

②轨道交通方面:参考规范标准,初步选取了30项备用指标,见表6-9。

轨道交通备用指标

表 6-9

出行环节	评 估 项 目	出行环节	评 估 项 目
步行环节	由于轨道站规划建成后无法更改,步行环境与距离无法改变,不列入考察环节	候车环节	15. 站内环境干净整洁
			16. 导乘问询服务
候车环节	1. 自动售票机可靠度		17. 站内设置盲道
	2. 储值卡充值机可靠度	乘车环节	18. 运行准点情况
	3. 进出站闸机可靠度		19. 车厢内干净整洁、无异味
	4. 自动扶梯可靠度		20. 车载电视及语音系统不故障
	5. 垂直电梯可靠度		21. 车门自动开关控制不故障
	6. 车站乘客信息系统可靠度		22. 车内无障碍设施完好、齐全
	7. 站内火灾报警设备	换乘环节	23. 车内通风和空调不出现故障
	8. 站内防火分隔设备		24. 车厢拥挤程度
	9. 站内安全疏散设备		25. 列车运行速度
	10. 站内灭火救援设备		26. 配置必备的安全消防设施
	11. 站内防烟排烟设备		27. 座椅、扶手等设施齐全、牢靠
	12. 站内乘客候车时间		28. 换乘次数
	13. 站内导乘标志标牌		29. 换乘步行时间
	14. 周边地标指引标识		30. 换乘服务信息

③出租汽车方面:参考规范标准,初步选取了 9 项备用指标,见表 6-10。

出租汽车备用指标

表 6-10

出行环节	评 估 项 目
步行环节	行业市场化运作,相关服务感受取决于市场供求关系,步行环节无法量化考察
候车环节	1. 候车时间
乘车环节	2. 无正当理由拒载
	3. 超收车费
	4. 未按要求张贴信息
	5. 安全带缺失或损坏
	6. 车内卫生环境差
	7. 驾驶员服务态度差
	8. 计价器无法正常使用
	9. 未按要求配置上岗证
换乘环节	提供门到门服务,不存在换乘行为

(2)形成多套考察指标备选方案

设定指标选择数量(小于备选指标集),由乘客选择关心的指标项目,之后根据样本汇总结果,识别各类指标受关注的程度,排除基本不受关注的指标项目,筛选形成考察指标备选方案。

需要说明的是,可选指标数量的不同,往往导致样本集中度存在较大差异。指标备选集中可选指标越多,样本集中度越低,热点问题越不突出;指标备选集中可选指标越少,样本集中度越高,又会导致问题反映过于偏激,而且一些必须考虑的项目权重过低或没有权重,例如,安全指标,乘客往往默认服务安全,在正常情况下,不会过多关心安全的问题,但对于公交企业而言,则需要投入大量的精力,去保障服务安全,见图6-20～图6-22。

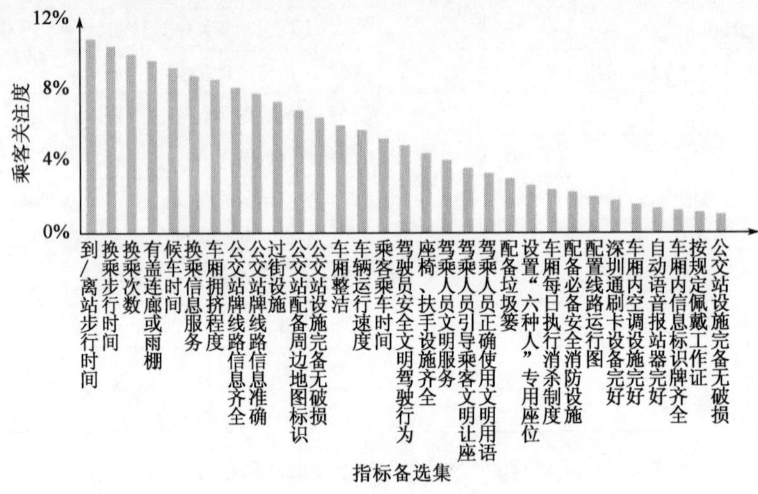

图6-20　限选15项的考察指标体系

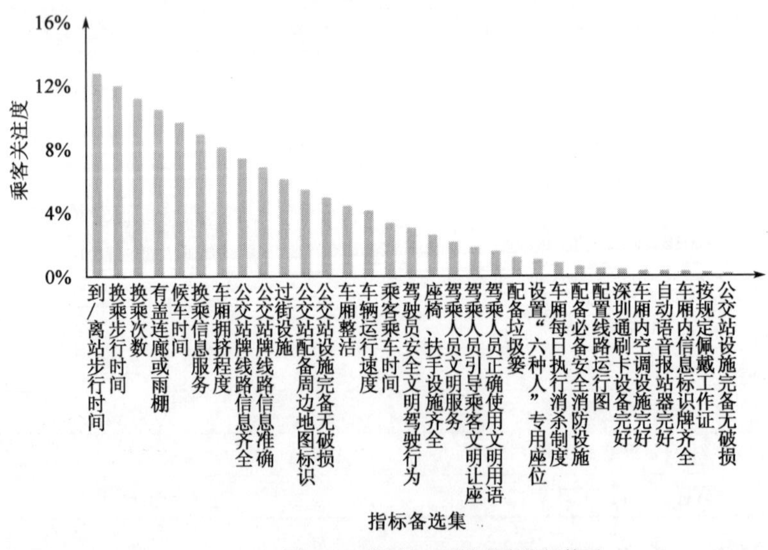

图6-21　限选10项的考察指标体系

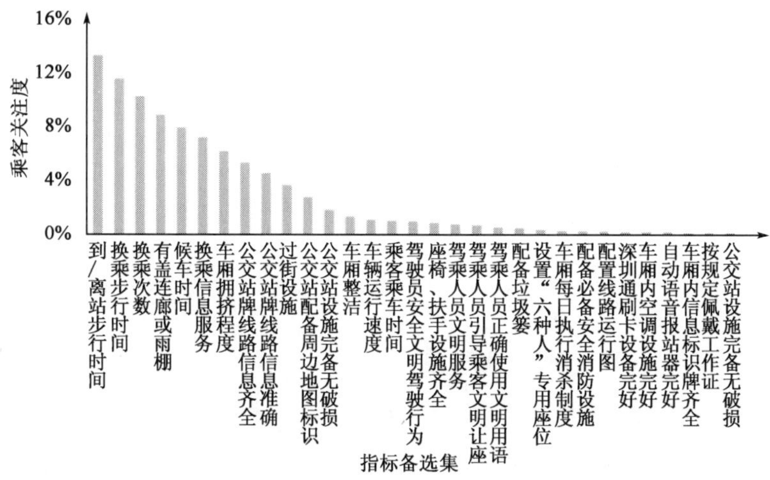

图 6-22　限选 5 项的考察指标体系

因此,可更换备选指标的遴选数量,形成多套考察指标体系的备选方案。

(3)指标体系最终方案的形成

同样采用百姓决定的方式,在不设任何条件的情况下,由乘客填写对各类公交方式的印象分数,所有问卷结果加权平均,形成各类公交方式在百姓心目中的总体印象分值,以此作为指标备选方案修正的依据。

在此基础上,对所有备选方案进行测试调查工作,比较与百姓印象分值的差距,选择最接近的备选指数方案,并进行适当的修正(指标的精简,无关紧要项目的删除,必须考察项目的增补或权重修正),形成最终指标体系,见图 6-23。

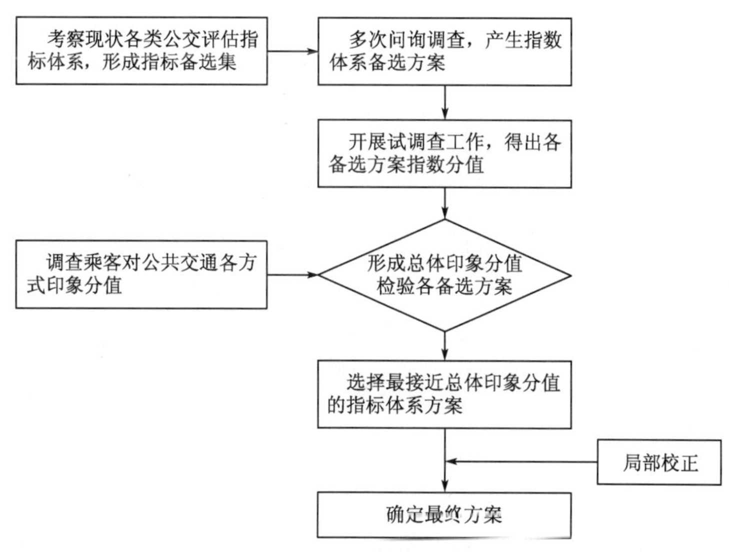

图 6-23　指标体系方案产生流程

4. 权重标定

指标体系中权重标定方式与指标确定的步骤和方法完全一致,同样以百姓决定的方式标定各项指标的权重分配。在指标选取的过程中,以乘客对指标的关注程度作为该项指标的权重设置依据,见图6-24。在指标体系备选方案形成的同时,以市民的关注程度作为方案中各项指标的权重。

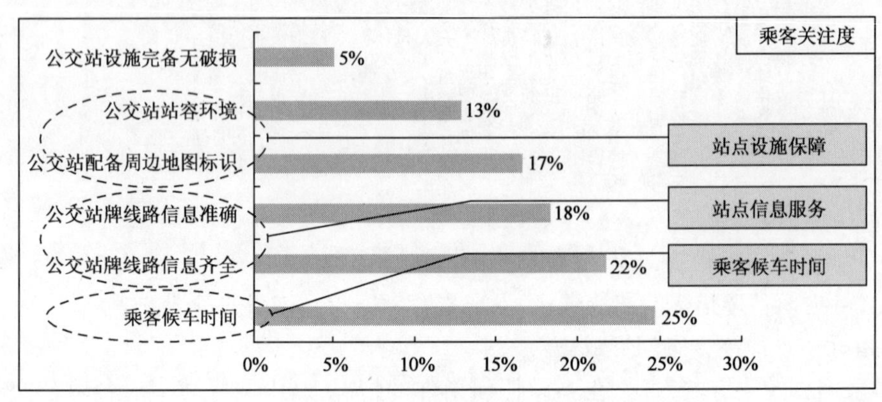

图6-24 指标选取过程

结合调查结果与乘客印象分值的匹配度,确定指标体系最终方案的同时,相对应的形成了各项指标的权重。

5. 评分标准

根据指数体系的指标分类,主要分为主观性指标和客观性指标。针对该两类指标采取相对应的评分标准予以量化,见表6-11。

主观性指标与客观性指标　表6-11

出行方式	出行环节	满意度调查评估项目	行业专项检查评估项目
常规公交	步行	✓到离站步行时间	—
	候车	✓乘客候车时间 ✓站点信息服务	✓设施保障
	乘车	✓乘客乘车时间 ✓乘车拥挤程度	✓安全保障 ✓车容车况 ✓驾乘服务
	换乘	✓换乘便利性	—

续上表

出行方式	出行环节	满意度调查评估项目	行业专项检查评估项目
轨道交通	候车	✓等候时间 ✓信息服务	✓安全保障 ✓设施保障 ✓运行准点率
	乘车	✓拥挤程度	✓车容车况
	换乘	✓换乘便利性	—
出租汽车	乘车	✓无正当理由拒载 ✓超收车费 ✓驾驶员服务态度差 ✓计价器无法正常使用 ✓卫生环境很差	—

(1)客观性指标评分标准,采取行业专项检查评估方式。

客观性指标主要包括:设施保障、安全保障、车容车况、驾乘服务、运行准点率等指标,该类指标属于易于评判且可通过观察容易获得的项目,采取行业专项检查评估的方式予以评分。

(2)主观性指标评分标准,采取满意度调查评估方式。

城市公共交通归根到底是一种出行服务产品。服务的无形性、不可存储性及服务中人的参与,决定了对服务质量的量化和客观评价面临一定的技术困难。

鉴于人在服务生产和消费过程中的作用,服务质量评价具有极强的主观性。按照以往满意度调查的测评问询方式(仅用非常满意、比较满意、一般、较不满意、很不满意等定性的描述方式),往往会出现"主观臆断""以偏概全"的问题。另外,"二八定律"表明,往往是少数的事件对结果造成主要的影响,小概率事件可能颠覆乘客对某项指标的整体印象。

如何避免此类情况的产生,是需要解决的一个关键问题。由于城市公共交通的服务属性及现有公交服务满意度调查方法过于主观,应借鉴服务学中的服务质量评价方法,引入乘客期望值这一标尺。具体做法上,在进行满意度调查时,首先,确定乘客对该项服务的期望值,将此期望值作为评估准绳;其次,以考察周期内达到期望的程度作为满意度,客观量化乘客切身感受与期望服务水平的差距,避免产生主观色彩过浓,偏离实际情况的现象。

6. 指数方案

在上述评价体系、权重及评分方法确定的基础上,通过对各级指标的加权汇总得出公共交通服务综合指数,见表6-12。

综合指数构建表(未含三级指标)　　表6-12

全方式	项目(权重)	一级指标(权重)	二级指标(权重)	指标说明
综合指数	常规公交(63.4%)	步行环节(10.5%)	到/离站步行时间(10.5%)	考察乘客出门步行到达公交车站所需时间,反映公交站点覆盖率和乘车便利性
		乘车环节(47%)	车厢车容车况(5.1%)	通过行业专项调查检查车厢清洁卫生、设备运转情况
			车厢司乘服务(5.6%)	通过行业专项调查检查驾乘人员服务情况
			车厢拥挤程度(16.1%)	通过乘客一周内觉得拥挤的次数与一周内乘车次数之比确定,反映乘车舒适性
			乘车安全保障(4.9%)	通过行业专项调查考察驾驶员驾驶行为、扶握设施、安全消防设施和停靠是否符合安全规范
			乘客乘车时间(15.3%)	考察车辆平均运行速度
		候车环节(31.7%)	乘客候车时间(16.8%)	通过乘客一周内超出期望等车时间的次数与一周乘车次数之比确定
			站点设施保障(7.8%)	考察公交站站容环境
			站点信息服务(7.1%)	考察公交站牌线路信息齐全、准确
		换乘环节(10.8%)	换乘便利性(10.8%)	通过乘客一周内需换乘次数与一周乘车次数之比确定
	轨道交通(24.2%)	乘车环节(31%)	车厢车容车况(9.3 %)	通过行业专项调查检查车厢整洁、设施等车容车况
			车厢拥挤程度(21.7%)	通过一周内超出乘客期望拥挤程度的次数与一周内乘车次数之比确定,反映乘车舒适性
		候车环节(55.2%)	乘客候车时间(16.2%)	考察站内乘客候车时间
			导乘信息服务(11%)	考察站点周边地标指引标识、导乘问询服务和站内导乘标志牌是否齐全
			运行准点情况(12.9%)	通过行业专项检查,考察站内准点情况
			站内安全保障(5.1%)	通过行业专项检查考察站内灭火设备、火宅报警、防火分隔、防烟排烟及安全疏散设备是否齐全,反映乘车安全性
			站内环境卫生(3.9%)	通过行业专项检查,考察站内环境是否干净整洁
			站内设施保障(6.1%)	通过行业专项检查,考察站内自动售票机、自动扶梯、进出站闸机、储值卡充值机、垂直电梯及乘客信息系统的可靠度,反映站内安全设施完备率
		换乘环节(13.8%)	换乘便利性(13.8%)	通过满意度调查,考察换乘便利性

续上表

全方式	项目（权重）	一级指标（权重）	二级指标（权重）	指标说明
综合指数	出租汽车（12.4%）	乘车环节（50.8%）	安全带缺失或损坏（3.8%）	通过乘客一周内出现安全带缺失或损坏次数与一周出行次数之比确定
			超收车费（4.45%）	通过乘客一周内超收车费次数与一周出行次数之比确定
			车内卫生环境差（6.35%）	通过一周内卫生环境差超出乘客期望次数与一周乘车次数之比确定
			打电话聊天（0.83%）	通过一周内驾驶员打电话聊天次数与乘客一周出行次数之比确定
			计价器无法正常使用（7.23%）	通过一周内计价器无法正常使用次数与乘客一周出行次数之比确定
			驾驶员服务态度差（7.62%）	通过一周内驾驶员服务态度差次数与乘客一周出行次数之比确定
			交通违章行为（0.83%）	通过一周内驾驶员交通违章行为次数与乘客一周出行次数之比确定
			未按要求配置上岗证（3.17%）	通过一周内驾驶员未按要求配置上岗证次数与乘客一周出行次数之比确定
			未按要求张贴信息（6.99%）	通过一周内出现未按要求张贴信息次数与乘客一周出行次数之比确定
			无正当理由拒载（9.53%）	通过一周内驾驶员无正当理由拒载次数与乘客一周出行次数之比确定
		候车环节（49.2%）	等候时间（49.2%）	通过乘客一周内超出期望候车时间次数与一周乘车次数之比确定

四、深圳公交服务指数应用实践

以深圳2014年第二季度公交服务指数考核为例。

1. 综合指数及各方式指数

深圳2014年第二季度公交服务指数考核综合结果如表6-13和图6-25所示。

深圳2014年第二季度公交服务指数综合考核结果表 表6-13

指数项目	综合指数	常规公交	轨道交通	出租汽车
分值	81.3	79.4	85.9	80.3

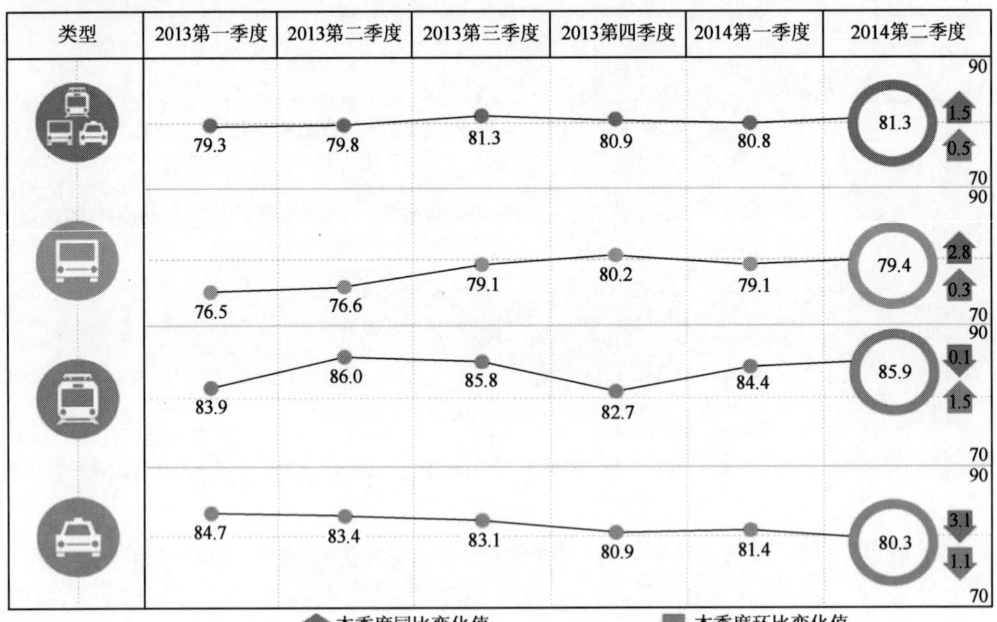

图 6-25　深圳 2014 年第二季度公交服务指数综合考核结果示意图(单位:分)

由图 6-25 可知,公交服务综合指数较上期上升和去年同期有所上升。

2. 各方式 二级指标得分

常规公交、轨道交通、出租汽车得分情况如图 6-26 所示。

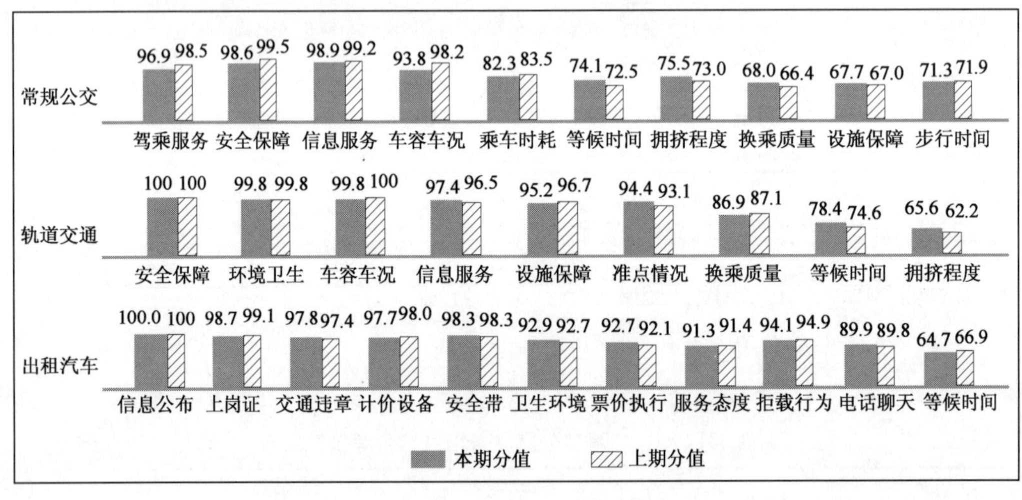

图 6-26　各方式二级指标得分考核结果示意图(单位:分)

3. 区域指数

各行政区公交服务指数考核结果如表 6-14 所示。

各行政区公交服务指数考核结果(单位:分)　　表 6-14

序 号	行 政 区	本 期	上 期	分 值 变 化
1	福田	85.62	85.95	-0.33
2	罗湖	80.15	77.31	2.84
3	南山	80	78.01	1.99
4	龙华	79.34	76.54	2.8
5	盐田	77.54	77.44	0.1
6	宝安	77.06	77.65	-0.59
7	坪山	76.73	72.92	3.81
8	龙岗	76.36	74.51	1.85
9	光明	73.7	75.1	-1.4
10	大鹏	70.26	69.19	1.07

在常规公交区域服务指数中,福田区最高(85.62 分),大鹏新区最低(70.26 分)。坪山新区(上升 3.81 分)上升最为明显;大鹏新区上升 1.07 分,在“步行时间、站容环境”等指标分值有所改善。

4. 企业及线路指数

(1)轨道交通

轨道交通各线路营运情况排名如图 6-27 所示。

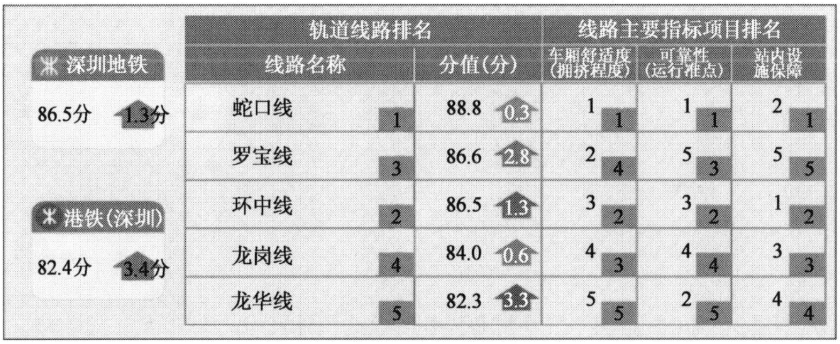

深圳地铁 86.5分 ↑1.3分

港铁(深圳) 82.4分 ↑3.4分

轨道线路排名		线路主要指标项目排名		
线路名称	分值(分)	车厢舒适度(拥挤程度)	可靠性(运行准点)	站内设施保障
蛇口线 1	88.8 ↑0.3	1 1	1 1	2 1
罗宝线 3	86.6 ↑2.8	2 4	5 3	5 5
环中线 2	86.5 ↑1.3	3 2	3 2	1 2
龙岗线 4	84.0 ↑0.6	4 3	4 4	3 3
龙华线 5	82.3 ↑3.3	5 5	2 5	4 4

图 6-27　轨道交通营运情况排名

注:右下角数字为上期排名

深圳地铁总体得分呈上升趋势,主要是由于“导乘问询服务、站内等候时间、站内准点情况”指标得分较上期均有所提升。

(2)常规公交

三家公交企业、前十名线路排名、最后十名路线排名情况如图 6-28 所示。

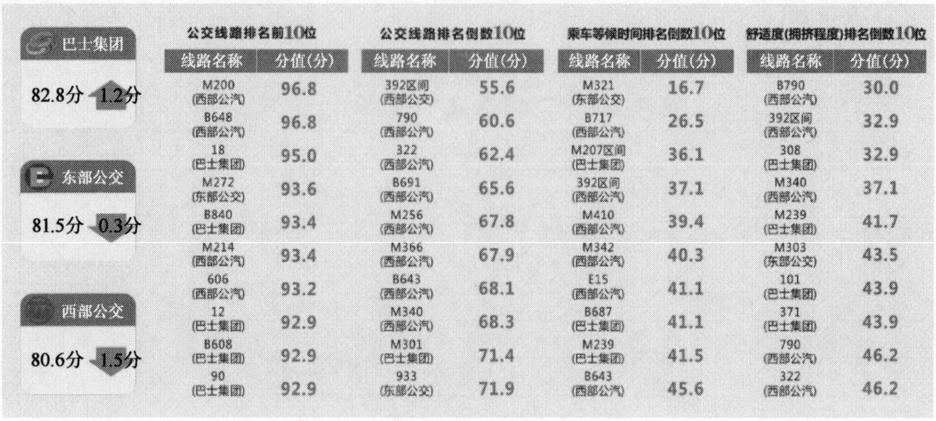

巴士集团 82.8分 1.2分

东部公交 81.5分 0.3分

西部公交 80.6分 1.5分

公交线路排名前10位		公交线路排名倒数10位		乘车等候时间排名倒数10位		舒适度(拥挤程度)排名倒数10位	
线路名称	分值(分)	线路名称	分值(分)	线路名称	分值(分)	线路名称	分值(分)
M200(西部公汽)	96.8	392区间(西部公交)	55.6	M321(东部公交)	16.7	B790(西部公汽)	30.0
B648(西部公汽)	96.8	790(西部公汽)	60.6	B717(西部公汽)	26.5	392区间(西部公汽)	32.9
18(巴士集团)	95.0	322(西部公汽)	62.4	M207区间(巴士集团)	36.1	308(巴士集团)	32.9
M272(东部公交)	93.6	B691(西部公汽)	65.6	392区间(西部公汽)	37.1	M340(西部公汽)	37.1
B840(巴士集团)	93.4	M256(西部公汽)	67.8	M410(西部公汽)	39.4	M239(巴士集团)	41.7
M214(西部公汽)	93.4	M366(西部公汽)	67.9	M342(西部公汽)	40.3	M303(东部公交)	43.5
606(西部公汽)	93.2	B643(西部公汽)	68.1	E15(西部公汽)	41.1	101(巴士集团)	43.9
12(巴士集团)	92.9	M340(西部公汽)	68.3	B687(巴士集团)	41.1	371(巴士集团)	43.9
B608(巴士集团)	92.9	M301(巴士集团)	71.4	M239(巴士集团)	41.5	790(西部公汽)	46.2
90(巴士集团)	92.9	933(东部公交)	71.9	B643(西部公汽)	45.6	322(西部公汽)	46.2

图 6-28　常规公交运营情况排名

按路段公交运速排名：根据公交车载 GPS 数据分析得到，早、晚高峰公交运速最低的 10 条路段如表 6-15 和表 6-16 所示（途经公交线路 10 条以上）。

早高峰常规公交运速统计表　　表 6-15

序号	路 段 名 称	运速（公里/小时）	有无设置公交专用道
1	深南大道（南新路往南山大道）	6.8	有
2	红岗路（西环路往清水河一路）	6.9	无
3	深南中路（解放路往红岭路）	7.2	有
4	南海大道（东滨路往工业八路）	7.3	无
5	南山大道（创业路往桂庙路）	7.6	有
6	吉华路（中兴路往粤宝路）	7.7	有
7	布吉路（荣超花园往布吉农批市场）	8.6	有
8	红荔路（新洲路—香梅路）	8.9	无
9	布沙路（开放路往中翠路）	9.1	无
10	新安一路（翻身路至建安一路）	9.8	无

晚高峰常规公交运速统计表　　表 6-16

序号	路 段 名 称	运速（公里/小时）	有无设置公交专用道
1	科苑路（深南大道宝深路）	6.1	无
2	笋岗西路（八卦路往上步路）	6.6	有
3	彩田路（莲花路往北环大道）	7.2	无
4	爱国路（怡景路往太宁路）	7.3	有
5	布龙路（五和大道往坂雪岗大道）	7.7	无

续上表

序号	路 段 名 称	运速(公里/小时)	有无设置公交专用道
6	红荔路(景田路路口往香梅路)	8.2	无
7	布沙路(开放路往中翠路)	8.6	无
8	滨河大道(香蜜湖往福荣路)	9.4	无
9	深南大道(金田路往皇岗路)	9.7	无
10	布吉路(农批市场段)	9.9	有

(3)出租汽车

①出租汽车指数得分情况

“红色出租汽车”得分81.3分,较上期下降0.5分,见图6-29;“绿色出租汽车”得分78.8分,较上期下降3.3分,见图6-30。

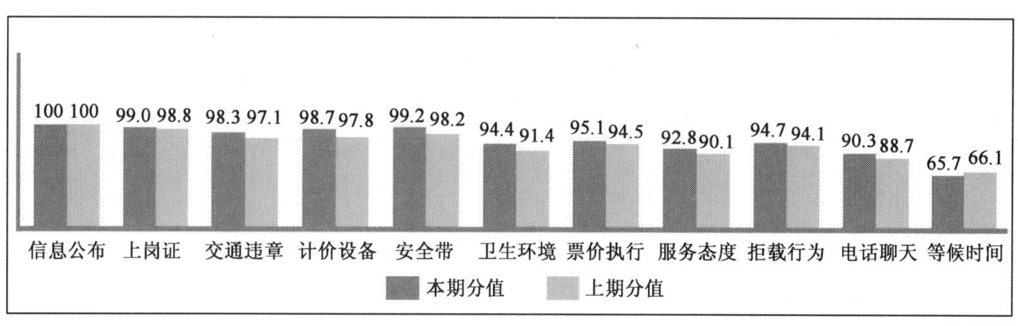

图6-29 “红色出租汽车”运营情况排名(单位:分)

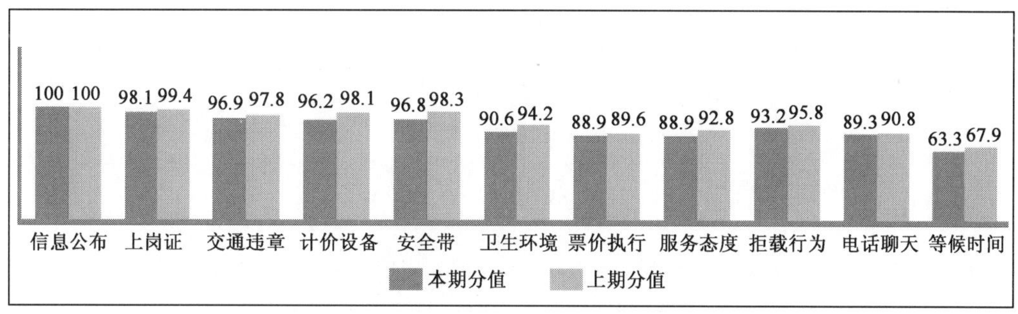

图6-30 “绿色出租汽车”运营情况排名(单位:分)

②重点区域出租汽车打车便利性情况

口岸及二线关口。宝安机场表现优良,布吉关、罗湖口岸、深圳湾口岸表现良好,皇岗口岸表现一般,福田口岸、梅林关、南头关、蛇口码头表现欠佳。

重点客运枢纽区域。除深圳火车站表现良好,福田客运站表现一般外,具余各客运枢纽表现相对欠佳,其中,宝安、龙岗、龙华汽车站和深圳北站表现不理想。

第五节 服务质量考核

一、深圳公交服务质量考核的背景

深圳市常规公交行业发展大致经历了四个阶段:

(1)城市公交起步阶段(1980~1992年)。特区成立之初,公交行业规模小、底子薄,行业法规不完善,发展机制不明晰。

(2)规模迅速增长阶段(1992~1998年)。城市步入高速成长阶段,特区实施公交专营制度,政府加大财政投入,开放中小巴市场,行业规模迅速膨胀。

(3)行业管理探索阶段(1998~2003年),城市建设日益成熟,为规范管理,控制企业规模,特区外实施线路专营制度,中小巴线路逐步退出特区市场。

(4)发展体制转型阶段(2003年至今),为提高公交服务质量和运输效率,逐步整合公交行业资源,实施一体化发展,特区公交专营经验推广至全市实施。

2007年年底,伴随"深圳市东部公共交通有限公司"和"深圳市西部公共汽车有限公司"挂牌成立,深圳公交行业正式告别"多小散弱、过度竞争"的行业发展模式,步入"规模经营、适度竞争"的行业发展模式,原有38家公交企业整合为"巴士集团""西部公汽""东部公交"三家,形成类似区域专营的行业发展格局,见图6-31。

图6-31 深圳市公交区域专营范围图

公交体制改革彻底解决了线路个人承包问题,基本解决行业"多、小、散、弱"和过度竞争的问题,但同时也造成企业失去了提升服务水平的动力,为此,政府需对企业的服务质量、服务水平、管理水平进行全面考核,并将其与政府资源配置进行挂钩,激发企业加强竞争意识、改善服务质量的积极性,实现政府资源的最优配置。

二、服务质量考核目的

1. 促进公交服务质量及安全管理水平的持续提升

受“逐利性”的驱使，企业总是希望在成本最低的情况下达到利益的最大化。在区域特许经营模式下，企业由于缺少竞争，可能会逐渐丧失提升服务的动力。为了压缩成本，追求利润，影响服务质量的提高，甚至可能采取诸如延长发车时间以增加载客量等手段提高运营收益，这样，乘客的出行时间和舒适度都难以保证。其次，企业在新建成区可能增开新线的意愿不强，因为增开新线往往要面临客流不足、不能盈利甚至亏本等经营风险。第三，企业还希望撤掉那些不能盈利或利润很薄的旧线，而只保留能够带来巨大利润的线路，这与政府提高公交覆盖率的策略是相违背的。

因此，为了确保企业有足够的开线动力，保持一定的公交服务水平，必须对各企业的服务质量进行考核。

2. 加强“服务质量绩效考核”的服务监管机制

实施特许经营后，东部公交、西部公汽、巴士集团三家企业拥有特定的经营区域，线路、客流相对稳定。在此情况下，企业失去了直接竞争的对象和竞争的动力；政府必须实现对企业的过程监管，将企业的服务质量、服务水平、管理水平等与政府资源配置进行挂钩，激励企业通过提供更好的服务获得更多的资源，将企业间对资源的竞争转化为对服务水平、服务质量的竞争，实现政府资源的最优配置。

3. 形成公交服务量化考核标准，为政府实施补贴提供依据

对公交行业（不包括地铁和出租汽车）成本亏损和利润的补贴常态化，为政府公交服务监管提供了有效手段。政府需要对公交服务做出量化、客观、准确的评价，作为各种决策和政策制定以及补贴的依据，并建立起服务与补贴二者间的联动机制。实施公交企业的绩效考核，不仅是单纯的服务质量评估。其核心意义在于建立以企业服务质量绩效考核为核心的公交服务监管机制，确保分区适度竞争模式的正常运转和行业的健康发展。需要制订一套针对企业公交服务的全面、系统、科学的评价指标体系和评估机制，以确定公交财政补贴及成本规制中的服务质量调节额度，完成对公交特许经营企业各年度的财政补贴。

三、服务质量考核办法及完善思路

公交特许经营企业服务质量考核方案的构成要素有：考核方法、考核指标体系、考核标准。针对各要素的完善思路如下：

1. 考核方法

公交服务业在提供服务的时候，存在不同时间、不同地点、不同环节管理手段的不一

致性和多样化,公交管理部门对公交企业的服务质量很难进行横向比较。因此,需要建立一套科学的公交服务质量评价系统,从管理层面对公交客运服务质量和服务水平做出公平、公正、客观的评价,以促进服务质量的提升,便于行业监督与管理。

(1)定量与定性考核相结合。定量与定性考核相结合,以定量考核为主。定量考核,由于可以采用科学方法进行比较准确的计算,测评标准客观、统一、具体,最大限度地减少了考核结果的主观随意性和片面性。对于方便程度、满意程度、服务水平高低等指标,则难以量化,要进行逻辑分析、判断、推理、归纳的定性分析,得出可比结论。只有定量指标,缺少定性指标,公交服务质量的考核就成了生硬的数字集合,失去了"服务的内涵",不能及时反映公交服务的需求和变化。把对公交特许经营企业的服务质量考核建立在定量测评分析的基础上,即从定量考核出发、参照定性分析结果,进行综合评价,最后确定出总的考核测评结论。这种定量与定性相结合,以定量为主、进行综合评价的考核方法,是对考核对象进行的多要素、多侧面、多渠道、多角度、全方位的考核,充分发挥定量与定性两种考核方法的整体效应,考核结果比较客观公正、全面准确。

(2)年终与平时定期考核相结合,以平时考核为主。平时考核,主要考核公交特许经营企业在提供公交服务中的服务水平、乘客满意度情况、投诉处理情况、安全运营情况以及完成政府指定开线任务的情况等。平时考核不定期举行,根据实际需要,一个月、一个季度或完成一项重大交通保障任务以后,均可进行。年终考核与平时定期考核相结合,体现了考核工作持续性与阶段性的统一。

(3)主管部门考核与市民满意度考核相结合,以主管部门考核为主。以主管部门考核为主,就是在年度考核过程中,建立以主管部门为中心的考核制度,即主管部门通过中立机构,依据建立的评价指标体系,对各项考核内容进行定量和定性分析得出考核评估报告。同时,结合交通委信访投诉部门的公交服务信访投诉统计报告和市民满意度调查结果进行综合评估。

(4)建立主动的检查工作流程及规范的考核流程。以往的考核数据由企业上报,政府主要根据企业上报资料进行考核,考核结果存在"由企业决定"的情况。新的考核机制要建立主动检查工作流程,促进行业主管部门主动开展监管工作,按"制订检查工作方案、开展检查工作、上报检查结果"设计详细的检查流程,改变单纯企业上报数据的考核方式,实现检查与考核的有效衔接。

(5)加大服务质量考核与成本规制补贴挂钩比例。现有考核办法的财政补贴中,服务质量调节部分比例为30%,偏低。企业对考核过程及结果不在乎,难以起到促进企业加强管理、保障安全、诚信经营、优质服务的目的,通过加大服务质量考核与成本规制补贴挂钩比例(例如,可以考虑调整到50%以上),使考核办法的分数对补贴更为敏感,客观上要求企业更加注重考核评分,提高服务质量水平。

(6)加强公交服务质量考核结果的公布及公众监督。主管部门每年将考核过程及结果向社会公开发布,增加公众的知情权及参与程度，考核不合格或者基本合格的企业,应主动通过媒体向公众公布服务质量改善方案。

2. 考核评价指标体系

政府加强对企业监管的一个重要方面,是对企业所提供服务的监管。政府需要对企业的服务质量、专营区内的公交服务水平做出客观、准确的评价,作为各种决策和政策制定的依据。这就需要制定一套针对企业公交服务的全面、系统、科学的评价指标体系和评估机制。

评价指标体系的建立是政府对企业服务质量、运营情况进行评估的基础,是制定公交发展政策、措施的依据,也是行业管理部门对企业进行监管、考核及经济补贴的前提。评价体系建立的合理性、指标选择的可操作性、评价标准确定是否恰当等因素,都直接影响到政府对企业的评估。因此,评价指标体系的建立是政府采取一切监管措施和手段的基础。

3. 考核评价指标体系构建的基本原则

评价指标体系是整个评价系统的核心部分,也是评价工作的重要工具。评价时针对评价指标进行有目的地搜集资料、整理和分析;同时,指标又是评价判断的依据。设计指标时,指标的大小必须适宜,如果指标体系过大,指标层次过多,指标划分过细,会导致决策者的注意力被吸引到细小问题上;如果评估指标体系小,指标层次少,指标划分粗,则不能充分反映道路客运服务质量的整体水平。

构建评价系统应该遵循的一般原则包括:系统性和一致性原则、可直接测评原则、体系内指标相互独立原则、整体完备原则、稳定可比原则、客观性原则、定性和定量指标结合原则。结合道路客运的实际情况,依据评价系统所要遵循的一般原则,提出公交特许经营服务质量评价系统要遵循的几个原则:

(1)系统性原则。评价系统要求能够全面、系统地评价整个公交特许经营服务的各方面质量,所以要对影响服务质量的各个指标因子进行层层选取。

(2)一致性原则。评价指标体系必须能够明确地反映目标与指标间一致的关系。指标必须充分地反映目标,要与管理目标相一致。指标与目标的一致性还蕴含着体系内各条具体指标的一致性,不能把两条相互冲突的指标放在同一体系。

(3)针对性原则。针对影响公交特许经营企业服务质量的主要因素选取相应的指标因子,从而得到具有代表性的单项指标或综合指标,以确定适当的评价体系。

(4)独立性原则。每个影响指标都必须反映公交特许经营企业服务质量的某一方面,具有自己的影响特性,不能被其他的指标所代替。

(5)稳定可比性原则。评价指标体系中选用的指标要有稳定的数据来源,能适应于各种不同企业,而且指标的口径(时间、单位、含义等)对各个企业也必须一致,保证评价结果的真实性、客观性和合理性。

(6)可操作性原则。考核的指标不宜太多与太繁杂,数据易收集,容易被公交企业所接受,同时从乘客的角度易于评定和监督。

4. 考核评价指标体系构建思路

评价指标体系一般分为目标层、准则层、指标层三个层次,目标层是衡量公交服务水平的总体目标,准则层是反应目标层的一系列指标构成,指标层是反应个准则的具体指标内容,如图6-32所示。

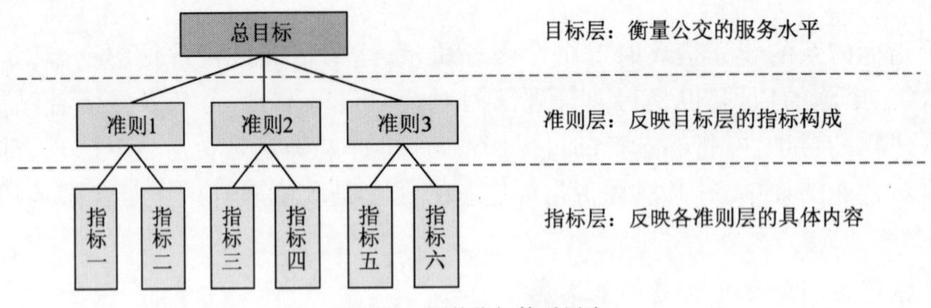

图6-32　评价指标体系层次

公交服务质量考核指标体系构架也按照如上三个层次构建。在服务质量准则层指标选择上,企业服务质量的高低除了直接跟企业提供乘客的公交服务水平有关外,还与其管理水平、运营效果等因素密切相关。服务质量准则层应包括安全生产、车辆设施、服务设施、人员素质、乘客满意度调查、驾乘人员满意度调查、投诉处理、遵章守纪等方面内容。

在考核指标方面,服务质量考核办法修订需要保持与既有办法的一致性与连续性,因此,新的考核指标体系应与原指标体系保持连续性,而不是全面推翻重构指标。

基于以上分析,从常规公共交通系统服务所包含的主要要素着手,结合国内外经验,筛选出可反映公交企业服务质量的评价指标。

5. 考核标准

考核标准是客观评判对象优劣的尺度,是考核体系的重要组成部分。考核标准分定量标准和定性标准两大类。考核标准不是固定不变的,如不同时期不同的经济发展水平下,旅客对客运服务质量的要求是不一样的。

制定考核指标的考核标准,易于监管部门实现对特许经营企业设施状况、服务质量、管理水平进行监管管理,有利于改善公交经营环境、服务水平,增强公共交通的吸引力。考核标准的制定应符合公交特许经营改革相关文件要求。

针对不同考核指标评分标准,采取不同的计分方法,具体如下:

(1)依据以往分值设置评分标准:主要针对有以往分值积累的指标。依照过去两年考核指标的分值积累,可以用过去的分值作为评分标准。

(2)依据平均分值设置评分标准:主要针对新增指标。由于没有以往考核分值积累供参考，难以找到一个临界点衡量该项指标的优劣，因此，这类型的指标主要以各运营企业的平均分值作为标准，优劣程度通过与平均分值的偏离程度来评判。

四、深圳公交服务质量考核实践

1. 考核指标及评分标准

2013 年度服务质量考核指标体系为 10 大类，20 项分项指标，如图 6-33 所示。

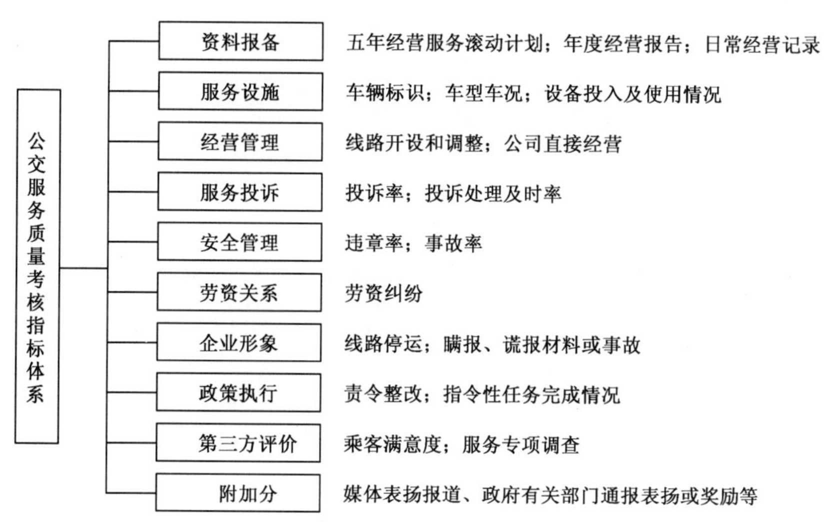

图 6-33 公交服务质量考核指标体系

公交服务质量考核评分办法采取“千分考，百分评”的方式，各项指标评分计算公式为：

各项指标考核得分 = 各项指标检查分值 × 各项指标权重

考核指标体系各项指标分值换算见表 6-17。

考核指标体系各项指标分值换算 表 6-17

<table>
<tr><th>考核内容</th><th>考 核 指 标</th><th colspan="2">检查分值(分)</th><th>权重</th><th colspan="2">实际得分(分)</th></tr>
<tr><td rowspan="3">一、资料报备</td><td>1. 五年经营服务滚动计划</td><td>30</td><td rowspan="3">100</td><td rowspan="3">3%</td><td>0.9</td><td rowspan="3">3</td></tr>
<tr><td>2. 年度经营报告</td><td>40</td><td>1.2</td></tr>
<tr><td>3. 日常经营记录</td><td>30</td><td>0.9</td></tr>
<tr><td rowspan="2">二、服务设施</td><td>4. 车身标识</td><td>45</td><td rowspan="2">100</td><td rowspan="2">11%</td><td>4.95</td><td rowspan="2">11</td></tr>
<tr><td>5. 车型车况</td><td>30</td><td>3.3</td></tr>
</table>

续上表

考核内容	考核指标		检查分值(分)		权重	实际得分(分)	
二、服务设施	6. 设备投入及使用情况	设备投入情况(10分)	25	100	11%	1.1	11
		场站使用情况(15分)				1.65	
三、经营管理	7. 线路开设和调整		75	100	8%	6	8
	8. 公司直接经营		25			2	
四、服务投诉	9. 投诉率		90	100	12%	10.8	12
	10. 投诉处理及时率		10			1.2	
五、安全管理	11. 违章率	交通违章率(25分)	45	100	18%	4.5	18
		营运违章率(20分)				3.6	
	12. 事故率	万车事故率(20分)	55			3.6	
		万车死亡率(35分)				6.3	
		重大责任事故次数(达标)				达标	
六、劳资关系	13. 劳资纠纷	劳资纠纷事件(75分)	100	100	4%	3	4
		员工对企业满意度(25分)				1	
七、企业形象	14. 线路停运		60	100	5%	3	5
	15. 瞒报、谎报及不报送材料(或事故)		40			2	
八、政策执行	16. 责令整改	责令整改次数(60分)		100	14%	8.4	14
		整改不合格次数(20分)				2.8	
	17. 指令性任务完成情况		8020			2.8	
九、第三方评价	18. 乘客满意度		20	100	25%	5	25
	19. 服务专项调查		80			20	
十、附加分	20. 政府部门及媒体通报表扬或奖励		100	100	5%	5	5
合计			1000		—	105	

注：考核理论满分为105分。其中，基础分为100分，附加分为5分。基础分和附加分之和超过100分，考核得分以100分计。

2. 考核结果

通过对巴士集团、东部公交、西部公汽三家企业进行考核，2013年度服务质量考核得分分别为:巴士集团93.58分、东部公交95.8分、西部公汽92.28分,具体情况如表6-18所示。

服务质量考核的实际得分表 表6-18

<table>
<tr><th>序号</th><th>项目名称</th><th colspan="2">考 核 指 标</th><th>分值(分)</th></tr>
<tr><td>1</td><td rowspan="3">资料报备</td><td colspan="2">五年经营服务滚动计划</td><td>0.9</td></tr>
<tr><td>2</td><td colspan="2">年度经营报告</td><td>1.2</td></tr>
<tr><td>3</td><td colspan="2">日常经营记录</td><td>0.9</td></tr>
<tr><td>4</td><td rowspan="4">服务设施</td><td colspan="2">车身标识</td><td>4.95</td></tr>
<tr><td>5</td><td colspan="2">车型车况</td><td>3.3</td></tr>
<tr><td rowspan="2">6</td><td rowspan="2">设备投入及使用情况</td><td>设备投入情况</td><td>1.1</td></tr>
<tr><td>场站使用情况</td><td>1.65</td></tr>
<tr><td>7</td><td rowspan="2">经营管理</td><td colspan="2">线路开设和调整</td><td>6</td></tr>
<tr><td>8</td><td colspan="2">公司直接经营</td><td>2</td></tr>
<tr><td>9</td><td rowspan="2">服务投诉</td><td colspan="2">投诉率</td><td>10.8</td></tr>
<tr><td>10</td><td colspan="2">投诉处理及时率</td><td>1.2</td></tr>
<tr><td rowspan="2">11</td><td rowspan="5">安全管理</td><td rowspan="2">违章率</td><td>交通违章率</td><td>4.5</td></tr>
<tr><td>营运违章率</td><td>3.6</td></tr>
<tr><td rowspan="3">12</td><td rowspan="3">事故率</td><td>万车事故率</td><td>3.6</td></tr>
<tr><td>万车死亡率</td><td>6.3</td></tr>
<tr><td>重大责任事故次数</td><td>达标</td></tr>
<tr><td rowspan="2">13</td><td rowspan="2">劳资关系</td><td rowspan="2">劳资纠纷</td><td>劳资纠纷事件</td><td>3</td></tr>
<tr><td>员工对企业满意度</td><td>1</td></tr>
<tr><td>14</td><td rowspan="2">企业形象</td><td colspan="2">线路停运</td><td>3</td></tr>
<tr><td>15</td><td colspan="2">瞒报、谎报及不报送材料(或事故)</td><td>2</td></tr>
<tr><td>16</td><td rowspan="3">政策执行</td><td rowspan="2">责令整改</td><td>责令整改次数</td><td>8.4</td></tr>
<tr><td rowspan="2">17</td><td>整改不合格次数</td><td>2.8</td></tr>
<tr><td colspan="2">指令性任务完成情况</td><td>2.8</td></tr>
<tr><td>18</td><td rowspan="2">第三方评价</td><td colspan="2">乘客满意度</td><td>5</td></tr>
<tr><td>19</td><td colspan="2">服务专项调查</td><td>20</td></tr>
<tr><td>20</td><td>附加分</td><td colspan="2">—</td><td>5</td></tr>
<tr><td colspan="4">合计</td><td>100</td></tr>
</table>

按照考核办法规定,考核结果分为优秀、良好、合格和不合格四个等级。标准如下:

(1)优秀:考核得分≥85 分。

(2)良好:75 分≤考核得分 <85 分。

(3)合格:60 分≤考核得分 <75 分。

(4)不合格:考核得分 <60 分。

根据以上标准,2013 年度,巴士集团、东部公交、西部公汽的服务质量考核结果均为优秀。

第七章　公交都市政策保障

公交都市是缓解城市交通拥堵的重要策略，也是建设低碳城市的必然选择。建设公交都市是一个系统工程，需要多方面考虑和落实，不仅需要公共交通基础设施、资金、土地、路权等，更需要完整、高效的政策体系保障，以实现公共交通发展和公交都市建设的法制化、规范化和常态化。

第一节　公交都市法律法规体系

城市公共交通法规体系是公交行业健康发展和建设公交都市的基本前提，是政府依法管理公共交通行业的主要手段，也是规范政府、企业、乘客行为及其相互关系的法律依据。

随着我国法制化进程不断加快，市场经济日趋完善，城市公共交通管理的改革与创新也将在市场经济条件下进一步深化。公共交通经营与管理的市场经济色彩加重，公交定价，公交企业的所有权、经营权，公交经营机制，公交管理模式，法规，税费制度等方面都会发生很大变化。所以，要尽快加强城市公共交通法规体系建设，适应市场经济条件下城市公共交通发展的实际需要，将公共交通发展纳入法制化轨道，提高公共交通运行效率、引导和调控公交行业的科学管理、更好地支撑公交都市建设。保障公交运营与发展的法规和政策出台需要时间，应尽早全面部署，争取主动，才能有效支撑和保证公交都市建设。

一、当前公共交通行业存在的问题

长期以来，我国城市公共交通行业没有完整的法律法规体系，公共交通管理部门执法依据很少。一些有立法权的省市出台过部分公交法规，但国家层面尚未颁布公共交通法规。2010 年 12 月，国务院法制办公室公布《城市公共交通条例（征求意见稿）》，面向全社会公开征求意见，但至今未能出台。目前，我国城市公共交通行业法律法规存在如下问题：

1. 城市公共交通法规体系尚未建立

完整的公共交通法律法规体系是由不同部门的法律规范与不同层级的法律规范构

成，能够有机结合的体系，相互联系、相互作用、相互印证。

目前，全国性公共交通法制体系尚未形成，国家层面的城市公共交通法规尚未出台。国家层面的行业法规主要是指导性的，因此，部分省份和城市结合当地实际情况，出台了各自的城市公共交通法规。迄今为止，国家、省、市三级公共交通法规体系尚不完善。

公共交通行业相关领域的法规也不健全。例如，目前公共交通用地保障规定，依据的是国土资源部发布的《划拨用地目录》。该划拨目录并没有上升到正式法规层面；再如，公共交通资金保障在国家层面仅为燃油补助，没有相应法规作为基础依据。很多城市公交财政补贴落实不到位，甚至政府指令性任务也没有得到及时补偿，严重挫伤了公交企业的积极性。

例如，深圳市由于以往规划场站缺乏法律效应，导致场站规划难以实施。根据《深圳市特区外公交场站近期建设规划》(2007)，全市共规划公交场站450个，面积262.85公顷；至2011年，计划建设公交场站238个，而实际已建成政府投资的公交场站仅49个，面积23.93公顷；在建场站53个，面积18.9公顷。相当大部分的已规划公交场站无法落实用地，部分街道尚未建有场站。

2. 城市公共交通法规立法层次低

城市公共交通是与人民群众生产、生活息息相关的公益性事业，涉及社会的方方面面和各阶层群众，几乎可以与教育、医疗、卫生等地位相当，为此需要高层次立法，体现权威性，才能保证城市公共交通公益性地位的真正体现。

除部分城市制定了城市公共交通条例外，很多城市客运管理的主要依据仍是原国家建设部制定的规章和内部规范性文件，法规层次较低。在执行中，法律效用较差，一定程度上影响和制约了城市客运的发展；另一方面，随着城市客运管理职能整体移交到交通运输主管部门，执法主体改变，原有的规章难以适应新的管理需求，交通部门难以依法实施对城市客运的行业管理，导致暂时性管理执法依据“真空”。

3. 城市公共交通立法未与时俱进

尽管我国社会主义市场经济不断发展、市场经济体制日趋完善，但是城市公共交通立法却没有做到与时俱进，明显滞后于社会主义市场经济建设的需要。当公交市场竞争机制已成为提高公交服务质量和管理效率的重要手段时，对公共交通管理提出了新要求，尤其是法律方面的调控作用。由于没有及时出台与市场经济相容的公共交通法律，影响了市场经济改革的整体进程。

二、发达国家和地区公共交通法规体系

发达国家和地区公共交通法规体系建设的历程和经验，对建设国家公交都市法律法

规有很好的借鉴作用，以德国为例加以说明。

1. 德国交通法规体系

德国交通法规体系具有较强的系统性和完整性。类似于我国的法律体系，德国的法律也分为三大类，包括民法、行政法和刑法，其中，行政法中与公共交通有关的法规包括《交通行业法》《交通规划法》和《交通财政法》；交通行业法中与公共交通有关的法规有《人员运输法》《运输章程》《铁路运输法》《汽车运营法规》和《有轨电车运营法规》等；交通规划法体系中与公共交通有关的法规包括《公共交通调整法》；交通财政法中涉及公共交通的法律有《公共交通调整法》《国家交通财政法》等。

2. 国家通过法规对公共交通进行调控

德国政府通过国家法规对公共交通进行调控，包括规划、公交优先、补贴、行业监管等方面。

在规划方面，一是制定公交规划编制指引，进行规范化的前期论证程序。二是重视综合交通枢纽规划建设，帮助乘客实现便捷的立体换乘；在规划站址选择上，枢纽多地处城市中心的繁华地段，如柏林火车总站靠近市政大厅和勃兰登堡门。三是优化整合线路资源，德国绝大部分城市都拥有地面轨道交通，轨道线路往往设置于城市道路中部，与公交汽车线路平行，便于实现轨道交通与公交汽车的站台共用。四是高度重视人性化配置，例如，德国轨道交通一般使用宽体车辆，乘客可以携带自行车乘车；公交站点配有手推行李车供乘客使用；使用低底盘有轨电车，低底盘公交汽车等运输装备，方便乘客上下车；各种公共交通车辆都安装了为残疾人服务的专用设施设备。

在公交优先方面，如加大公共交通基础设施供给力度，扩大城市公共交通服务覆盖面，加强一体化衔接配套，设立公交专用线，给予公交车辆优先通行信号，提高私家车停车收费标准，对私家车征收高额汽油税等手段，大力扶持公共交通发展，通过提升公共交通服务品质，吸引社会大众主动选择公共交通方式出行，提高公共交通的市场份额。

在财政补贴方面，地方政府（含州政府和市镇政府）是城市公共交通基础设施的建设主体和投资主体。在道路、轨道线路以及枢纽等建设方面，地方政府都 可以得到联邦政府资金补助，一般补助额为项目总投资额的 50% ~75%，有的项目可以达到 90% 以上。在运营层方面，德国城市公共交通企业的运营总体亏损，亏损部分一般由政府予以补贴，补贴形式多样，有直接的政府财政补贴，也有与自来水、电力、燃气等能源类项目的补贴，还有“一事一议”的专项补贴等。

在行业监管方面，坚持政府管理的主体地位，研究制定城市公共交通服务内容、标准，通过招投标等方式向企业购买城市公共交通服务，对公交企业运营予以严格监管和考核。

三、构建公交都市法律法规体系

加快我国城市公共交通法律法规体系建设，是建设公交都市最为迫切的任务，也是落实公交都市发展战略的工作。

1. 公交立法原则

公交立法是一项惠及全民的工作，在相关法律条文拟定过程中，遵循什么样的目标、贯彻什么样的精神，将直接决定立法宗旨的实现与否。为保证公交事业发展的正确方向，公交立法应坚持以下基本原则：

(1)协调统一原则

我国法律法规由多层次、效力不等的法律和规范组成，公交立法领域也不例外。公交立法必须注意整个法律法规体系的协调和统一，除了上下层级之间法律规范的协调统一以外，特别还应重视以下两点：

第一，同级法规之间的协调统一，即公交立法应当与同级其他法规的内容保持一致。

第二，立法主体应及时掌握客观情况变化引起的立法滞后，及时对法律法规进行立、改、废，使之适应客观形势。

(2)社会公平原则

公共交通事业基本宗旨是为全社会不同阶层、不同收入的人群提供公平的出行环境，保障公民的基本出行权。因此，公交立法中应突出社会公平原则，其内涵包括两个方面：

①代内公平：指同一代人，不论国籍、种族、性别、经济水平和文化差异，在要求良好生活环境和利用自然资源方面，都享有平等权利。公共交通发展应平衡不同地区、不同阶层的需求，尤其是满足弱势群体的出行需求，保障人人公平的出行权。在此前提下，不排斥个性化、多样化发展。

②代际公平：指当代人和后代人在利用自然资源、满足自身利益、谋求生存与发展上权利均等。当代人必须留给后代人生存和发展必需的环境资源和自然资源，这是可持续发展战略的重要原则。强调通过优先发展公共交通，促进低碳出行，保护自然生态环境，维护地球质量，使后代人能够享受与当代人相同的地球质量。

(3)公众参与原则

为使公交发展真正实现“以人为本”“为百姓服务”，公交立法过程必须遵循公众参与原则，保持立法的民主性。在美国，为了确保公众参与的内容得到良好的采纳和执行，政府规定任何交通(包括公共交通)项目，要得到联邦政府的资金资助，必须保证这些项目是充分吸引了民众和相关利益部门参与的，是一个综合的、相互协调的、连续的规划过程。

2. 公交优先立法内容

借鉴国外成熟的公共交通立法经验，同时充分考虑我国公交立法的现状和公交发展

的国情,我国城市公共交通立法应重点包括以下方面内容:

(1)公交行业的性质与地位。

(2)政府与管理机构的职责、权限。

(3)公交优先发展资金来源与保障机制。

(4)公共交通基础设施建设的规定。

第二节 公交都市的交通需求管理政策

提高公共交通使用率和实施交通需求管理措施,是构建公交都市的两大重要手段,前者是推动力,而后者是拉力,旨在减少小汽车的使用。这种组合能够平衡公共交通与小汽车两大机动化出行方式,鼓励更多的人选择环保的公交方式出行。目前,交通需求管理已成为现今我国城市缓解交通拥堵的重要策略。

一、交通需求管理的地位与作用

当城市交通运输系统与道路车流维持在一定服务水平时,城市交通发展应采取整体发展策略。

基本策略包括:

(1)源头调控出行总量及分布。

(2)扩大路网整体容量。

(3)提高道路设施使用效率。

(4)扩大公共交通整体运能。

(5)鼓励使用公共交通。

(6)调节汽车拥有与使用。

(7)均衡需求分布。

对交通需求管理的内涵与范围,国内外目前尚没有统一的划分方法,主要的措施包括调节汽车拥有与使用、均衡需求分布两类策略及相应措施。有些城市研究提高公交服务水平、降低公交乘客综合成本、科学进行交通组织的各类措施,其中,抑制车辆使用措施常用来作为交通需求管理的内容。

总体上看,交通需求管理在我国城市交通整体发展策略中,处于从属与配合地位。在当前及未来一段时间,我国城市交通需求管理的作用主要在于调节小汽车的使用,引导理性出行,引导合理使用小汽车并向公共交通转移。通过交通需求管理,减少非必需出行,促使高峰时间出行向非高峰转移,促使出行从拥挤区域向非拥挤区域转移,促使低效率运输方式向高效率运输方式转化,从而促进交通供需不均衡态势向均衡态势转化。

交通发展策略实现的主要途径与典型措施详见表 7-1。

交通需求管理在交通整体发展策略中地位分析 表 7-1

基本策略		主要途径	典型措施
从源头上调控出行总量及分布		调控人口与土地开发规模	控制土地开发规模； 调控人口规模
		优化土地利用布局	控制拥挤区域土地开发； 与短出行距离格局（职住就近）相匹配的土地利用布局
提升路网容量与使用效能	扩大路网交通容量	优化路网功能等级结构	完善快速路网布局； 完善干道路网布局； 加密支路网密度
		增加道路设施规模	新建与改造道路； 打通断头路
	提高道路设施使用效率	科学进行交通组织	优化路网总体交通组织； 优化货车通行管理； 优化交文口交通组织
		交通管理与控制智能化	完善交通信号控制系统； 发展智能交通
优化交通结构、提高公交分担率	扩大公共交通整体运能	增加常规公交运能	增加公交线路、优化公交线网布局； 增加配车数
		大力发展大、中运量轨道交通	加快建设轨道交通； 建设 BRT 等中运量公共交通； 科学管理，提高运能
		优化交通枢纽布局	增加综合交通枢纽； 交通枢纽分布与交通需求、干道网布局相协调
	鼓励使用公共交通	提高服务水平	公交车通行优先（设置公交专用车道、路口信号优先等）； 建立步行街、步行区； 改善车内乘车环境； 科学调度与管理
		降低乘客综合成本	实施公交票价优惠； 实施公交换乘优惠； 鼓励停车换乘
需求管理，引导理性出行及合理使用小汽车	调节汽车拥有与使用	抑制车辆拥有	限制汽车上牌总量； 征收附加注册费； 征收年度车辆牌照费
		调控车辆使用	收取交通拥挤费； 提高停车费； 征收燃油费； 实行单双号通行管理； 每周少开一天车
	均衡需求分布	削峰填平	错时上下班； 弹性工作制； 远程上班

二、交通需求管理探索

1. 国际交通需求管理经验及启示

(1)国外城市和香港经验借鉴

各国采取的交通需求管理措施主要是多部门协同,促进大容量交通的发展,抑制汽车拥有,调节小汽车合理使用。部分国外城市交通需求管理措施如表7-2所示。

部分国外城市交通需求管理措施一览表 表7-2

城市	交通需求管理措施
新加坡	拥车证制度,即个人在购买新车时,必须首先向政府提出申请,投标购买一张有效期为10年的"拥车证"
	交通拥挤收费政策
	改善公共交通
	提高小汽车税费
	鼓励车辆提前淘汰
香港	大幅度提高小汽车税费
	收取高额燃油税和轮胎税
	停车位指标控制和高停车收费政策
	提高隧道通行费
伦敦	交通拥挤收费政策
洛杉矶	开辟高载客汽车专用通道(HOV)
	鼓励使用公共交通,实施地铁化快速公交
	开展土地使用交通影响分析
	高速公路与隧道设置公交专用道
	中心区严格限制小汽车
纽约	中心区道路实施公交优先
首尔	交通拥挤收费政策
	停车限制

根据相关报告,新加坡交通需求管理实施效果十分显著。近10年来机动车年增长率为2%,私家车年增长率为3%。高峰期车速控制在合理的范围内:快速路45~65公里每小时,主干路20~30公里每小时。

香港近10年来机动车年增长率为1%,私家车年增长率为1.3%,其中,近5年来机动车年增长率仅为0.8%,私家车的年增长率仅为0.76%。全市范围的小汽车交通分担率为11%,拥有私家车的家庭工作日白天不用私家车的天数占32%。周末不使用私家车的天数占30%，中心区车速维持在20km/h以上。

伦敦交通拥挤政策实施后，进入中心区的车流量减少了21%，中心区车速提高14%，公交误点减少46%，废气减少16%，实际调查研究表明对商务及商业基本无影响。

韩国首尔实施"交通拥堵费"，减少了13%的交通流量，停车限制的实施使交通流量也相应减少3%～4%。洛杉矶、纽约等城市实施的交通需求管理措施，对交通需求的引导也产生了良好效果，对交通拥堵的治理起到重要作用。

(2)国内城市经验借鉴

国内只有一些交通拥堵比较严重的城市引入了交通需求管理，具有代表性的城市如表7-3所示。

部分国内城市交通需求管理措施一览表 表7-3

城市	交通需求管理措施
北京	公交专用道
	限制摩托车、助力车
	发展BRT
	对外车辆和货车限制进入市区
上海	错峰上班
	可变车道
广州	货车限行
	公交优先
	错峰上下班
南京	收取10%的小汽车购置税和10%～15%的车辆税
	高峰时段某些路段只允许单向行驶
温州	错峰上下班

(3)国外交通需求管理经验的启示

综合国外城市交通需求管理经验，对我国城市有以下启示：

公共交通发展方面：改善公共交通系统，建设BRT，发展地铁等快速公交。保证公交路权，尽可能建设公交专用车道，实施公交票务优惠。鼓励市民使用公共交通甚至使用公共自行车等绿色交通工具。

汽车拥有方面：适度限制小汽车的购买数量；收取车辆购置税和车辆税等，增加小汽车的购买成本。

汽车合理使用方面：收取燃油税、轮胎税，限制停车位指标，提高停车收费，提高隧道、高级公路等的通行费，收取交通拥堵费，从而增加小汽车的使用成本，以刺激拥车者减少小汽车的使用。鼓励市民合乘，开展无车日活动、小汽车自律停驶活动，鼓励市民利用公共交通、单位班车、校车等方式出行。

在交通出行分布方面：错峰上下班，避免交通需求在短时内过分集中，实现交通流在时间上的均衡分布；禁止某类车辆进入中心区和单行交通区域，实现交通流在空间上的均衡分布。

实施保障方面，建立专门的管理中心，联合多部门共同实施交通需求管理措施，做好土地使用、交通影响分析和措施的可行性研究。

2. 公交都市的需求管理探索

(1)广义交通需求管理的实施

强化规划的引导作用，做到土地利用、道路网络、城市形态与交通网络的整合，使交通出行规范化，有利于大运量公共交通的组织和运输。土地利用直接决定出行的线路、方式、出行时间以及出行频率等，土地利用布局是在城市总体规划阶段完成的，因此科学的城市总体规划是解决城市交通问题的根本策略。广义交通需求管理受时间漫长的影响，往往会出现人为原因造成的改变，因此贵在坚持。

(2)实施交通总量控制

交通需求总量控制可分时间总量控制和空间总量控制。前者减少特定时间内交通出行的总量，实现时间上的交通需求均衡，如消减早晚通勤高峰车流量；后者对出行总量进行调控，主要是控制小汽车使用，减少小汽车对道路资源的大规模占用。

(3)交通需求管理的公众参与

交通需求管理是公共利益和个体利益博弈的结果。公众作为交通需求管理措施的重要利益方，很大程度决定着对措施的接受程度和实施效果，所以，在制订具体的交通需求管理措施时，要充分考虑公众意见，使公共政策更有利于公众，公众能够普遍理解、接收并执行。

第八章　深圳公交都市近期实施方案

第一节　深圳市打造国际水准公交都市五年实施方案

2011年10月12日，深圳市政府颁布了《深圳市打造国际水准公交都市五年实施方案》，至2015年计划投资163亿元建设公交都市，具体包括公交提速、多元网络、枢纽支撑、智能公交、慢行交通、服务整合、低碳交通、示范引领、需求管理等九方面。上述项目实施后，全面提升了深圳公共交通"规划—建设—运行—管理—服务—应急"综合体系，为优先发展公共交通提供了坚实保障，见图8-1。"五年实施方案"的具体内容如下：

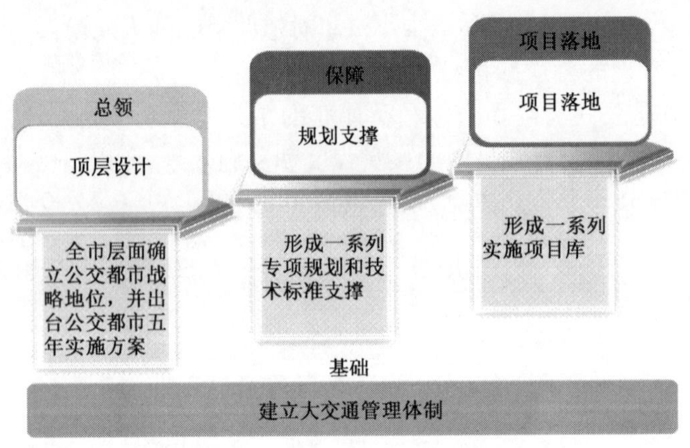

图8-1　深圳公交都市建设总体推进路径图

一、公交提速

1. 主要客流走廊公交快速化改造工程

实施深南通道、笋岗通道、留仙通道、皇岗通道、G107、宝安大道、龙翔大道、光明大道等主要客流走廊（含路中式复合通道）的公交快速化改造，打通网络瓶颈，提升中心城区和关键路段的公交运行速度，结合新彩通道（图8-2）、坂银通道建设，同步建设快速公交。

2. 拓展公交专用道网络

加快公交专用道建设,出台公交专用道设置规范,推进在建和改造道路公交专用道同步设计、同步建设、同步完成、同步验收。通过统一规划、分期建设、逐步成网,优化专用道设置方式,为公共交通提供公交专用道、公交逆行专用道等优先通行空间。部分客流量大、条件允许的道路设置双车道公交专用道。根据道路和客流条件,设置路中式、路侧式专用道。公交专用道规划布局见图 8-3。

图 8-2 新彩通道(2014 年 7 月 30 日通车)

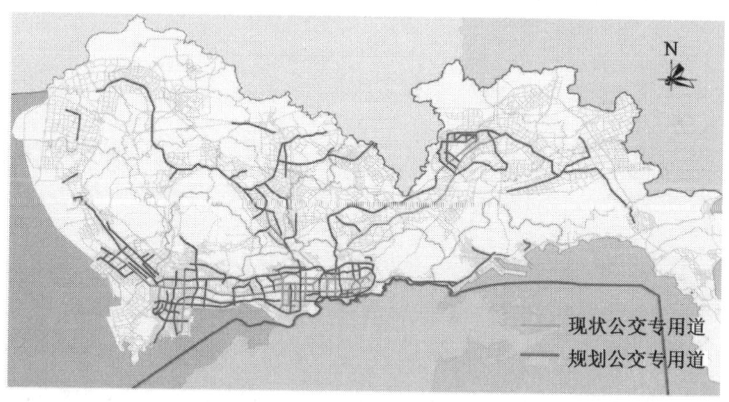

图 8-3 公交专用道规划布局图

到 2015 年底,围绕主要客流通道形成“二横五纵”的公交走廊布局。一级公交走廊主要以轨道交通及中运量快速公交为主;二级公交走廊以中运量快速公交及常规公交干线为主;三级公交走廊主要以常规公交快、干线线路为主提供公交服务。实现主要客流通道高峰期公交平均运行速度达到 20 公里/小时以上。

3. 建设交叉口公交优先信号系统

开展公交优先通行信号系统建设工作。2015 年前对深南大道、宝安大道、皇岗路、笋岗路等公交客流量较大且有条件的主干路,进行公交优先信号配置,减少公交车辆在交叉口的延误,提高准点率。

4. 加强公交专用道使用监督管理

(1)依法严格管理公交专用道,解决“专用道不专用”问题。

(2)扩大公交专用道车载违章抓拍系统安装范围和数量,加大对违章占用公交专用道车辆的监控和处罚力度,2015 年前全市 30% 的公交车辆安装车载违章抓拍系统。

5. 设置高载客量车(HOV)专用车道

鼓励市民提高车辆使用效率,为高载客量车提供快速通道。在 2013 ~ 2014 年期间,开展深圳 HOV 车道规划研究,力争到 2015 年试点建成 1 ~ 2 条 HOV 专用车道。

二、多元网络

1. 扩展轨道交通网络

(1)推进轨道交通 6、7、8、9、11 号线建设,2016 年前建成约 348 公里轨道交通网络。

(2)优化轨道交通建设时序,“强轴优先、兼顾加密”,加快对城市主要发展轴线和新开发区域的轨道覆盖,引导城市合理布局,促进新区发展。启动轨道交通 10、12、14、16 和 4 号线北延段的前期研究。

2. 优化三层次公交网络

(1)加快“快—干—支”公交线网布设,形成“三个层次、三级线网、三种颜色”的常规公交网络,满足市民不同层次出行需求。

(2)扩大常规公交网络服务面,新增和调整公交线路 300 条以上。到 2015 年,全市公交站点 500 米覆盖率达到 93% 以上。

3. 增加和优化常规公交运力供给

(1)新增投放公交运力 3000 台。重点加强原特区外公交服务能力建设,确保新建成区公交服务的同步配套。

(2)优化公交运力配置。在华强北、车公庙、福田中心区、科技园、火车北站、梅沙片区等重点区域,皇岗路、深南路、深惠路、宝安大道等主要通道,增加快线公交和高峰专线公交的数量和服务范围。到 2015 年,新增约 50 条快线公交和高峰专线,缓解主要客流通道运力供给紧张的矛盾。

4. 实施多样化公交服务

(1)商务快巴服务

创新巴士服务品种。未来在主要居住区、城市核心商业区或中央商务区间开行 10 条以上直达商务快巴。提供舒适、快捷,能够替代小汽车的直达商务巴士服务。

(2)发展通勤班车

鼓励企事业单位开行通勤班车,允许通勤班车在高峰时段使用公交专用车道。在条件允许路段,规划设置通勤班车临时停靠点。

(3)提供无障碍公交服务

大型公交场站和主要公交线路车辆上设置无障碍设施或专用设备,建设公交无障碍导盲系统,逐步提高公共交通系统无障碍化水平。到2015年,无障碍服务公交车辆将达到总体车辆数的50%。

(4)加强社区公交服务

引入支线小公交,优先发展保障性住房社区与轨道交通站点间的支线公交,2015年重点建设龙岗区和光明新区支线小公交系统,提高公交线网覆盖率,消除公交服务盲区。

光明新区选取12个公交出行盲点、薄弱点,以及11个摩托车出行热点区域,规划支线12条,其中,调整现状线路4条,新增线路8条,总长184公里。

5. 推进跨市公交服务

以道路网主骨架为依托,采用"三分三结合"的发展模式,即跨市公交服务分阶段、分区域、分层次推进;公交线路实施长线短线结合、快线慢线结合、普线专线结合,推进深莞惠地区城际公交发展,尽可能连通重要城镇、产业节点,与其他客运方式实现有效衔接和便捷换乘。

三、枢纽支撑

1. 加强枢纽场站支撑体系

建成深圳北站、福田、前海、布吉、机场、深圳东站等六大综合交通枢纽(图8-4),推动

图8-4　枢纽场站体系示意图

对外客运交通与城市公共交通的衔接换乘；建成福田口岸、深圳湾口岸、南山、平湖、盐田等公交换乘枢纽。

2. 配建公交场站

多渠道增加场站供给，研究出台《深圳市居住、商业及办公用地（建设）公交配套建设标准》，推进大型公共建筑、商业及办公建筑、大型居住区（重点是保障性住房项目）配建公交场站。2015 年前每个街道新增 2 处以上公交场站。

3. 建设公交“四站”（站亭、站台、站牌、站架）

（1）加强公交停靠站的建设、管理、养护。

（2）健全公交停靠站建管维护机制，制订公交停靠站管理、考核办法，建立公交停靠站的管理数据库和数字化管理系统，实行编码管理，实现公交“四站”管理的规范化、制度化。

（3）对全市主要客流集散点进行梳理，在条件允许的道路设置深港湾公交停靠站，客流大的站点实行单点单线、分站停靠，进一步提升公交停靠站的停靠能力。

四、智能公交

1. 集成政府现有 ITS 资源，互联互通共享

建设综合交通运行指挥中心（TOCC），整合 GPS 监管平台、视频联网共享监管平台、轨道应急指挥（TCC）监管平台、轨道交通票务清分平台（ACC）、轨道交通线网控制（NOCC）平台，实现全方位、全过程、全时段对公共交通系统的决策支持、运行监测、安全监管、应急协同、公众信息服务等功能。提升政府监管能力、信息服务能力和科学决策能力。

2. 深圳通平台建设

创新深圳通卡样式，拓展深圳通卡使用范围，使其成为多功能的电子支付平台；增加服务网点，提高深圳通卡发卡量和刷卡率，至 2015 年发卡量达 1500 万张以上，刷卡率达 75% 以上。

3. 公众出行信息服务系统

（1）在火车站、机场等综合交通枢纽、公交换乘枢纽、主要公交换乘点以及地铁出入口设置出行信息发布屏等。

（2）在福田 CBD 片区、东门片区、南山商业文化中心区、梅沙片区等重点区域建设停车诱导系统。

（3）在深南大道、龙翔大道等公交走廊设置电子站牌。

（4）建设互动信息发布系统，包括交通信息发布网站（“易行网”）、WAP 网站、手机等个性化服务系统等。

（5）完成出租汽车 GPS 平台整合，建立全市统一的出租汽车电召平台和服务热线，服

务电话号码统一、车辆调度统一。

4. 重点区域公交视频监控系统

至2015年,将全市6个综合交通枢纽,7个一线口岸,深圳火车站和深圳北站(龙华二客站),30个主要公交换乘枢纽、公路客运站及131个轨道交通站点纳入监控范围。

五、慢行交通

(1)构建系统、连续、舒适的步行交通网络,打造以人为本的行人空间。完善轨道及公交站点周边各类步行交通设施,提高站点可达性;在福田中心区、南山商业文化中心区等重点片区建设步行连廊。

(2)结合城市绿道网,加快推进自行车道网络建设,改善自行车通行条件。

(3)推广公共自行车租赁服务。启动龙华、观澜、南山中心区、坪山、盐田、香蜜湖等片区公共自行车租赁服务试点。

(4)完善轨道站点周边自行车接驳设施。以宝安中心、大新、白石洲、竹子林、岗厦、市民中心、景田、横岗、龙华、民治、新秀等20个站点为重点,完善站点周边自行车停放设施及自行车道建设。

六、服务整合

1. 建设公交无缝换乘节点

推进与轨道交通站点配套的常规公交、出租汽车、非机动车停放设施建设,同步规划、同步征地、同步施工、同步建成。至2015年,建成36处轨道交通"无缝换乘"接驳场站。

2. 轨道交通与常规公交运营一体化

建立健全轨道交通与常规公交的运营一体化机制,强化轨道交通与常规公交的配合衔接、协同联动;整合轨道交通和接驳公交线路的运营计划和时刻表,提高接驳公交线网的直达性和发车频率,80%以上公交线路工作日早晚高峰发车间隔缩短至6分钟以内,减少乘客换乘时间。

3. 公交票价政策

(1)完善公交票价政策,建立适应市民消费能力、符合政府财政负担预期的票价机制。

(2)各种公共交通方式统一收费、统一结算。实施基于里程的联运票价制度,完善轨道和常规公交票价优惠政策,解决乘客因换乘导致的出行费用增加问题。

七、低碳交通

1. 新能源公交车辆和相关设施投入

推广应用新能源公交车。新投放和更新的公交车辆原则上均采用新能源公交车。

加快充电站、加气站等相关设施规划建设工作。

2. 可持续街道规划建设

开展绿色道路规划建设标准研究，加快推进光明、坪山新区绿色道路建设；在道路改造工程中，加强透水与降噪路面、LED 照明等技术的应用。

3. 车辆更新政策与技术标准

(1) 出台促进新能源公交车使用的配套政策和措施。对公交企业引进新能源公交车进行适当扶持或补贴，加快淘汰污染严重的公交车。

(2) 健全公交车性能检验等技术标准和规范，实施技术准入制度，确保满足节能环保和运营安全的要求。

八、交通需求管理

1. 推出交通需求管理措施

借鉴国内外先进城市经验，结合轨道交通建设进程，加快制定城市交通白皮书，加强交通需求调控，调整路面交通方式组成与结构。

2. 合理引导小汽车使用

利用经济杠杆，调整小汽车停车收费政策与标准，鼓励公交出行，优化交通出行结构，缓解城市交通拥堵，保障城市交通正常运行。

3. 优化交通运行条件

以南坪二期等一批高快速路建成为契机，实施新一轮全市客货交通组织优化，在龙岗大道、G107 国道等重要交通走廊上逐步实现客货分离。

4. 发布城市交通运行指数

建立道路交通运行态势评价指标体系，强化对主要交通拥堵区、通道和节点的重点监控，常态采集道路交通流量、车速、饱和度等数据，面向社会公众定期发布。

5. 发布民生公交运行服务指数

建立民生公交运行评价指标体系，常态采集并定期发布公交运行、服务、发展数据。

九、示范引领工程

1. 启动公交都市示范区建设

加快推进全市公交一体化进程，编制公交都市示范区建设方案，推动光明新区、坪山新区、蛇口片区、民治（深圳北站）片区、坂田（华为新城）片区等公交都市示范区建设。

2. 公交社区示范区加快建设

以光明新区为试点，推进公交社区服务示范区建设，全面提升社区公交服务水平。

第二节　蛇口片区公交都市示范区规划建设方案简介

一、蛇口发展概述

1. 地理区位

蛇口位于深圳特区西部、南头半岛的最南端，依山靠海，东临深圳湾，西依珠江口，与香港新界的元朗和流浮山、珠海经济特区隔海相望，见图8-5。蛇口海陆地理位置优越、水陆交通便利。水运南联香港，北至广州，通过珠江三角洲水网可沟通三角洲及港澳地区，经西江可联系我国西南地区，海轮经香港暗水道或珠江通海航道到达国内沿海及世界各地港陆，陆路距离深圳市中心30公里，距广州150公里，距香港机场17公里。

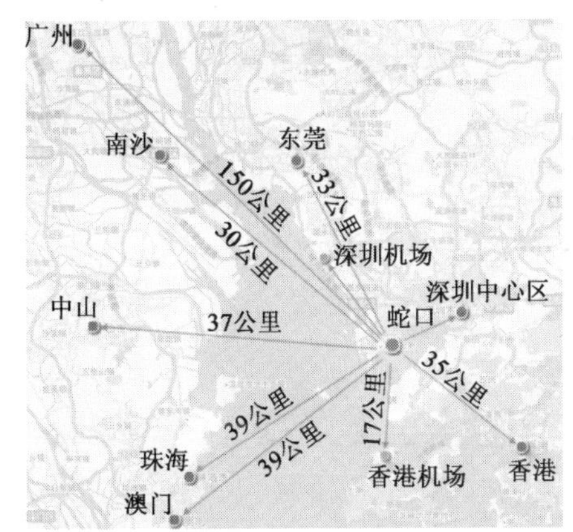

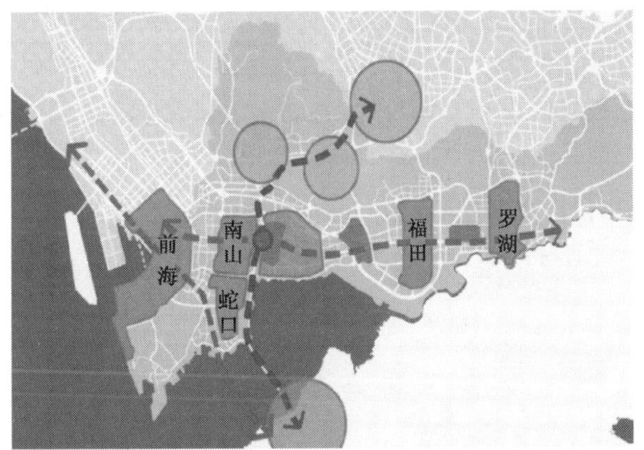

图8-5　蛇口地理区位示意图

“前海—蛇口—香港”是深圳西部发展轴的重要组成，蛇口则位于发展轴的重要空间节点位置。邮轮母港、蛇口码头、深港西部快轨（规划）、沿江高速等是蛇口便捷的对外交通资源，蛇口将成为连接香港、对接珠江西岸的“新桥头堡”，更具有大珠三角国际都市圈的枢纽地位，见图8-6。

2. 城市建设

（1）空间格局固化

经过多年的发展，蛇口片区已从一个海边渔村初步发展成为具有居住、工业和商业服务等功能的综合性滨海城区。从土地资源情况来看，蛇口片区的城市建成区用地面积比例达79.5%，可建设用地稀缺，城市可建用地面积比例仅剩7%，可建设用地稀缺。

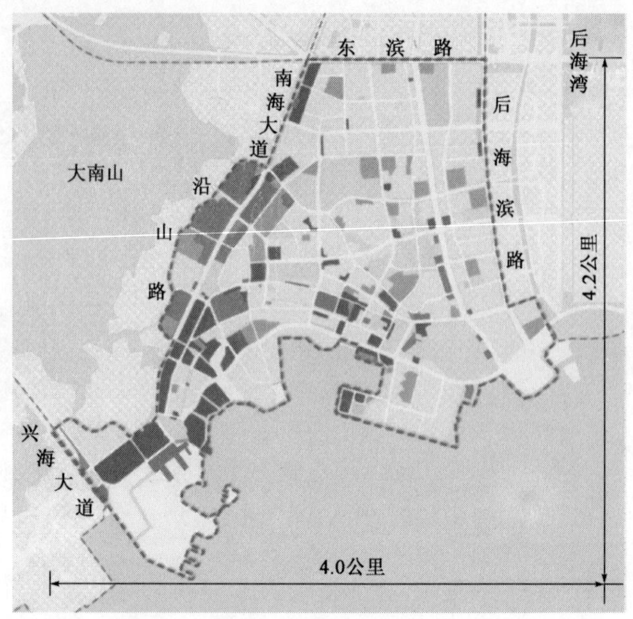

图 8-6　蛇口示范区的规划范围

其中，居住功能主要在东部，产业功能主要在南海大道沿山片区，见图 8-7。具体功能用地分布为：工业七路以北地区主要是居住区和公建带，工业七路以南地区主要是旧城、旧村和旧工业区，高新技术产业主要集中在南海大道沿线。

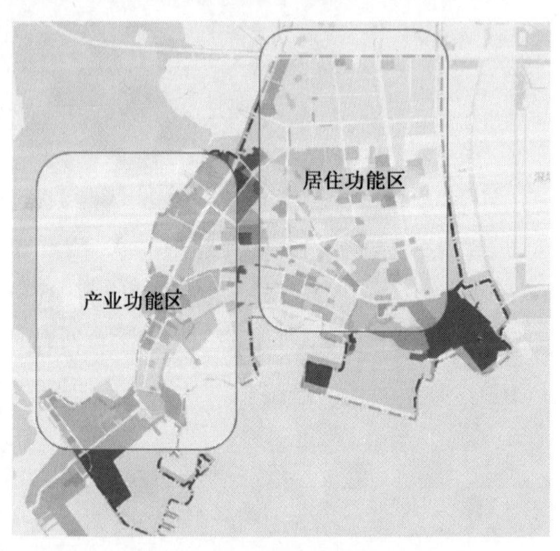

图 8-7　蛇口用地空间格局示意

(2)居住就业用地混合特征明显

蛇口片区总体规划用地面积626.62公顷，主要以居住、道路广场、政府组团、商业用地为主，占总用地的81.6%。与蛇口现状相比较，未来规划的蛇口片区用地功能呈现混合式开发。见图8-8。

3. 交通出行

蛇口现状出行特征明显呈慢行方式，以步行为主，占出行总量的44%。

现状居民全方式出行总量为77万人次/日，其中，对外出行43.9万人次/日，内部出行33.1万人次/日，人均出行强度为2.55次/(日·人)。在出行量中，低于6公里的居民出行量占40.4%，其活动范围主要在蛇口街道内。

图8-8　蛇口规划片区用地功能示意图

4. 交通发展

随着区位优势的不断凸显和城市化步伐的不断加快，蛇口片区综合竞争力和吸引力大大提升，大量就业和居住人口的涌入使得区内交通出行需求和小汽车交通急剧增长，路网车速全面下降，交通拥挤区域迅速扩大，部分片区道路严重拥堵，交通问题已成为目前制约蛇口提升城市竞争力的重要影响因素之一。

(1)对外通道交通饱和

蛇口北向对外通道仅南海大道和后海大道2条，晚高峰时期非常拥堵，平均饱和度为0.96。东向对外通道仅东滨路和望海路2条，晚高峰时期平均饱和度为0.75，其中，东滨路较为拥堵，交通流量为2 316当量小汽车/小时，饱和度为0.86。西向对外通道仅东滨路和兴海大道2条，晚高峰时期平均饱和度为0.78，其中，东滨路非常拥堵，交通流量为2 579当量小汽车/小时，饱和度为0.94。

片区主要对外通道路况见表8-1。

片区主要对外通道路况一览表　　表8-1

道路名称		交通流量(当量小汽车/小时)	饱和度	服务水平
北向通道	南海大道	2 917	1.03	F
	后海大道	2 425	0.90	D
东向通道	东滨路	2 316	0.86	D
	望海路	2 132	0.65	B
西向通道	东滨路	2 579	0.94	D
	兴海大道	1 456	0.62	B

(2)内部拥堵点逐渐增加

由于片区开发,蛇口内部常态化的交通拥堵区域从沃尔玛片区基础上,又新增加了海上世界、蛇口老街片区,见图 8-9 和图 8-10。

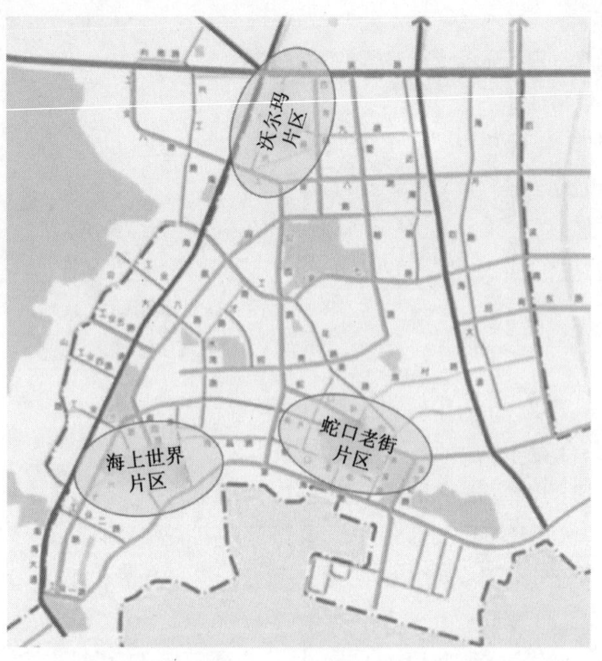

图 8-9　现状蛇口内部拥堵片区分布示意图

a)

b)

图 8-10　南海大道和蛇口新街

二、未来发展趋势

1. 城市发展的定位

蛇口是中国改革开放的排头兵。未来,面对全国谋求发展模式创新的历史潮流,蛇口提出了通过产业和城市的协同升级，再造一个融合“创智型产业、优质生活、都市休闲”等功能的国际化城区的建设目标。具体表现为：

（1）高尚滨海生活区和特色游览区

《深圳市南山区分区规划》提出“以高新技术产业、现代物流业、旅游及教育科研基地为支柱，以前海区域性物流中心的建设为契机，在规划期内把南山建设成为经济繁荣、社会稳定、生态环境优美、空间布局合理、设施完善的生态型海滨城区”的发展目标。依据目标，结合蛇口“山海城”特色，为蛇口建立良好的城区景观结构，创建一个环境优美、富有特色的滨海生活区和特色游览区。

（2）传承文化底蕴、充满活力、环境绿色的特色城区

《再造新蛇口的十年发展规划》明确了蛇口工业区的发展总体目标为：一个在国内具有产业领先、服务配套完善、容纳国际各方人士、传承改革开放文化底蕴、充满活力、环境绿色的特色城区，见图8-11。做到城区环境的生态化、硬件设施的信息化智慧化、产业结构的高端化、生活与休闲方式的国际化。

图8-11　新蛇口愿景图

2. 交通面临的挑战

未来，蛇口将面临大量城市更新，以及产业升级的加速推进，交通需求会显著增长

（1）城市更新

根据已明确的相关用地规划，蛇口近期将通过城市更新发展蛇口网谷，增加42万平方米的开发量；海上世界，增加75万平方米的开发量；太子湾，增加170万平方米的开发量；6个旧村改造，新增80万～100万平方米的开发量；从而实现蛇口城区、产业发展双升级，再造“新蛇口”，这意味着蛇口用地更新趋势突出，未来填海造地、城市更新是土地功能优化与土地新增的主要方向，见图8-12。

（2）产业发展高端化

改革开放成为不可阻挡的历史潮流，蛇口工业区正是顺应了这种潮流，才成为时代的弄潮儿，“产城一体、劳动密集”的城市与产业协调发展模式开创了中国改革开发建设

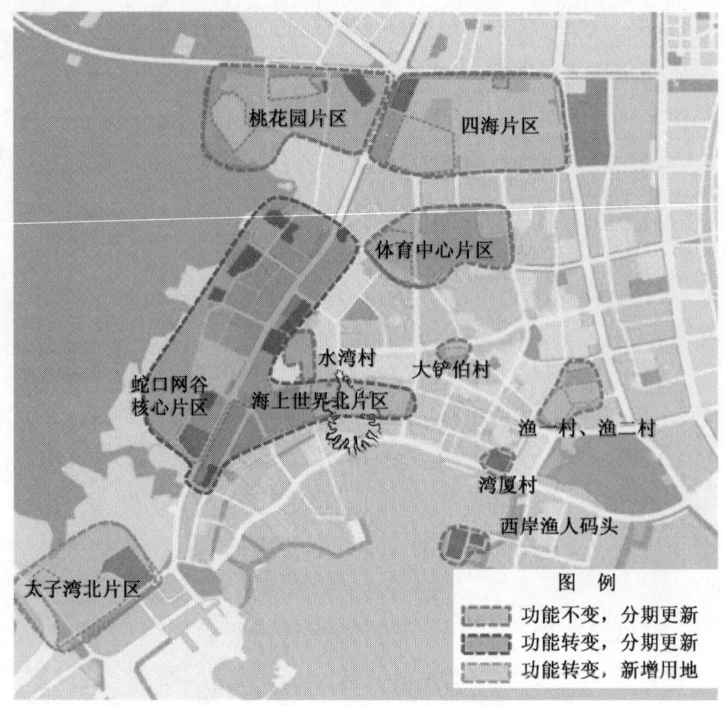

图 8-12 城市更新项目空间分布图

的先河；未来，国内外政治经济风起云涌，已经发生了巨变，在经济结构转型和发展方式转变的关键时期，蛇口提出了“再造新蛇口”的十年发展战略和“城区环境的生态化、硬件设施的信息化智慧化、产业结构的高端化、生活与休闲方式的国际化”的总体发展目标，通过蛇口网谷、海上世界—太子湾、港区三大片区统筹发展，集成面向区域的创新科技服务、技术研发、信息资讯、高端商务、文化休闲、国际教育和医疗等综合职能，实现蛇口城区、产业发展双升级，打造高端服务业综合产业园区、国际化魅力城区。“产城升级、智慧密集”，是蛇口未来逐步去工业化、高端化的产业主要发展特征。

(3)交通需求显著增长

预测至 2020 年，市民机动化出行率将有显著提升。按片区既有规划，通过模型测算，2020 年片区交通出行总量将由现状的 77 万人次/日增长到 155 万人次/日，约为现状的两倍，其中机动化出行量为 91 万人次/日，非机动化出行量为 64 万人次/日。机动化出行量中，内部出行占 18.6%，为 17 万人次/日，对外出行占 81.4%，为 74 万人次/日。蛇口片区 5 公里出行长度分布累加情况见图 8-13。

片区居民平均出行长度显著增加，将由 9.5 公里增加为 11.0 公里。25% 的居民出行长度将在 15 公里以上。

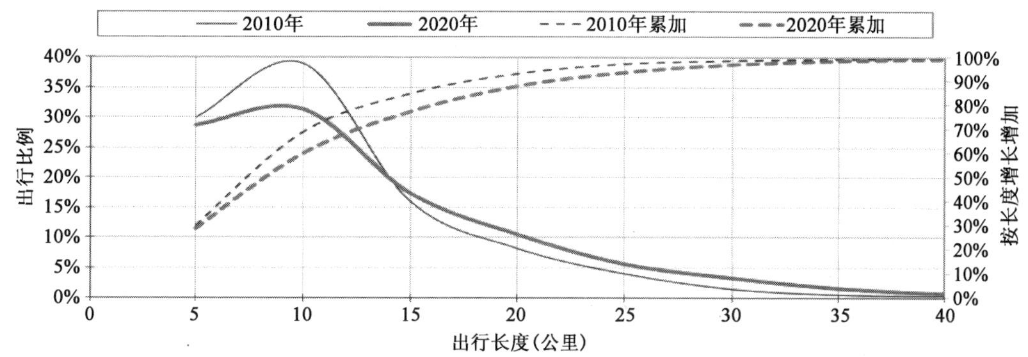

图 8-13 蛇口片区 5 公里出行长度分布及累加情况示意图(2010 年与 2020 年对比)

(4)高端收入地区,小汽车需求突出

蛇口位于高端收入地区,据统计,南山区人均年 GDP 约 25 万元,是深圳全市人均 GDP12.3 万元的 2 倍,而南山区人均可支配收入达 4.4 万元,较全市人均可支配收入高 0.3 万元。蛇口作为深圳最早的国际城区,长期居住着 5000 多名外籍人士,约占在深外籍人口 70%。同时,宜人的居住环境吸引了中高端人群的聚居。

综上所述,蛇口发展明显受到土地空间、能源和水资源、人口膨胀、环境承载力等瓶颈性因素制约;同时,由于道路增长有限,居民出行需求持续增长,未来对外通道压力将更加突出,交通形势日趋严峻,交通系统能否满足城市发展要求已经成为蛇口面临的关键问题之一。2013 年和 2020 年交通需求对比见图 8-14。

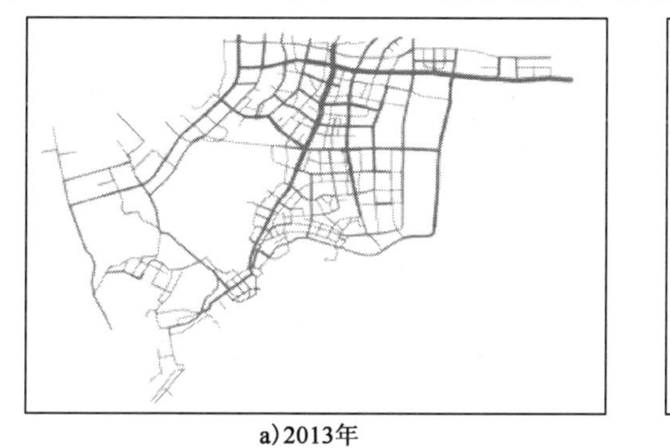

a)2013年

b)2020年

图 8-14 2013 年和 2020 年交通需求对比图

三、蛇口发展的反思

反思 1. 目前我们实施的交通规划,最终能不能根本解决未来城市交通问题?是不是我们构建的交通体系出现了方向性的偏差?

目前,交通规划主要有两种模式,一是以欧洲等城市为主的公交都市模式,二是我国传统的道路导向交通规划模式,这两种规划模式和规划理念上存在根本性的区别:

(1)欧洲公交都市规划模式:以车站为中心的规划模式(图8-15),城市空间紧凑、有序、疏密有致,其主要特点是:

①以公共交通与步行为主,注重在车站周边建设良好的公交及步行环境。

②以车站为中心组织城市功能,优化用地布局。

(2)我国道路导向的规划模式:城市空间均质化发展(图8-16),这种规划模式的主要特点是:

①以关注小汽车为主:偏重道路系统的扩充,满足小汽车需求。

图8-15 以车站为中心的规划案例

图8-16 以道路导向的规划案例

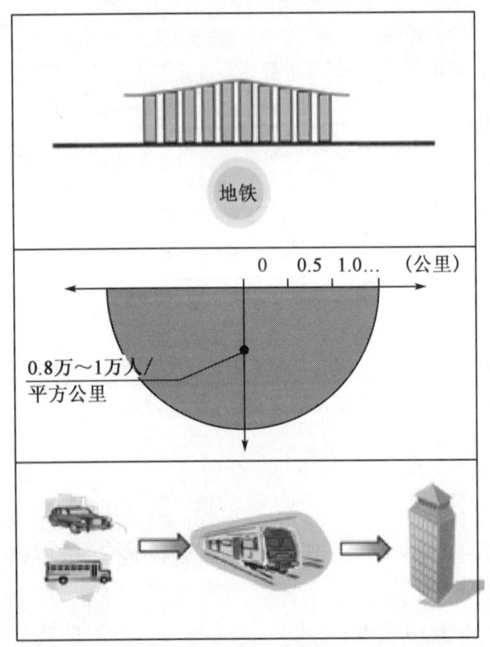

图8-17 松散型开发模式示意图

②城市规划与交通规划互动不足:城市总体规划对城市交通规划研究不够,TOD、MOD模式的规划理念尚未建立,由此产生的城市功能布局和空间结构给城市交通带来了结构性的不足,且难以逆转。

蛇口目前沿袭传统交通规划模式,对构建合理的交通体系产生了方向性偏差。主要表现在:

(1)现状城市空间结构先天不足

土地开发:现状的城市形态结构未突出公共交通导向作用,城市用地均质化开发,城市功能分散,很难组织公共交通,由于地铁站一次吸引范围内的人口数量有限,多数居民仍然需要通过地面公交或其他交通方式到达轨道站点,实际上并没有大量减少道路交通量,而仅仅是减少了道路交通周转量,这种均匀松散型的开发模式(图 8-17)难以根本上缓解城市交通拥堵问题。

例如,蛇口 2 号线轨道站点 500 米周边土地容积率平均约为 2.9,远低于国际城市的 TOD 开发标准(站点核心区容积率不低于 8),见图 8-18。

香港经验:公交走廊引领,以车站为中心,围绕轨道站点开发强度递远递减紧凑开发,站点周边平均容积率 6 ~ 8,公共交通组织简单,实现了资源的高效利用,见图 8-19。

图 8-18　蛇口站点 500m 周边用地开发图

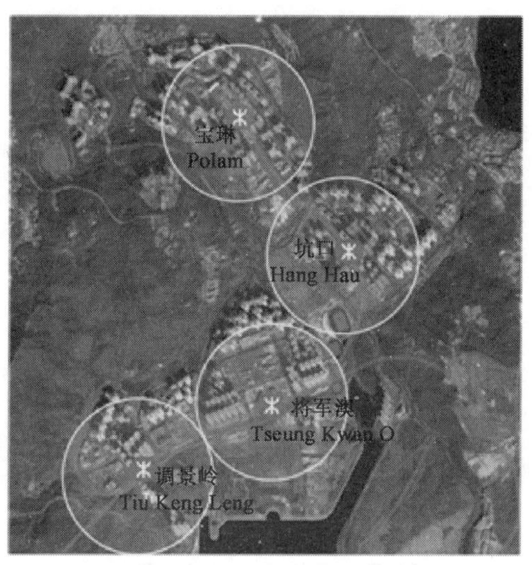

图 8-19　香港地铁站点 500m 周边用地开发情况图

轨道站点与建筑互相独立,可达性降低,难以形成公交建筑:蛇口片区 2 号线的站点一般设置了 3 ~4 个出入口,有的站点为节约投资仅设置 2 个出入口。由于道路狭窄、占地困难,地铁出入口的位置选择不当,同时,轨道站点周边有较宽的绿化带与小区围墙,导致轨道交通可达性欠佳,给乘客进出地铁造成诸多不便。

香港对地铁出入口的规划和建设十分注重,一个站点通常设置多个出入口,部分出入口设置在商场、办公楼、居住区附近或内部。如旺角站,四周的出入口多达 14 个,人流能够容易分散,乘客进出地铁便捷,见图 8-20。

(2)蛇口街区与公交都市

目前,国际公交都市普遍采用的是“高密度、小尺度”的街区机理,核心城区道路密度可达 18 ~22 公里/平方公里,街廓尺度 50 ~150 米,道路面积率可达 40%。欧洲主要街廓尺度见表 8-2。“高密度、小尺度”的街区肌理的特点包括商业临街面多,街道氛围浓厚,有利于吸引人员活动,提高街道生活品质;与公交系统更为亲近,有利于实现“慢行 + 公交”的出行组合;保障整体交通容量和集散效率。

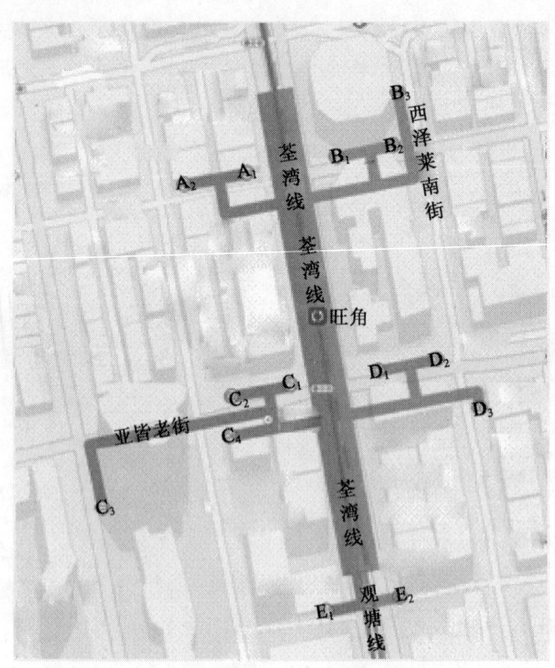

图 8-20 香港旺角轨道站点出入口情况

欧洲主要街廓尺度统计　　表 8-2

编号	街道名称	街廓尺度(米)
1	匹茨堡—罗斯林街	70 ~ 150
2	罗马—朱伯纳里大街	50 ~ 100
3	哥本哈根—步行街	80 ~ 200
4	巴塞罗那—格拉西亚大道	110 ~ 140
5	普罗旺斯—米拉博林荫大道	50 ~ 100
6	巴黎—蒙田大道	90 ~ 250
7	巴黎—圣米歇尔大街	50 ~ 160
8	巴黎—香榭丽舍大街	60 ~ 220
9	罗马—科索大街	60 ~ 150
10	巴塞罗那—兰布拉斯大街	50 ~ 180

蛇口是特区内组团中现状路网密度达到深标要求的片区之一,但距离国际先进城市尚有差距。蛇口片区道路交通设施经过 30 多年的持续建设,路网格局基本定型,形成了等级结构相对合理、功能清晰的道路网络。现状片区的道路网密度为 12.33 公里/平方公里,其中,主干道包括南海大道、后海大道等干线性主干路及东滨路、后海滨路等普通

主干道,总里程约为7.49公里;次干道主要包括公园路、望海路等,总里程约为23.50公里;已建成支路里程为61.5公里。

蛇口片区道路网密度见表8-3,现状路网结构见图8-21。

片区道路网密度统计 表8-3

等级	蛇口片区道路里程(公里)	蛇口片区道路网密度(公里/平方公里)	中心城区道路网密度(公里/平方公里)	深标道路网密度(公里/平方公里)
快速路	0	0.00	0.58	0.4~0.6
主干道	7.49	1.00	1.46	1.2~1.8
次干道	23.50	3.13	0.88	1.6~2.4
支路	61.5	8.20	6.6	5.5~7.0
合计	92.49	12.33	9.52	8.7~11.8

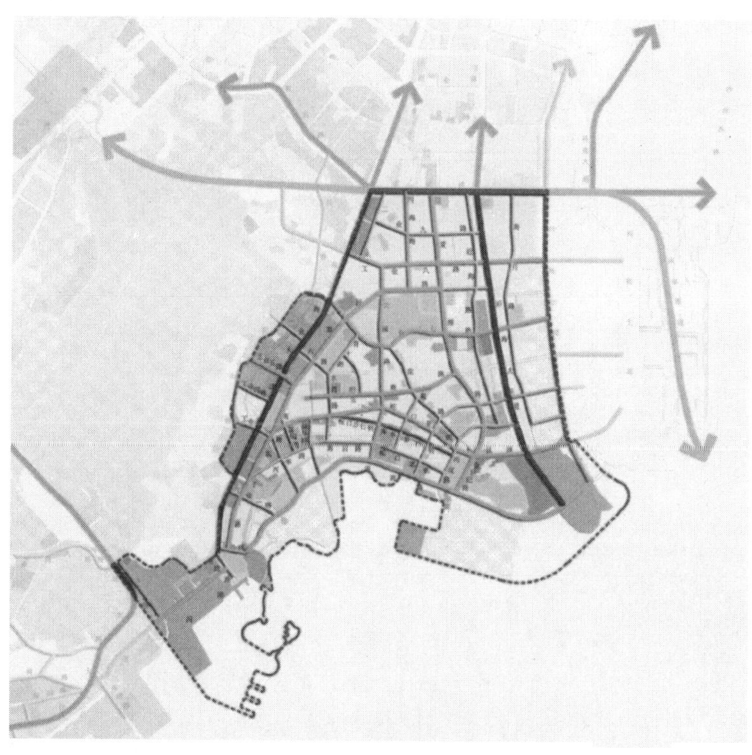

图8-21 现状路网结构图

蛇口小尺度街区仍有提升空间:蛇口老镇核心区街道占地比例为19.8%,路口数量28个,连通性一般,与国际城市比较,无论是面积率还是连通性都还有一定的差距,见表8-4。

一平方公里街区道路交通对比表　　表 8-4

波士顿	旧金山	济南	株洲	蛇口
街道占地比例 41.5%	街道占地比例 41.5%	街道占地比例 10%	街道占地比例 16.6%	街道占地比例 19.8%
十字路口数量 107 个	十字路口数量 84 个	十字路口数量 12 个	路口数量 19 个	路口数量 28 个
高连通性	高连通性	低连通性	低连通性	连通性较好

综上所述，按照现状发展模式，蛇口将不可避免走向拥堵。必须对交通发展战略和空间发展模式进行重大调整，走公交都市道路。

反思 2. 在公交体系方面，现状的公交方式结构能否满足未来蛇口发展的需要？未来的蛇口应当建立什么样的公交体系？

我国交通运输部从 2012 年开始在全国推进公交都市建设工作，根据“公交都市”发展要求，2015 年深圳公交分担率达到 56%。国际上，公交都市的公共交通分担率达到 60% 以上，而现状蛇口仅为 41%，距离深圳公交都市目标尚有较大的差距。公交分担率对比见图 8-22。

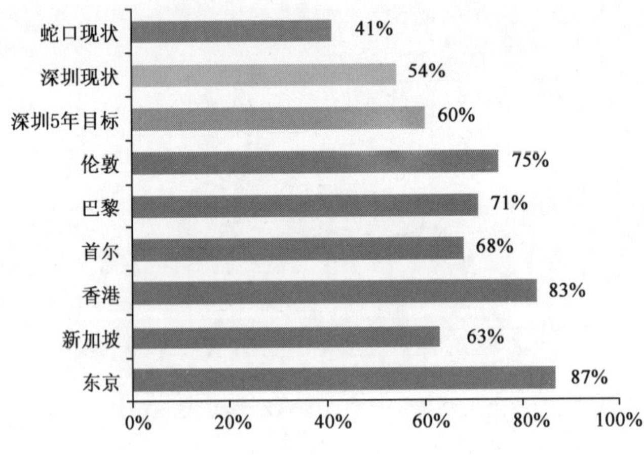

图 8-22　公交分担率对比图

国际公交都市之所以具有较高的公共交通分担率，是因为构建了层次丰富多样、适应于不同运距范围、不同出行需求、对小汽车有竞争力的世界级公共交通体系。

目前，蛇口已初步形成了轨道交通为骨干（日均客运量 3.1 万人次），常规公交为主体（日均客运量 12.3 万人次），公共自行车（日均客运量 2.0 万人次）为补充的多元化公交体系，但由于居民收入相对较高，个体交通需求强烈，公交分担率大幅度提升面临极大的挑战。

蛇口公交体系要借鉴国际城市的发展经验，建立适应城市发展的公交体系，以破解目前公交体系吸引力不足的问题。具体而言，就是在轨道交通、常规公交、公共自行车发展的基础上，适应蛇口城市发展要求、适应城市空间结构调整、适应城市机动化增长、适应居民出行距离增加，建立具有与小汽车交通竞争能力的公交体系。

(3)小结

蛇口是改革与制度创新的先行者,享受了30年改革开放红利,目前正面临资源紧约束及传统产业优势消退的发展困境。2010年初,蛇口正式提出"再造新蛇口"战略,功能转型、价值提升将是未来蛇口城市发展的主题,值此时机建设公交都市示范区,对于探索空间资源紧约束地区、产业升级与功能转型地区、岗位高端化及收入高水平地区建设公交都市具有重要意义。

"公交都市"作为一种创新型的城市形态发展模式,更加注重交通发展与城市发展的统筹关系,更加注重公共交通与其他交通方式之间的协调关系。在这种新型的城市形态发展模式下,城市公共交通与城市、人居、环境、产业结构调整、城市空间结构调整等关系可得到较好解决。蛇口片区具有区别于深圳其他地区的特质区域,存在公交都市发展的内在禀赋,其交通肌理的"兴奋点"体现在:"职住平衡的先天优势、传承的绿色出行方式、独具特色的水陆优势和个性的出行体验意向"。但是,目前实施的城市及交通规划方面依然存在较多不足,需通过公交都市建设协调城市未来发展。

四、蛇口公交都市建设构思

1. 建设思路

蛇口建设"公交都市" 坚持三个核心思路:

(1)推进公共交通体系建设,并采取适当的小汽车交通限制措施,达到"提升公共交通、削弱小汽车交通"的目的,将不必要的小汽车交通分流到公共交通上来。

(2)不放弃传统交通改善手段,尽量加大道路交通供给,提高路网交通承载能力;

(3)全面协调交通与土地、环境的互动发展,提倡"以人为本"的价值取向,摒弃"以车为中心"的传统思路,打造与蛇口气质相符合,集成公共交通、慢行系统和公共活动空间于一体的交通体系,让居民出行更加便捷、舒适、安全。

2. 规划构思

(1)打造慢城与快城有机融合的地区

目前,国际先进城市普遍认同完整城市的运转包含"慢城"与"快城"两部分,"慢城"具有与人的左脑相类似的特质,浪漫、感性、高档、休闲、区域、慢性和历史性;"快城"则如人的右脑,逻辑、合理、高效、商业、国际、快速、现代。新蛇口的发展具备了"慢城"与"快城"的城市特质。

案例:具有"慢城"与"快城"气质的典型城市——丹麦哥本哈根。

哥本哈根城市核心区,面积为9.1平方公里,目前,哥本哈根核心区内布置了七纵两横的轨道交通网络,并以轨道交通系统为组织核心,布局发达的公交网络;与此同时,哥本哈根依托高密度路网、小尺度街道、零星散落的宜人空间和生活配套服务,自行车、步行等慢行出行方式成为城市居民的主要出行选择。哥本哈根形成了"轨道+公交+自行车+步行”的一体化出行公交体系。未来哥本哈根将大力发展慢行交通，自行车发展目标为“让至少50%的人骑车上班或上学”；步行系统建设目标为“让更多的人、更多的步行；更多的人、停留更长的时间”。

核心区轨道和自行车道网络见图8-23。

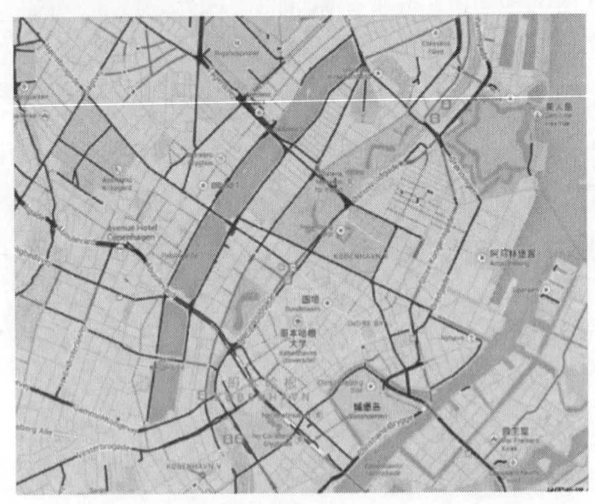

图8-23　核心区轨道和自行车道网络图

相比之下，蛇口片区面积为7.5平方公里，与哥本哈根核心区面积相当，两者的交通体系结构也大体相似，因此，蛇口将借鉴国际经验，结合片区城市空间结构和交通肌理特征，在外围依托交通快速通道与其他功能区进行联系，构建“快交通”骨架结构，支撑“快城”建设；蛇口内部将依托高密度街区路网，提升居民慢生活方式，构建“慢交通”交通网络体系，营造“慢城”氛围。

从交通出行结构来看，“慢交通”由步行、自行车、小支线公交等方式组成，主要为区内短距离出行、增强城区生活气息，为上层次公交系统喂给客流；“快交通”由轨道、快速公交、公交快线等方式组成，主要快速运送轴向大规模客流，提高城市效率，并引导沿线用地开发及产业升级。“外快内慢”交通出行结构见图8-24。

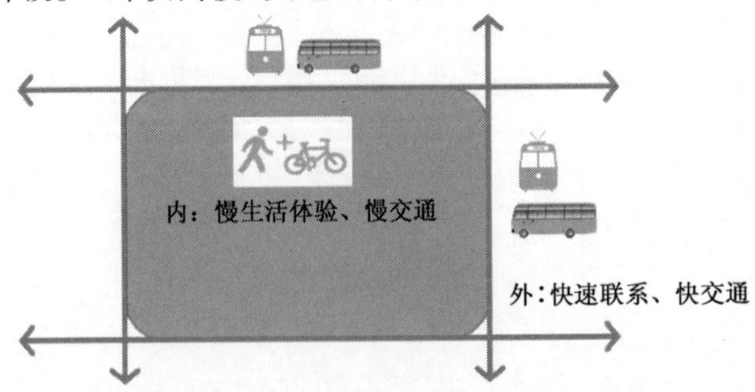

图8-24　“外快内慢”交通出行结构示意图

(2)打造公交品质体验突出的交通服务

未来在构建蛇口公共交通服务体系中,将在保障基本公共交通服务的基础上,尽可能从空间和时间维度进行分流,使居民的弹性出行及改善性出行需求向公交方式转变,见表8-5。具体为:

①通过传统公交提供更为广泛的服务覆盖,并与轨道衔接形成层次分明的公交无缝服务网络,保证大部分人的常规公交出行的基本出行服务,逐步提升公交服务质量。

②提供与小汽车比较具有速度优势、个性化公交服务,可通过提供商务定制公交(类似于目前其他城市的定制包车)服务,满足高端就业岗位及较高收入群体的小规模客流需求,提高服务品质以分流潜在的小汽车交通。

公共交通产品链分析图　　表8-5

项　目		高收入	中收入	低收入
出行目的	通勤及通学	需求低 时间弹性	需求高 时间刚性	需求高 时间刚性
	生活出行 (购物、社交、访友、商务)	需求高 时间弹性	需求中 时间弹性	需求低 时间弹性
出行方式		个性体验 (小汽车、自行车)	期望各项体验 (小汽车、公交、自行车)	大众服务 (公交、自行车)
公交服务对策		放弃 吸引部分人士使用自行车	争取 提供多元、个性的服务体验	保障 提升品质

(3)构建特色与魅力的新交通模式

为创造最具吸引力的城市空间环境,引导高品质的城市开发,构建怡人的城市环境,充分展示蛇口的山、海、城的空间属性,体现鲜明的滨海城市特征,蛇口应提供与滨海景观相融合、与步行活动相亲近的特色公交方式。

五、公交体系构建

1. 总体方案

以"快+慢+特色"的公共交通体系为核心,结合蛇口片区自身的特色和"山海城"的绿色景观特色,构建以下公共交通体系概念模式(图8-25)。

①沿南海大道、东滨路、后海滨路及望海路形成对外快速公交网络。

②内部支、次路配置自行车、支线公交等慢行网络。

③滨海景观带配置特色公交系统。

通过枢纽实现各层次网络的有机衔接。

2. 对策措施

打造多样化公交体系,推进慢行发展、实施重大交通通道建设等,构建蛇口公交都市

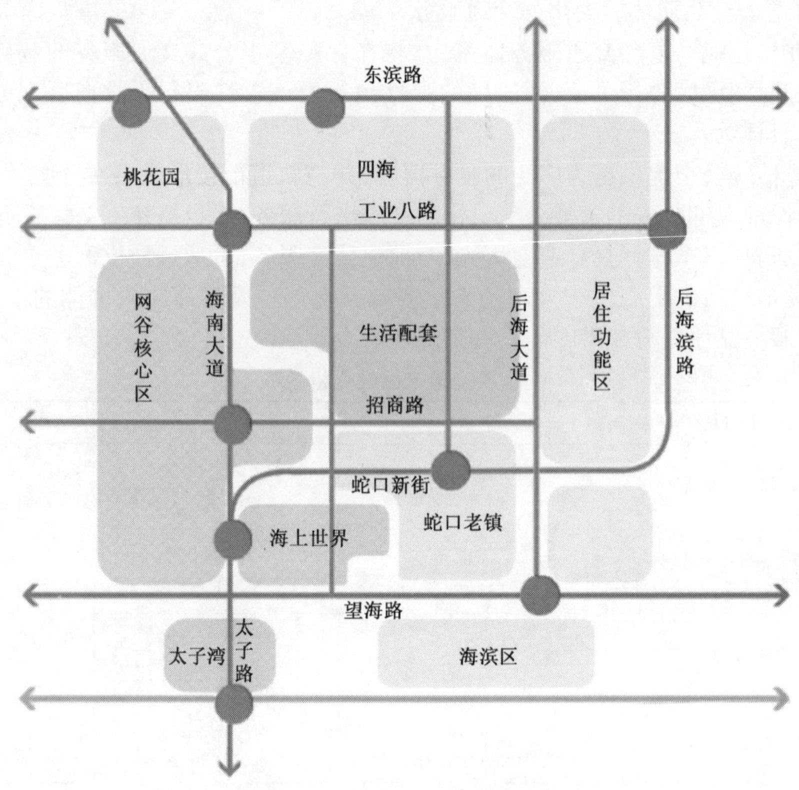

图 8-25　公交都市体系概念规划图

示范区建设十项措施，具体十项措施如下：

措施一，优化轨道交通方案，支撑再造新蛇口发展；

措施二，打造滨海特色公交，打造兼顾交通与景观功能的交通新模式；

措施三，推进枢纽场站建设，支撑公共交通发展；

措施四，推进公交线网优化调整，提升公交服务水平；

措施五，推进低碳交通发展，营造绿色交通环境；

措施六，实施公交提速工程，提高公交运转效率；

措施七，拓展慢行交通网络，提升"慢生活"品质；

措施八，推动重大通道建设，改善对外交通条件；

措施九，完善停车设施建设，平衡动静交通需求；

措施十，实施片区交通改善，解决近期交通问题。

3. 特色交通体系：单轨高架电车

根据蛇口片区建设国际化滨海特色城区的要求，结合蛇口片区优越的滨海资源，针对太子湾、海上世界等主要滨海商务、休闲、旅游出行需求，从两方面综合考虑，引入单轨高架电车等形式的特色公交，与轨道交通、常规公交共同形成多模式、充满魅力和吸引力的公交系统，打造蛇口“公交名片”。

(1)规划目的

规划意图1：疏解太子湾、海上世界等望海路沿线交通压力，在红树湾站与轨道11号线衔接，实现更大范围交通联系。

规划意图2：结合深圳打造“湾区经济”的发展战略，构造深圳湾沿线特色公交系统，通过特色交通服务将蛇口商业消费市场与深圳湾沿线休闲区客流联系。见图8-26。(深圳湾公园周末日均客流7万~8万人次，节假日人达25万以上，但缺乏消费功能，单轨高架电车线路可实现该地区与太子湾、海上世界、东角头(规划)互补发展。)

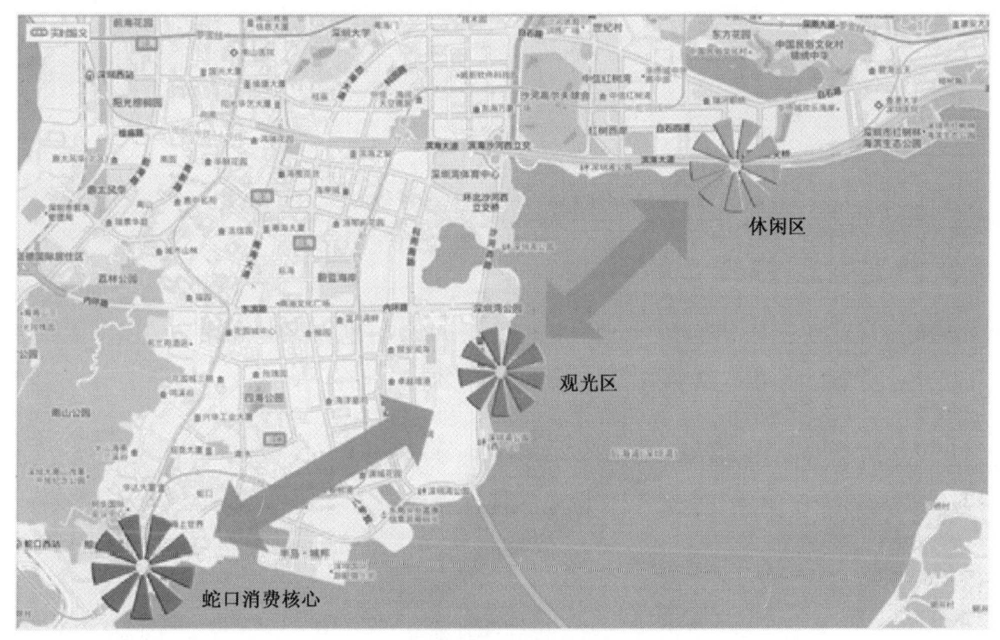

图8-26　蛇口规划示意图

(2)规划方案

基于蛇口片区土地利用规划及滨海空间特色，结合道路条件，与轨道、常规公交、慢行等其他交通方式衔接，提出滨海观光线概念性方案，如图8-27所示。

①定位：交通功能+观光功能。工作日满足太子湾、海上世界、蛇口老镇、东角头等沿线居民往福田方向的通勤出行需求；节假日满足深圳湾旅游休闲客流需求，并将大量的旅游休闲客流引入蛇口太子湾、海上世界等消费市场。

②线位：滨海大道—沙河西路(深圳湾公园滨海岸线)—望海路—太子湾规划路，约13公里(预留前海联系接口)。

③站点：共设站8处，分别是太子湾、海上世界、蛇口渔港、东角头、深圳湾公园、深圳

湾口岸、深圳湾体育中心、欢乐海岸。

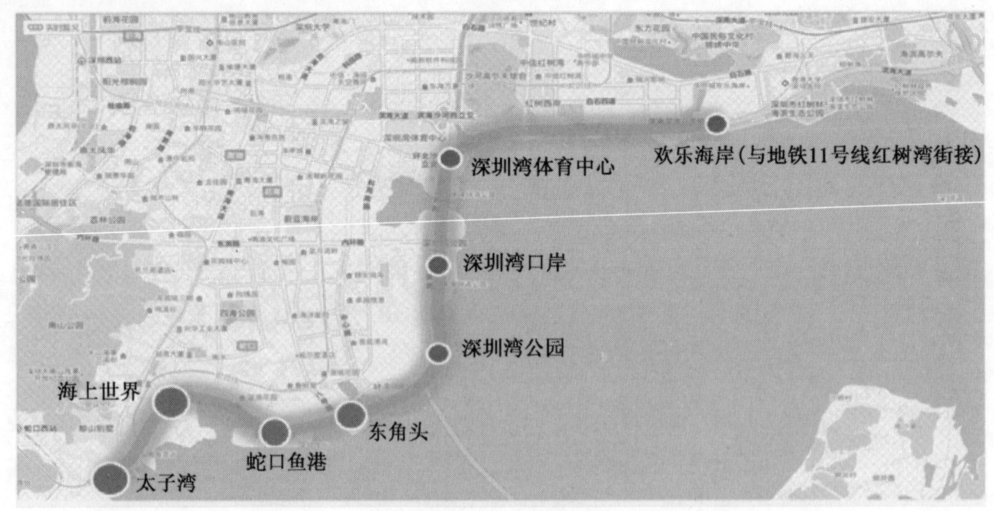

图 8-27 深圳湾滨海线概念性规划方案示意图

六、土地发展策略❶

在蛇口片区产业升级转型,土地不断更新、改造,用地功能混合加强的趋势下,促使蛇口寻求一种解决未来人口、交通、资源的城市发展模式;结合对"公交都市"的特征解构,提出蛇口片区未来的发展方向(宏观层面),即蛇口片区"公交都市",建立有利于公交优先的城市空间结构,通过发达的一体化都市公交体系,并辅以必要的交通需求管理手段,从而应对蛇口产业升级转型所带来的种种挑战。

(1)蛇口"公交都市"——由一个个或独立,或关联的轨道站点区域(Transit Area)通过轨道线路连接而成。

(2)蛇口在公交走廊(轨道线网)上实现职住平衡——70%的人口居住和就业集聚在公交走廊两侧。

(3)通过城市增长边界、城市优先开发区、以大型开发、投资项目引导城市空间等城市管理办法,塑造职住平衡的节点。其宏观优化结构可体现在居住、就业(人口)有效的空间分布上,以便高效地利用公共交通出行。

(4)依托产业、城市更新旧改的推动力,在南海大道、蛇口新街沿路打造商业商务区域,在现有居住条件上完善商业服务配套设施,形成支撑商业带发展的居住带。构建富有活力、符合蛇口地域特征的"公交都市"地区。

具体包括以下内容:

---

❶深圳市交通运输委员会,《深圳市蛇口片区公交都市示范区规划建设方案》。

引入轨道,形成公交走廊:为支撑蛇口片区公交都市的发展,建议轨道 12 号线(图 8-28)尽快开通;并南延经太子湾至赤湾,预留未来轨道 12 号线进入蛇口片区二、三凸堤的可能性。大力推动轨道 13 号线(图 8-29)进入深圳市轨道四期建设规划;推进轨道 13 号线深圳湾口岸站建设,使之成为大型公交枢纽和公交场站,部分替代蛇口南段作为公交终点站和场站的功能。

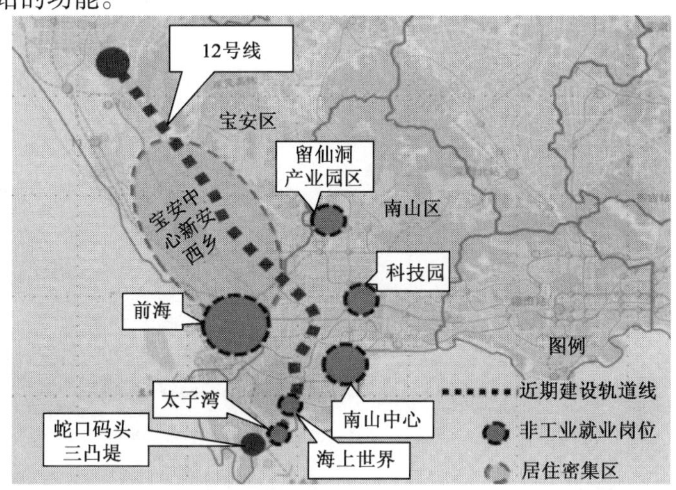

图 8-28　轨道 12 号线路示意图

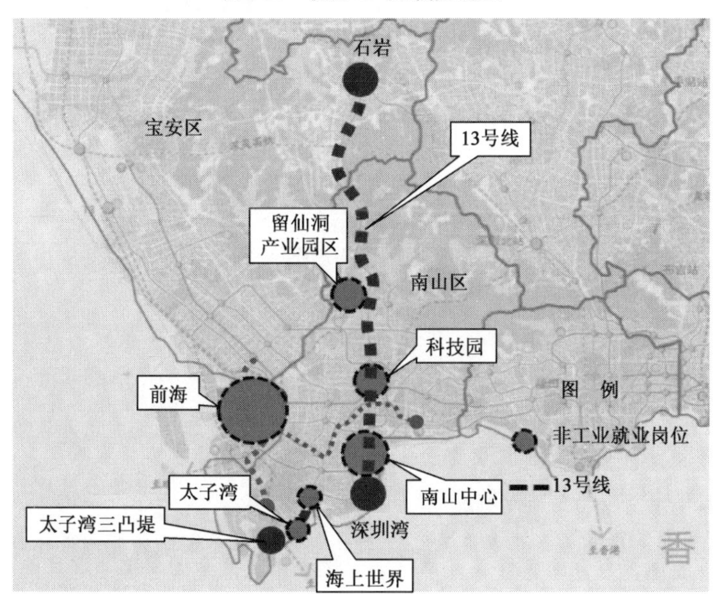

图 8-29　轨道 13 号线路示意图

引导公交走廊周边职住平衡:以轨道线、主要公交沿线,平衡配置就业、居住和商业配套设施,在中观层面达到最大规模的职住平衡。

在蛇口片区中，以公交走廊作为组织城市功能的主轴线，引导南海大道沿线产业升级以及太子湾开发建设，见图8-30。其中，将沿山网谷片区打造成国际化、创新型产业综合城区、粤港都市圈产业转型升级示范区；太子湾片区打造为客运、商务和滨海休闲活动一体的城区，连接港澳，集"海陆空铁"于一体，成为综合性现代客运区和邮轮母港。蛇口规划片区功能带见图8-31。

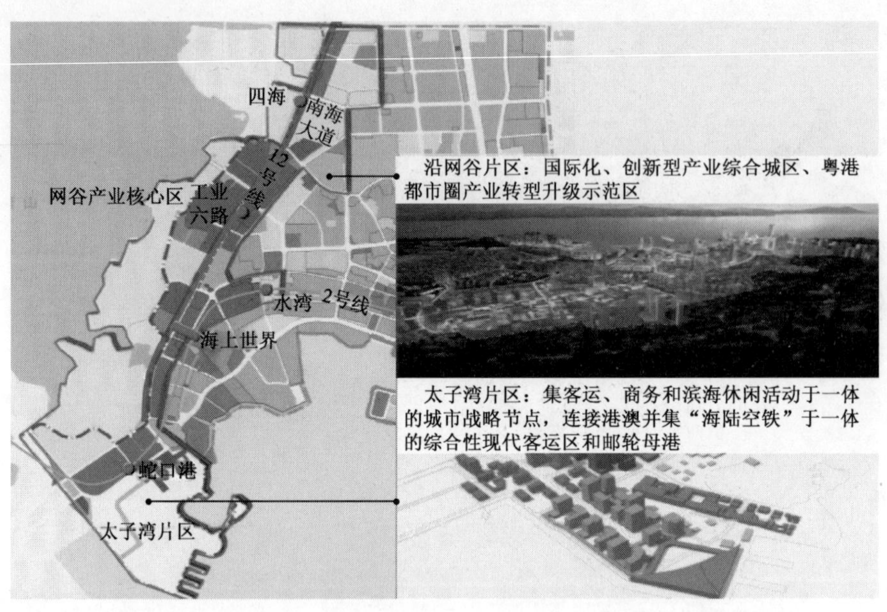

图8-30　蛇口片区南海大道公交走廊示意图

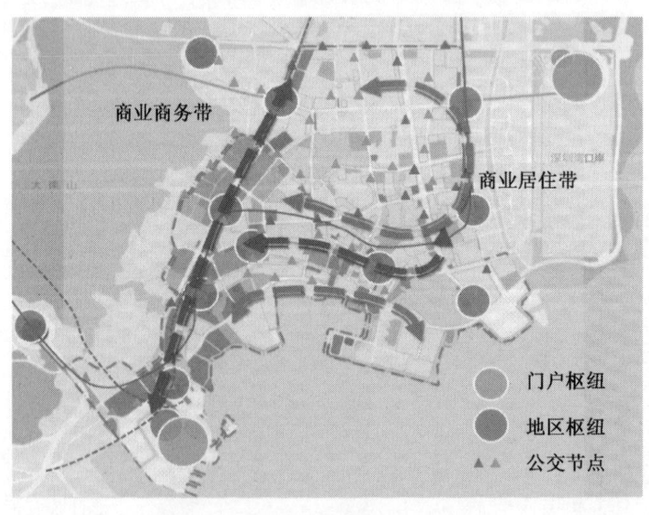

图8-31　蛇口规划片区功能带示意图

参 考 文 献

[1] 李德华. 城市规划原理[M]. 3 版. 北京:中国建筑工业出版社,2004.

[2] 建设部城市建设司. 城市公共交通政策汇编[M]. 1995.

[3] J·M·汤姆逊. 城市布局与交通规划[M]. 倪文成,吴馨,译. 北京:中国建筑工业出版社,1982.

[4] 国际能源所. 面向未来的公共汽车交通系统[M]. 杨玉峰,康艳兵,白泉,译. 北京:人民交通出版社,2003.

[5] 凯文·林奇,林庆怡. 城市形态[M]. 北京:华夏出版社,2001.

[6] 刘易斯·芒福德. 城市发展史——起源、演变和前景[M]. 宋俊玲,倪立彦,译. 北京:中国建筑工业出版社,2004.

[7] 迈克·詹姆斯,伊丽莎白·伯顿,凯蒂·威廉姆斯. 紧缩城市——一种可持续发展的城市形态[M]. 周玉鹏,龙洋,楚先锋,译. 北京:中国建筑工业出版社,2004.

[8] 保罗·切希尔,坎德温·S·米尔斯,等. 区域和城市经济学手册　第三卷:应用城市经济学[M]. 安虎森,等,译. 北京:经济科学出版社,2003.

[9] 单连龙. 国外大城市交通发展的经验及思考[J]. 综合运输,2004(3):66-69.

[10] 约翰·M·利维. 现代城市规划[M]. 5 版. 孙景秋,等,译. 北京:中国人民大学出版社,2003.

[11] 赵燕菁. 高速发展条件下的城市增长模式[J]. 国外城市规划,2001(1).

[12] 德国技术合作公司(GTZ). 可持续发展的交通:发展中城市政策制定者资料手册[M]. 北京:人民交通出版社,2005.

[13] 张泉,黄富民,杨涛. 公交优先[M]. 北京:中国建筑工业出版社,2010.

[14] 张思平. 深圳公共交通发展战略——全方位构建新型公共交通体系[M]. 深圳:海天出版社,2011.

[15] 张文尝,马文裕. 城市交通与城市发展[M]. 北京:商务印刷馆,2010.

[16] 黄肇义,杨东援. 国外生态城市建设实例[J]. 国外城市规划,2001(3):35-38.

[17] 袁健,李政,曾令交. 建设用地需求预测与供地政策研究——以四川省宜宾市中心城区为例[J]. 中国土地,2004(2):71-73.

[18] 朱介鸣,赵民. 试论市场经济下城市规划的作用[J]. 城市规划,2004(3):43-47.

[19] 杨忠振,李大洲.公交导向发展策略及其在中国城市的应用研究[J].城市交通,2004(2):15-18.

[20] 陆建,胡刚.常规公交线网布局层次规划法及其应用[J].城市交通,2004(4):34-37.

[21] 王炜,杨新苗,陈学武.城市公共交通系统规划方法与管理技术[J].科学出版社,2002.

[22] 王炜,陈学武,陆建.城市交通系统可持续发展理论体系研究[M].北京:科学出版社,2004.

[23] 周晶,盛昭瀚,何建敏.弹性需求下公交网络系统票价结构的优化[J].自动化学报,2001,27(5).

[24] 曾立红.公共交通行业价格管制法律问题研究[D].长沙:湖南大学,2005.

[25] 王会萍.可持续的大城市交通结构发展模式研究——以西安为例[D].西安:西北大学,2004.

[26] 谢玉洁,韩宝明,许惠花.城市轨道交通与地面常规公交的客运一体化[J].都市快轨交通,2006,(1):32-34.

[27] 樊彦龙.关于我国运输通道客运交通结构的研究[D].西安:长安大学,2004.

[28] 瞿何舟.城市公共交通不同层次整合研究[D].成都:西南交通大学,2005.

[29] 林群,宗传苓.深圳公交导向发展规划实践[J].城市交通,2006(3):5-10.

[30] 孔令斌.城市发展与交通规划[M].北京:人民交通出版社,2009.

[31] 江玉林,韩笋生.公共交通引导城市发展——TOD 理念及其在中国的实践[M].北京:人民交通出版社,2009.

[32] 北京市城市规划设计研究院.城市土地使用与交通协调发展——北京的探索与实践[M].北京:中国建筑工业出版社,2009.

[33] 董国良,张亦周.畅通城市论——21 世纪城市交通与城市规划[M].北京:中国建筑工业出版社,2005.

[34] 杨涛.城市交通的理性思索[M].北京:中国建筑工业出版社,2010.

[35] 王灏,等.现代有轨电车研究与实践[M].北京:中国建筑工业出版社,2011.

[36] 崔红建.基于需求分析的城市交通可持续发展研究[D].西安:长安大学,2008.

[37] 杨枫.以南加州为例谈美国区域交通规划及其启示[J].城市道桥与防洪,2005(5):171-174.

[38] 彭唬.国家"公交都市"之法律法规建设——构建我国城市公共交通法律法规体系[J].运输经理世界旬刊,2012:58-62.

[39] 周俊,徐建刚.轨道交通的廊道效应与城市土地利用分析——以上海市轨道通明珠线(一期)为例[J].城市轨道交通研究,2002:83-87.

[40] 陈卫国.地铁车站周边地块合理开发强度之初探——由深圳市轨道交通二期工程

详细规划说起[J].现代城市研究,2006(8):44-50.

[41] 彭唬.公交都市建设之交通需求管理[J].运输经理世界旬刊,2012:42-46.

[42] 何朝平.城市公共交通管理体制研究[D].西安:长安大学,2006.

[43] 李晔,邓皓鹏,卢丹妮.从成本规制走向服务质量考核——城市公共交通运营监管模式转变与制度完善[J].城市交通,2013(2):66-72.

[44] 夏雪.城市公共交通系统评价指标体系研究[D].南京:东南大学,2008.

[45] 舒慧琴,石小法.东京都市圈轨道交通系统对城市空间结构发展的影响[J].国际城市规划,2008(3):105-109.

[46] 唐飞飞.都市圈交通需求预测方法研究[D].上海:上海交通大学,2009.

[47] 申康.都市圈综合交通发展战略规划研究[D].西安:长安大学,2011.

[48] 陈伟博.开拓以公共交通为主体的城市交通发展之路—我国特大城市交通发展战略研究[C].//中国科协年会——天津市城市交通发展战略论坛.2011.

[49] 王洪伟.论城市交通与城市经济的发展[J].决策咨询,2011(5):60-62.

[50] 薛博,胡刚.深圳建设公交都市的探索与实践[J].交通与港航,2011(2):1-3.

[51] 郭玮.中国城市交通发展政策研究[J].科技情报开发与经济,2013,23(20).

[52] 罗思华.重构城市与交通发展新格局——对话深圳公交都市建设实施方案主要执笔人薛博[J].运输经理世界,2011(5).

[53] 陆化普.首尔市交通需求管理政策及效果分析[J].海外视窗,2009(4).

[54] 刘清泉,顾怀中.新加坡城市交通需求管理对中国城市交通管理的启示[J].海外视窗,2009(4).

[55] 邓海强.香港交通管理的经验及启示——兼谈茂名道路交通发展的对策建议[J].南方论坛,1999.

[56] 鄢勇飞,等.公众参与的交通需求管理[J].城市交通,2010(5).

[57] Anas:A Discrete choice theory,information theory and the multinomial logit and gravity models,Transportation Research 17B,1983:13-23.

[58] LT,ME&P,MECSA,IRPUD,TRT:SPARTACUS. System for Planning and Research in Town and Cities for Urban Sustainability. Final Report. EC Environment and Climate Research Programme:Research Theme 4. Human Dimension of Environmental Change. Helsinki:LT Consultants,1998.

[59] Newman P,Kenworthy JR. Cities and automobile dependence. London:Heinemann,1989.

[60] Chua T A. The Planning of Urban Bus Routes and Frequencies:A Survey Transportation,1984.

[61] Larmpkin,Saalmans,The design of routes,undertaking:a case study,transportation research,1967.

[62] Janarthanan Natarajan etc. :Development of an Expert System to Assist in the Interactive Graphic Transit System Design Process. Transportation Research Record,1988

[63] John Pucher. Renaissance of public transport inthe united states[J]. Transportation Quarterly,2002.

[64] Roy Gresswell. Urban planning&public transportation,1997.

[65] Ruth Brashaw. Pcter jones. TDM Trend in Europe[J]. IATSS Research,2001,20(1): 42-47.

[66] Michael A. P. Taylor. Voluntary Travel Behavior change Programs inAustralia:The Carrot Rather Than the Stick in Travel Demand Management. Taylor& Francis.